中世足利氏の血統と権威

谷口雄太著

吉川弘文館

目次

序章　現状と課題

本書は、中世後期（南北朝期〜戦国期）の日本で、足利氏とその一族（足利一門）が尊貴な存在であると、室町幕府・足利将軍側のみならず、広く全国の大名・武士側からも思われていたことを明らかにし、かかる武家間における価値観の共有によって、戦国期においてもなお足利氏を中心とする秩序（「足利的秩序」）は維持されたと見通すものである。

内容は、足利一門の中でもとりわけ別格の家格・権威を有した吉良・石橋・渋川の三氏（「足利氏御一家」「足利御三家」）を具体的に検討する第Ⅰ部「足利氏御一家論」、および足利氏を頂点とし、足利一門を上位とする武家の儀礼的・血統的な秩序意識・序列認識の形成・維持・崩壊の各過程を総体的・理論的に考察する第Ⅱ部「足利的秩序論」からなる。

以下、かかる課題を導いた先行研究、および研究現状を確認し、本書の概要を述べる。

室町幕府・足利将軍研究は、戦前の田中義成（『南北朝時代史』明治書院、一九二二年、『足利時代史』明治書院、一九二三年など）や戦後の佐藤進一（「室町幕府論」『岩波講座日本歴史』七中世三、岩波書店、一九六三年、『南北朝の動乱』中央公論社、一九六五年、『室町幕府守護制度の研究』上・下、東京大学出版会、一九六七・一九八八年など）に代表される分厚い蓄積があり、現在も日々進化していることは周知の通りである。近年は特に幕府・将軍研究の深化が顕著であると、最近、桜井英治が評したように（「中世史への招待」『岩波講座日本歴史』六中世一、岩波書店、二〇一三年）、中世後期研究会編『室町・戦国期研究を読みなおす』（思文閣出版、二〇〇七年）や榎原雅治他編『室町幕府将軍列伝』（戎光祥出版、二〇一七年）・平野明夫編『室町幕府全将軍・管領列伝』（星海社、二〇一八年）をはじめ、図書や雑誌（特集号等）・学会（大会等）などで、国家史・政治史・権力論等の立場から幕府・将軍は頻繁に議論の俎上に載せられている。

そうした足利将軍（足利氏）を中心とする室町幕府支配の中で、将軍一門（足利一門）が決定的に重要な役割を果たしたことは、すでに指摘されて久しい。それは、例えば、佐藤進一が、外様守護に対抗させるために、足利氏は幕府開創のそもそもから足利一門の任用を基本方針としたこと、それが先代（北条氏）の用いた一門守護配置政策を踏襲したものであったことなどを見通した如くである（前掲「室町幕府論」『室町幕府守護制度の研究』下）。

こうした足利一門を総体的に追究し、決定的に重要な成果を残したのが、小川信である。

小川は、「将軍家の藩屏」とすべく、「尊氏によって諸国守護に起用され、積極的に本宗足利氏を支援して活動した足利一門には、斯波・石橋・吉良・今川・一色・畠山・岩松・桃井・渋川・石塔・上野・仁木・細川・荒川の諸氏」があり、そして、「足利一門に准ずるような処遇を受けて守護に起用された諸氏には新田一族の山名・大島両氏ならびに足利氏の姻族上杉氏」があったとする。

しかし、「足利一門守護の中にもこの擾乱（観応の擾乱―引用者註）ないし爾後の南北朝期の幕府諸将相剋の過程で没落ないし衰退するに至ったものが頗る多い」と述べ、具体的に、「（観応の擾乱の―引用者註）結果衰退した足利一門としては吉良・石塔・桃井・上野の諸氏」があり、また、「観応擾乱時の危機を一応克服し、或いは擾乱に乗じてむしろ勢力を増大しながら、その後に展開した幕府諸将相剋の過程で衰退するに至った一門守護」としては「石橋・岩松・仁木・荒川の諸氏」があったとする。

ゆえに、「守護級諸将の相剋を克服して南北朝内乱終熄後まで守護職を維持し、世襲分国を形成するに至った一門守護家は、いわゆる三職（三管領）の地位に上って幕政の中枢に参与した細川・斯波・畠山の三氏以外では僅かに一色・今川・渋川の三氏に過ぎなくなり、准一門守護というべき山名・上杉の両氏を加えても計八氏のみ」とした上で、一色氏以下も所詮は三管領に比肩し得る存在ではないとして、「政治的・軍事的諸条件等を逐一綿密に考察することで、「数ある足利一門のうち、この三氏のみがそれぞれ数ヵ国の世襲分国を形成し、且つ三氏の各宗家のみが管領家となって幕府・守護体制の中に卓越した地歩を築く原因」の解明に迫ったのである（『足利一門守護発展史の研究』吉川弘文館、一九八〇年）。

かくして小川は、三管領となった斯波氏・畠山氏・細川氏の事績を緻密極まるレベルで分析し尽くした。それゆえ、小川の仕事は、書評において、「驚異的ともいえる史料蒐集」（桑山浩然、『国学院雑誌』八二―四、一九八一年）、「政治的動向に関する分析記述が圧巻」「田中義成博士以下数多い研究を補完する役割を果し、一つの規準を構築した」（奥野高廣、『国史学』一一五、一九八一年）、「佐藤進一氏の一連の研究とならび、かつそれを承けて更に前進した室町幕府体制史に関する画期的研究」（永原慶二、『日本歴史』三八九、一九八〇年）と各氏から軒並み絶賛されており、果たして、翌年には日本学士院賞の栄誉にも輝いている。まさに、足利一門研究の金字塔ともいえるもので、現在においてもその成果は計り知れないものがあるといえる。

このように、小川の研究は、足利一門の中でも特に将軍に次ぐ政治的・軍事的権力を持って足利氏を支えた三管領を分析したものである。それは、小川自身もいうように、江戸幕府でいえば「大老あるいは老中首座のような役割を担っている、幕府きっての要職」の追究である（「足利一門の武将たち」国立教育会館編『教養講座シリーズ』四六、ぎょうせい、一九八四年）。

他方、幕府・将軍がかかる政治や軍事といった権力面以外、儀礼や血統といった権威面でも支えられていたというような研究は、戦前の藤直幹（『中世武家社会の構造』目黒書店、一九四四年）や戦後の二木謙一（『中世武家儀礼の研究』吉川弘文館、一九八五年）に代表される一定の蓄積があり、そして、官位などに注目して検討した金子拓（『中世武家政権と政治秩序』吉川弘文館、一九九八年）・木下聡（『中世武家官位の研究』吉川弘文館、二〇一一年）・山田貴司（『中世後期武家官位論』戎光祥出版、二〇一五年）、役職（守護・探題）などに着目して分析した川岡勉（『室町幕府と守護権力』吉川弘文館、二〇〇二年）・黒嶋敏（『中世の権力と列島』高志書院、二〇一二年）、対天皇・朝廷などに留意して議論した水野智之（『室町時代公武関係の研究』吉川弘文館、二〇〇五年）・桃崎有一郎（『中世京都の空間構造と礼節体系』思文閣出版、二〇一〇年）・久水俊和（『室町期の朝廷公事と公武関係』岩田書院、二〇一一年）・松永和浩（『室町期公武関係と南北朝内乱』吉川弘文館、二〇一三年）・石原比伊呂（『室町時代の将軍家と天皇家』勉誠出版、二〇一五年）など、特に若手・中堅の研究者によって現在も日々深化しているところである（なお、二十世紀の研究は各書に詳しく貴重だが、それらを踏まえた上で、上記のような主に二十一世紀の研究が今や質・量ともに最重要であり、議論の主戦場となっているものと把握している）。

これらは、石母田正がいうところの、「法」と別個の領域の問題でありつつも、統治の中で法と並んで重要な役割を果たした「礼」の問題の追究ということができる（「『中世政治社会思想』上　解説」石井進他校注『中世政治社会思想』上、岩波書店、一九七二年）。氏は、この「礼」を、日本を上から下まで貫き、国家を尊卑の原理によって統一するものとして、日本国家の求心的側面を考える上では無視できない要素と断じている。

かかる石母田の指摘は、「分裂から統合への関心の移動」と評される昨今の中世史研究において（桜井英治前掲「中世史への招待」）、「分裂する社会を統合する契機」を解明する上での貴重な鍵として現在俄に注目が集まってきており、それゆえ、室町幕府・足利将軍の持つ「礼」的側面＝権威面の追究は、「法」的側面＝権力面の考究と並んで重要なテーマとなりつつある（先に掲げた諸研究等）。けれども、後者に比して、前者はいまだ大幅な研究の立ち遅れが存在しているといわざるを得ず、権威面の追究は焦眉の課題となっている。

以上の諸点を踏まえれば、幕府・将軍の藩屏となった足利一門について、小川とは別の角度・側面からのアプローチも必要となってくるだろう。すなわち、足利一門の中でも特に将軍に次ぐ儀礼的・血統的権威を持って足利氏を支えた「足利氏御一家」の分析である。それは、例えば、福田豊彦もいうように、江戸幕府でいえば「徳川時代の「御三家」に当たるもの」の追究である（「室町幕府「奉公衆」の研究」『北海道武蔵女子短期大学紀要』三、一九七一年）。一つの「王権」は権力・権威の両面から支えられている。近世において、徳川将軍を権力面で支えた大老・老中の研究のみならず、権威面で支えた御三家の研究が必須であるのと同じように、中世において、足利将軍を権力面で支えた三管領の研究のみならず、権威面で支えた御一家の研究が不可欠と考える所以である。

この足利氏御一家とは、具体的には吉良氏・石橋氏・渋川氏の三氏のことを指している。だが、これまでの足利氏・足利一門研究は、往々にして権力面からのアプローチが主流であったため、権力的に強大ではない（というよりも、むしろ弱小である）御一家についての分析は決定的に不足していたといわざるを得ない。この点、小川信が、吉良氏以下の三氏のことを、総じて没落・衰退した足利一門と見做したのも大きかったのではないだろうか。彼らは足利一門研究の大家から、研究的に取るに足らぬ存在との烙印を押されたに等しいからである。

確かに、権力面から見ればそうかもしれない。だが、権威面から見れば御一家は三管領と同等以上（吉良氏はそれ以上）の家格を有した存在である。かかる存在を無視してよいとは思われない。

では、御一家はいつ・なぜ・いかに幕府内部に誕生したのか。また、どうして吉良氏・石橋氏・渋川氏の三氏だけが特別待遇だったのか。さらに、彼らは戦国期には都を離れて各地域社会で生き残ることとなるが、戦国大名たちはこの三氏をどのように見ていたのか。

小川信は、自身の三管領研究につき、「この研究はもともと、数ある足利一門諸氏のうちどうして細川・斯波・畠山の三氏のみがいわゆる三管領の地歩を築いたのかという、素朴な疑問から出発した」「この疑問を少しずつでも解きほぐす」ために、「まず細川氏の研究をと思い立った」と回顧している（前掲『足利一門守護発展史の研究』）。

この表現をあえて借りれば、本書第Ⅰ部は、数ある足利一門諸氏のうちどうして吉良・石橋・渋川の三氏のみが御一家の地歩を築いたのか。この疑問を少しずつでも解きほぐすために、まず吉良氏（第一章・第二章）、次いで石橋氏（第三章）・渋川氏（第四章）の個別的研究を行い、そして、御一家の総論を展開するということになる（第五章）。その上で、御一家全員と深く関係するとともに、本来御一家の資格も有していた三管領筆頭斯波氏についても検討することで、第Ⅰ部の議論を補完しつつ、御一家と三管領の比較も行う（付論）。かかる分析を通して、戦国期に至ってもなお御一家は武家の貴種であると、足利氏や、後北条氏・今川氏のような戦国大名からも見られていたことが、具体的に浮かび上がってくるだろう。

なお、足利氏を中心とする中世後期の武家社会を考える上では、京都足利氏（将軍）＝西国の分析だけでは不十分である。東国には関東足利氏（公方）を頂点として、西国から自律的・自立的な独自の秩序（東国政権的、ないし、東国国家的な秩序）が存在しており、かかる研究は、戦前の田中義成（『足利時代史』明治書院、一九二三年）・渡辺世祐（『関東中心足利時代之研究』雄山閣出版、一九二六年）や戦後の佐藤博信（『古河公方足利氏の研究』校倉書房、一九八九年）に代表される分厚い蓄積があり、現在も黒田基樹編著『関東足利氏の歴史』一〜五（戎光祥出版、二〇一三〜二〇一八年）をはじめ日々急速に進化していることは周知の通りである。

とりわけ近年は、家永遵嗣（『室町幕府将軍権力の研究』東京大学日本史学研究室、一九九五年）や杉山一弥（『室町幕府の東国政策』思文閣出版、二〇一四年）らによって東西の枠を超えた列島横断的な分析が進みつつあり、この視角は継承すべきものである。本書で扱う御一家も、京都足利氏・関東足利氏のもと、東西それぞれに存在した。それゆえ、関東吉良氏を第一章で、関東渋川氏を第四章の一部で、関東御一家を第五章の一部でそれぞれ取り上げる。なお、石橋氏と斯波氏は関東には不在のため検討し得ず、奥州石橋氏と九州渋川氏は京都・関東の御一家ではないため正面から取り上げていないことを付記する。

さて、こうした「御一家」だが、史料収集を進めていく中で、この言葉には、二つの異なる意味合いが存在したことに気付いた。一つは、「狭義の御一家」ともいうべきもので、本書第Ⅰ部で検討した吉良氏・石橋氏・渋川氏の三氏のみを指す使われ方であり、もう一つは、「広義の御一家」ともいうべきもので、足利一門全体を指す使われ方である。同じ御一家という史料用語でも、意味する研究概念は異なっていたのである。この点、筆者も含め、関係する研究では混用されてきたが、分析の上では腑分けする必要のあることから、自戒の念も込めて、以後、前者は「足利御三家」、後者は「足利一門」と呼ぶこととする（ちなみに、本書で足利一門という場合、基本的に足利氏は含まないものとする。足利氏とは足利名字の者で、京都将軍・関東公方とその御連枝〈兄弟。僧籍の者も含む〉のことを指し、足利一門とは足利名字ではない一族の者で、御三家を筆頭とした広く同族全体のことを指す）。

では、この（後者の）「足利一門」とは一体誰のことなのか。実は、研究者によってその概念にはズレが見られる。例えば、山名氏や吉見氏は非足利一門（外様）であり、上杉氏は足利一門であるとされることは今なお多い。しかし、当時（中世）の史料を確認すると、山名氏や吉見氏は足利一門であり、上杉氏は非足利一門（被官）であることが判明する。

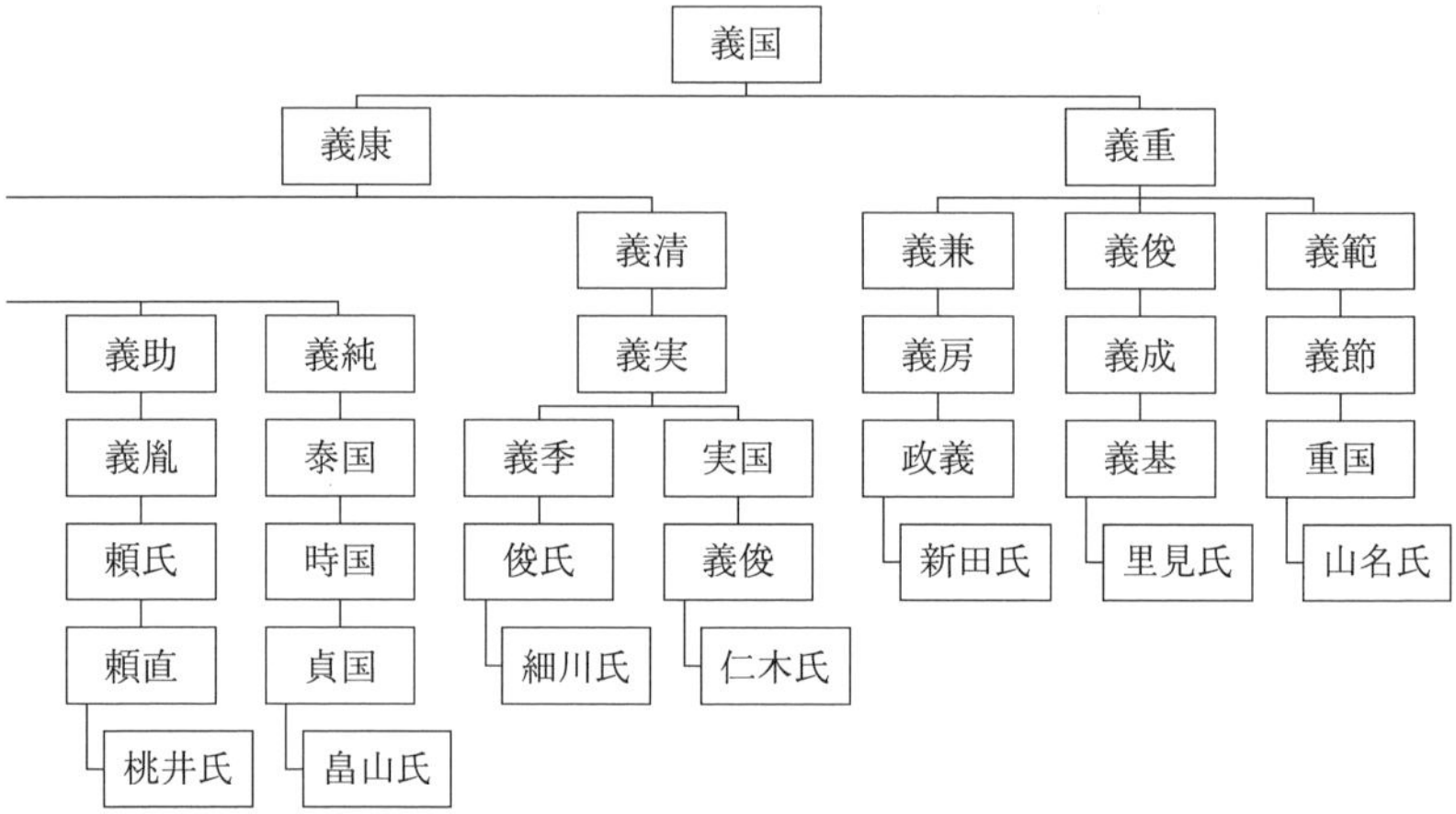

一門関係系図

このように、中世後期における足利一門の重要性が夙に指摘される一方、その足利一門の範囲という最も基本的な事項すらこれまできちんと検討されてこなかったことが分かる。

そこで、本書第Ⅱ部は、足利一門の定義を中世史料に基づき徹底して確定させる作業からはじめる。その上で、当時（中世後期）、足利一門であることの持つ意味を明らかにし、武家であれば足利一門というだけで儀礼的・血統的に優遇されたこと、そうした社会の中では足利一門になることも価値を帯び、数々の武家が足利一門化を図ったことを指摘する。そして、足利氏を頂点とし、（第Ⅰ部で見た）足利御三家を最上位とし、足利一門を上位とする中世後期武家の儀礼的・血統的秩序を「足利的秩序」と概念化し、かかる秩序が崩壊するに至るまでの過程を動態的に見通す（第一章）。次いで、この見通しを補強するため、中世後期の島津氏が源頼朝の末裔と称したことを「足利一門化行為」と捉えた論考を付す（付論一）。

続けて、主に足利氏側（上側）の史料に依拠した第一章

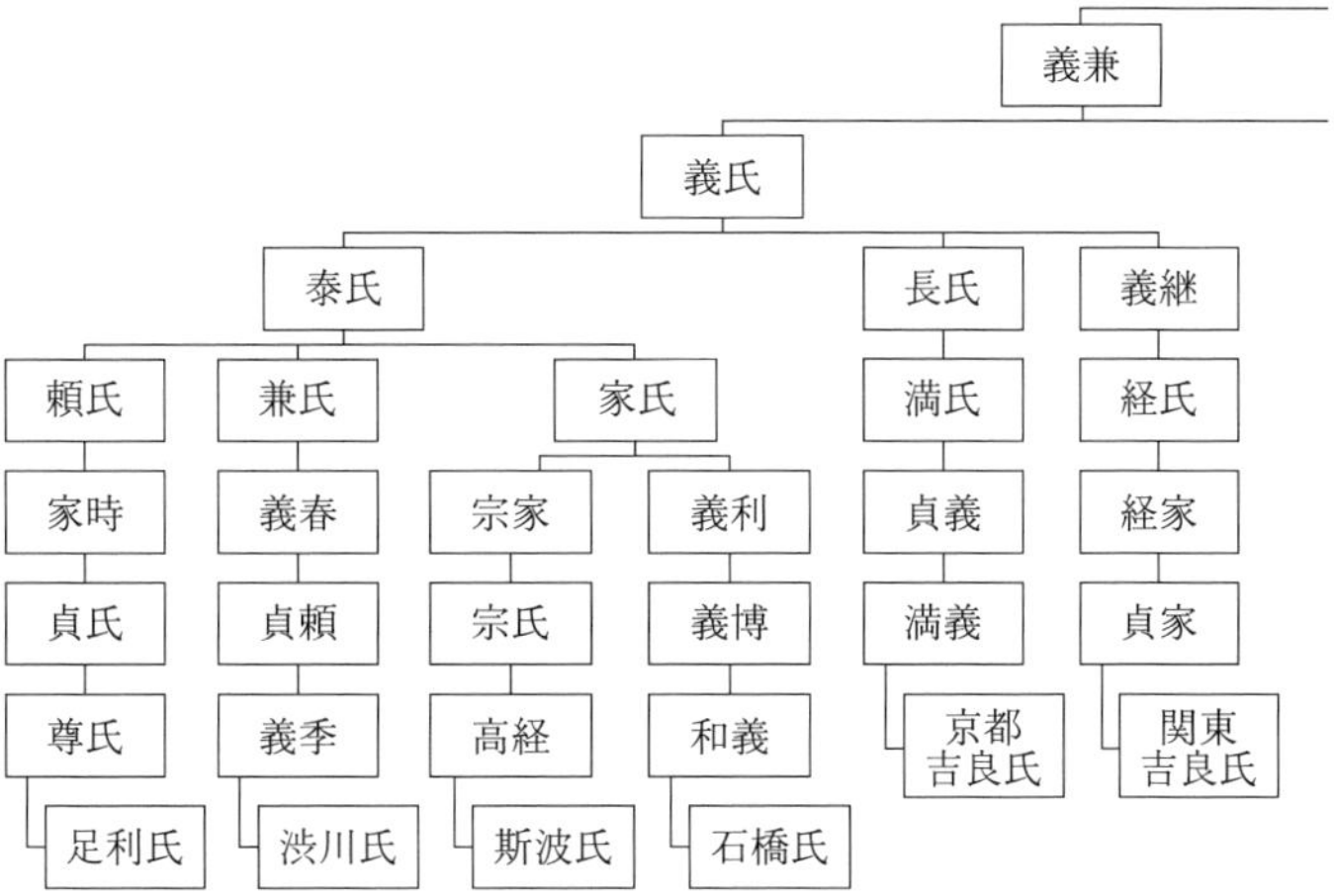

図1　足　利

に対し、広く全国の大名・武士側（下側）の史料を博捜して彼らもまた足利的秩序を意識していたことを解明し、これにより武家の支配者側・被支配者側双方が「足利の血統の優位」という認識を共有していた事実を指摘する（第二章）。以上のように足利御三家や足利一門が儀礼的に優越するのは、結局、足利氏が尊貴だと思われていたからに他ならない。当時の史料（『酒匂安国寺申状』）の言葉を用いれば、「当御代ノ御一家にて御渡候程ニ」「当御代之御事にて候之間」だからである。これは南九州の一地方武士が書いたもので、第二章で重要な役割を果たすとともに、第三章への橋渡しともなる頗る貴重なものであるため、史料的に分析を加えた（付論二）。

　このように、足利御三家・足利一門の権威は、結局、足利氏の権威によって保証されていたのであるから、最後に検討すべきはこの足利氏の権威そのものについてである。本来鎌倉幕府の一御家人として、鎌倉期から南北朝期、相対的な尊貴性しか持たなかったはずの足利氏は、室町期、いかに絶対的な貴種性を獲得し、なぜ戦国期になってもなお「武家の王」として自他ともに認められるに至ったのか、その権威獲得と存続のプロセスを追究する（第三章）。その上で、足利氏を頂点とし、足利御三家を最上位とし、足利一門を上位とする秩序意識・序列認識（足利的秩序）の形成・維持・崩壊の各過程について最終的に議論を整理し（第四章）、おわりに、本書全体の結論と展望を示すこととしたい（終章）。

以上の検討を通して、戦国期に入り、権力的には後退してしまった足利氏・足利御三家・足利一門が、なおもその存在（権威）を認められた背景には、中世後期の大名・武士が、「足利的秩序」という秩序意識・序列認識を共有していた事実が想定されること、そして、かかる価値観の共有によって、足利氏を中心とする秩序は維持されたことを見通したい。

近年、戦国期における将軍存立の理由を、将軍—大名間の「共通利益」（例えば、大名は、将軍を支持することで、幕府内外の多彩な人材を活用でき、他大名と交渉・連携する契機や様々な情報も得られる等のメリットを享受できた）に求める見解が出されている（山田康弘『戦国時代の足利将軍』吉川弘文館、二〇一一年）。けれども、それでは将軍の存立は説明できたとしても、将軍以外の足利氏（公方や御連枝）、さらには足利御三家や足利一門の存立はうまく説明できないのではないか（彼らには将軍ほどの実利性・有用性を見出すことができない）。そうではなく、戦国期における足利氏存立の理由は、足利氏—武家間の「共通価値」にこそ求めるべきではないか。

かつて石井進は、「日本中世社会の二側面」として、「集権的・求心的側面」と「多元的・分裂的側面」を指摘した（「中世社会論」『岩波講座日本歴史』八中世四、岩波書店、一九七六年）。とりわけ戦国期は権力の分散・多極化が決定的となった時代である。そうした中、列島が無秩序化せず、まがりなりにも足利氏を中心として秩序・統合が維持されたのは、前代以来培われてきた武家間の「共通価値」が機能したからではなかったかと結論したい。

従来の足利氏中心の儀礼的秩序論は儀礼の個別検討や役職・官位的序列の分析が主軸であったため職位の前提となる家格・血統的序列の剖検はなかった。足利一門の定義を再考し全国的・長期的な視野に立って実証と理論で中世足利氏の血統的権威の核心に迫りたい。

第Ⅰ部　足利氏御一家論

第一章　武蔵吉良氏の歴史的位置

——古河公方足利氏・後北条氏との関係を中心に——

はじめに

本章は、戦国期の武蔵吉良氏（以下、吉良氏と表記）が、関東の他氏との関係の中でどのような位置にあったかを再考するものである。

吉良氏が関東に存在することになった経緯は以下の通りである。吉良氏は、三河国吉良庄を名字の地に持つ清和源氏足利氏庶流で、中世屈指の家格を有する武家の名門である。その吉良氏の中の一派が南北朝期に奥州管領として三河から奥州へと下向し、奥州吉良氏としてその勢力を拡大させることに成功する。しかし、観応の擾乱が契機となって奥州が混乱状態に陥ると、奥州吉良氏はその勢力を衰退させ、後に鎌倉公方に仕えるため関東へ転じる。ここに武蔵吉良氏は誕生する。

以後、室町・戦国期には「蒔田殿」などと称されて関東においては別格の地位を有する関東足利氏御一家として、また、主に戦国期には世田谷（現、世田谷区）と蒔田（現、横浜市南区）とを拠点として武蔵国最南部に勢力を持つ地域的領主として、吉良氏は後北条氏との間に独特の関係を構築して激動の関東戦国史を生き抜いた。

こうした吉良氏を正面から扱った先行研究としては、主に荻野三七彦のもの[1]と、それを批判した黒田基樹のもの[2]とがある。これらの先行研究では主に吉良氏と後北条氏との関係について考察がなされているが、両者の関係については見解に相違が残されたままであり、どちらの説の方が仮説としてより有効なのか、あるいは、どちらの説にも不備があるのかなど、検討すべき点がある。また、そもそも先行研究が少ないという問題もあり[3]、改めて吉良氏関係史料を悉皆的に収集して検討する必要がある。よって、以下では、吉良氏、および同氏をとりまく戦国期関東の状況について、時系列に沿って再検討を行いたい。早速本論に移っていこう。

第一節　戦国期前夜の吉良氏（十五世紀～十六世紀前半）

ここからは時系列に沿って具体的に吉良氏の姿を確認していく。まず、ここでは吉良頼康（頼貞とも。以下、頼康と表記）による文書の発給が明瞭に確認されてくる以前の吉良氏の姿を確認する。なお、この部分については荻野三七彦によって基本的な解明はなされている[4]ので、それに情報を追加する形で整理・確認するにとどめたい。結論からいえば、この時期の吉良氏の特徴としてここで確認したいことは、足利氏御一家として事実上足利氏に次ぐともいうべき家格の高さ、後北条氏との関係胎動の二点である。以下、具体的に見ていこう。

1　関東足利氏御一家吉良氏

関東に入った吉良氏の初見は応永三十三年（一四二六）の「世田谷吉良殿」（『私案抄』[5]）であるが、その吉良氏は足利氏御一家として別格の地位にあったことが知られている。

例えば、『鎌倉年中行事』(6)によれば、当時、来客を縁まで送り出す「門送」について、「御一家中ニ吉良殿ハ、公方様御対面ノ時モ御式題之様依レ為二大事一、無二御酒一、御対面ノ様ハ御対座ニ少サカリテ御座アツテ御門送御縁マテ也」と、吉良氏はとりわけ重要だから酒もなく、縁まで送るとあり、吉良氏が特別の存在であったことが窺える。また、「御一家ノ中ニ吉良殿ニ奉二行合一ハ可レ致二下馬一」と、吉良氏が御一家の中でも格別の存在であったことも分かる。さらに、「武衛・吉良殿へ扇谷《（上杉）》封当所也」という記事から、荻野三七彦は、「吉良氏は関東公方と同格に見做されていた」(7)とする。公方と同格かは留保が必要であろうが、関東において吉良氏が公方に次ぐような別格の家格の高さにあったことは窺えるところであろう。

他にも、『松陰私語』によれば、「於二関東一無二御盃一衆者、於二御一家一吉良・渋河両家計也、然於二今夜一松陰軒依二申請一、新田尚純始而此分也、然者於二関東一無二御盃一御一家、今者三人也ト被レ申、当家《（岩松氏）》ノ面目何事歟可レ過レ之候哉」(8)と、吉良氏が「無二御盃一衆」「御一家」として極めて高い地位にあったことが分かる。また、『足利政氏書札礼』には、「吉良殿・渋川殿、名字ヲ不レ被レ侵候、コレハ心得マテニ名字ハカリ書候、御一家へハ何も恐々謹言、但家督計へ如レ此被レ成候、自余へハ謹言已也」(9)とあり、また、『里見家永正元亀中書札留抜書』には、「一、謹上　吉良殿御宿所　源義豊《（里見）》　自二里見之家一、御宿所書者、山内殿《（上杉）》・吉良殿、従二両方一之外無レ之、外様大名何茂等輩也、但世上之浮沈時気可レ有二見合一歟」(10)とあるなど、吉良氏の別格の家格の高さが窺える。

同様に、太田道灌書状写には、長尾景春の乱に際して道灌に味方した武将の名が列挙されているが、千葉氏に対しては「自胤」と呼び捨て、渋川氏に対しては「左衛門佐殿」と殿付けのみであるにも拘わらず、吉良氏に対しては「吉良殿様御事、自二是最初一江戸城御籠、以二彼下知一城中者共、動数ヶ度合得二勝利一候」(11)と、殿のみならず様まで付けられていることから、吉良氏の別格の家格の高さが改めて確認できる。なお、この前後で吉良氏が政治史の場で登場するのはこの史料ぐらいであり、長享の乱に際しては万里集九・文波丈人らと交遊している[12]。その後、再び吉良氏が政治史の場で登場するのは、後北条氏が関東戦国史に台頭してくる十六世紀前半である。続けて、その後北条氏との関係について見ていこう。

2　後北条氏との関係胎動

享禄三年（一五三〇）、吉良氏は扇谷上杉朝興からの攻撃を受け、その居城世田谷城が陥落の憂き目に遭う[13]。ここから、この頃、吉良氏が扇谷上杉氏から敵対視されていたことが分かり、翻ってこの前後で吉良氏と後北条氏とが接近しはじめたことが窺える。しかし、三年後の天文二年（一五三三）には、後北条氏主導の鶴岡八幡宮再建事業に協力すべく吉良氏は「五万人」の人手が必要なほどの材木を自身のもう一つの本拠地である蒔田に近い杉田浦から鎌倉材木座へ送り出そうとしている[14]。ここから、早くも復興した吉良氏の、それも五万人の人手を要する量の材木を入手可能なほどの経済力と、「吉良殿様」と称されるようなあいかわらずの家格の高さ[15]、そして、明確な親後北条氏という政治的立場などが窺える。なお、三年間という短期間での復興、および経済力に関しては、後北条氏からの後援が想定されよう。

このような一五三〇年代における吉良氏と後北条氏との密接な関係の中で、北条氏綱の娘を吉良頼康の妻とする両者の姻戚関係が、天文八年よりさほど遡らない時期に成立する[16]。これについて黒田基樹は、吉良氏の家格の高さを両者の姻戚関係成立の要因とした上で、「氏綱女芳春院殿と古河公方足利晴氏との婚姻時期と近接していることは注意してよく、この時期における北条氏の政策の一環を成すものであったと捉えられよう[17]」と、後北条氏にとって古河公方足利氏とともに重要な吉良氏の存在を指摘する。こうした中で吉良氏は天文七年、東岡寺（現、目黒区）に寺領寄進を行い、天文十一年、蒔田宝生寺の門前の人々に諸役免除を行うなど、徐々に所領支配を充実させていった[18]。

以上、ここでは関東において吉良氏が足利氏御一家として古河公方足利氏に次ぐような極めて高い地位にあったことを確認した。続けて、文書を大量に発給し、所領支配を充実させた頼康の時代の吉良氏について見ていくこととしよう。

第二節　吉良頼康の時代（一五四〇年代〜一五五〇年代）

その頼康の時代の吉良氏であるが、すでに荻野三七彦によって、吉良氏領には基本的に後北条氏からの役賦課がなく[19]、『小田原衆所領役帳』には吉良氏領の記載がなく[20]、北条氏康は頼康に対して非常に厚礼な書札礼であり[21]、吉良氏の家印が後北条氏のそれと同じ大きさ（方七・五《セン》《チ》）であるなど[22]、後北条氏領の中の吉良氏の独自性、高い権威が指摘されている。また、黒田基樹によって、一五四〇年代後半以降、後北条氏の後楯を受けた吉良氏が世田谷を中心とする所領支配・家臣掌握を一気に確立・展開したということも指摘されている[23]。これらの点は首肯されるものである。よって、これらの点を踏まえて、ここで一つ論点を提起したい。

1　「左兵衛佐」という官途

まず、先行研究が指摘するように、一五四〇年代後半以降、後北条氏の後楯を受けた吉良氏は、文書を大量に発給しはじめ、所領支配・家臣掌握を一気に確立・展開した。しかしながら、吉良氏と後北条氏との接近は、すでに見たように、遅くとも一五三〇年代には開始されていたはずである。ここから、一五四〇年代後半という時期が何か大きな画期であったことに気付く。また、一五四〇年代後半、とりわけ、天文十五年（一五四六）という時期は、吉良氏にとって重要な時期であったようで、頼康は世田谷に鶴岡八幡宮から勧請した世田谷八幡宮を建立している(24)。

そして、まさにこの頃、吉良氏は「左兵衛佐」の官途を名乗っていたことが確認される（表1）。この表1から、天文十五年には吉良氏を「宜レ任二左兵衛佐一」とする後奈良天皇口宣案写あるいは偽文書が見られ(25)、遅くとも天文十七年には吉良氏は確実にその官途を名乗りはじめ、天文二十一年二月から天文二十三年二月までの間にその官途を辞したことが確認される。

表1　吉良頼康（頼貞）の呼称・官途

年　月　日	西暦	呼称	官　途	備　考	出典
天文15. 8. 20	1546	頼貞		写	128
天文15. 11. 7	1546	頼貞	左兵衛佐	写または偽文書	121
天文15. 12. 16	1546	頼貞		写	128
天文15. 12. 20	1546	頼貞		写	128
天文15. 12. 30	1546	頼貞	左兵衛佐	写または偽文書	122
天文17. 9. 20	1548	頼貞	左兵衛佐	写	133
天文18. 9. 大吉日	1549	頼康	左兵衛佐		98
天文19. 2. 吉日	1550	頼康	左兵衛佐		99
天文19. 9. 15	1550	頼康			103
天文19. 9. 16	1550	頼康			100
天文20. 7. 1	1551			写，花押影	112
天文20. 12. 7	1551	頼康	左兵衛佐		81
天文20. 12. 7	1551			花押	82
天文21. 2. 大吉日	1552	頼康	左兵衛佐		74
天文21. 3. 27	1552			花押	83
天文22. 5. 大吉日	1553			花押	84
天文23. 2. 吉日	1554	頼康	前左兵衛佐	写	75
天文23. 4. 大吉日	1554			花押	76
天文25. 正月 23 日	1556	頼康	前左兵衛佐		101
天文25. 正月 27 日	1556	頼康	前左兵衛佐		85
弘治 2. 10. 大吉日	1556			朱印	102
弘治 2. 12. 18	1556			朱印	86
弘治 2. 12. 21	1556	頼康		写	113
弘治 3. 2. 7	1557	頼康			87
永禄元. 吉月吉日	1558			朱印	106
永禄 2. 9. 23	1559			朱印	114
永禄 3. 12. 26	1560	頼康		写	115

註　出典は『世田谷区史料』第2集の番号.

ここで問題となるのが、関東で左兵衛佐の官途を名乗るという行為である。というのは、木下聡によって、「左兵衛佐・督は鎌倉・古河公方代々の官途で、そのため佐竹氏だけでなく、古河公方を礼的秩序の頂点に置く関東では使用が避けられていた(26)」ということが明らかにされているからである。実際、吉良氏の歴代官途は系図と若干の史料からしか確認できないが、それらは治部大輔・兵部大輔・左京大夫・右京大夫などであり、頼康以前の吉良氏が武衛の官途を名乗った確実な徴証は確認できない(27)。つまり、天文十五年頃から天文二十一年頃にかけて、関東においては公方が独占してきたためそれを名乗ることが憚れてきたような官途を、吉良氏は唐突に名乗ったという問題がここには存在すると考えられるのである。

この問題について、吉良氏が関東の秩序に自発的・単独的に挑戦しようとしたとは到底思えない。そのような勝手な振る舞いを吉良氏権力の後見者たる後北条氏が容認するはずがない。逆にいえば、後北条氏の意向・影響こそがこの問題の背景としては大きいものと想定される。ゆえに、後北条氏が吉良氏にこの時期、左兵衛佐の官途を唐突に名乗らせ、権威付けさせ、そして、所領支配や家臣掌握の面でも梃入れして権力基盤をも強化させたのはなぜか、という問題に先の問題は置換可能であると考える。そこで、後北条氏の動きに注目して一五四〇年代の関東の情勢を振り返ってみると、果たして、後北条氏はこの時期、一大局面を迎えていたことに気付くのである。

2　「公方―管領体制」という論理

すなわち、天文十四年以前、関東管領の北条氏康は公方に足利晴氏を擁立し、「公方―管領体制(28)」という論理で支配を進めてきた。しかし、天文十四年十月、山内上杉憲政からの誘いを受けた足利晴氏は、北条氏康との関係を一方的に断絶し、翌十五年四月、山内上杉憲政・扇谷上杉朝定らとともに関東の大軍を率いて後北条氏の河越城を包囲するに至る。つまり、天文十四年十月、後北条氏と足利氏との関係は決裂し、ここに、後北条氏が足利氏を公方として擁立する「公方―管領体制」は瓦解する。

天文十五年、扇谷上杉朝定を討ち取り山内上杉憲政を上野に敗走させるなど敵に大勝した北条氏康は、天文二十一年正月、山内上杉憲政の居城平井城を陥落させて、同年十二月、足利晴氏に後北条氏の血脈を受ける足利義氏へ家督を強制的に交替させ、ここに、後北条氏が足利氏を公方として擁立する「公方—管領体制」は再建される。

つまり、天文十四年から天文二十一年までの間、後北条氏は関東支配の正統性を保証してくれる存在として掲げてきた足利氏と敵対してしまい、公方として擁立すべき足利氏を失っていた。一方、これと同時期に、すでに検討してきたように、後北条氏は関東で足利氏御一家として足利氏に次ぐような権威を有する吉良氏に対して、従来公方が独占し他氏の名乗りが憚られてきた官途を唐突に名乗らせ、また、権力基盤をも強化させたのであった。その後、後北条氏が足利義氏を迎え、足利氏を公方として擁立する「公方—管領体制」を再建するのと時を同じくして、吉良頼康は左兵衛佐の名乗りを辞したのであった。あるいは、これも後北条氏の意向によって辞させられたと捉えるべきなのであろう。

3　「もう一人の公方」という可能性

こうして見ると一つの仮説が浮上してくる。それは、足利氏との対立、擁立すべき足利氏の不在という状況の中で、後北条氏は足利氏に次ぐ権威である吉良氏を、「公方—管領体制」における足利氏にかわる臨時的な公方（代）として一時的に擁立しようとしたのではないか、あるいは、古河公方足利氏との関係が決定的に決裂した場合に備えて、吉良氏を公方に擁立する準備をしていたのではないか、という仮説である。すなわち、後北条氏は吉良氏を古河公方足利氏と形式的にはほぼ対等ともいえる地位にまで引き上げて権威付けさせ、権力基盤（存立基盤）も安定させることによって、古河公方足利氏に対抗し得る「もう一人の公方」を自らの手中において創出して正統性の証となし、敵対する古河公方の権威を相対化させた上で、足利—上杉ラインとの対決を進めようとしたのではないか、ということである。このように考えたとき、関東においては従来公方しか名乗れず、使用に際して憚りのあった官途を、吉良氏がこの時期突如名乗った背景が理解できるのではなかろうか。

　そして、このような視点で見たとき、従来さほど意義が与えられていなかったいくつかの事象にも説明がつくようになるものと考える。例えば、すでに見たように、天文十五年、吉良氏は世田谷に八幡宮を建立したが、源氏の守護神たる鶴岡八幡宮を世田谷に勧請したのが、まさに天文十五年であったという背景は先の政治的意図（源氏の正統の主張）から理解され得る。また、同年に頼康を「宜レ任二左兵衛佐一」とするというような後奈良天皇口宣案写あるいは偽文書の存在も吉良氏の正統性のために作られたものと想定し得る。一方、古河公方足利氏の方に目を転じてみると、天文十八年、足利晴氏は「左兵衛督」に任官したが[29]、これも足利晴氏が吉良—後北条ラインに官途の面から対抗しようとしたものと捉え得る。また、天文二十年、後北条氏は足利晴氏のことを「古河　上意様」[30]と呼んだが、これについて黒田基樹は、「北条氏が古河公方を呼ぶ場合、大抵は単に「上意様」「公方様」と呼び、地名を冠して呼ぶことはほとんどない。そのような場合は、他の公方と区別する必要のある場合であったようで（中略）そうするとこの場合も、他の公方と区別するため「古河　上意様」と呼んだと考えられる[31]」と、「他の公方」の可能性を仄めかす。

　天文二十一年以降、足利氏が後北条氏のもとに再帰すると、後北条氏にとって吉良氏の「公方代」「もう一人の公方」としての存在意義は消滅し、ゆえに頼康は左兵衛佐の名乗りを辞したと捉えられる。逆に見れば、後北条氏は足利氏再擁立以前にこそ吉良氏の左兵衛佐の名乗りを許していたということになる。なお、後北条氏が足利氏を関東の礼的秩序の頂点に据え直したことから考えるに、関東の頂点にはやはり足利氏を置くというのが基本路線であったようで、実際に、天文十九年には後北条氏が家督継承以前の足利義氏を葛西城へ移動させる計画を練る[32]など、吉良氏を臨時的に擁立しようとするのと並行して、足利氏を再擁立する可能性・選択肢も模索していたようである（ちなみに、吉良氏の官途が「左兵衛督」ではなく、「左兵衛佐」であるのは足利氏への遠慮であろうか)。

以上、本来関東においては公方以外が名乗ることは憚られた「左兵衛佐」という官途を、御一家ではあるが公方ではない吉良頼康が例外的に名乗った事情について、その時期が後北条氏にとっては自らが奉じるべき対象である足利氏と敵対し、掲げるべき権威が不在であった期間と重なることから、その時期、後北条氏は吉良氏を足利氏に代替する公方として擁立しようとしたのではないか、と考えてみた。いうまでもなくこれは現段階で考えられる一つの可能性に過ぎない。今後さらなる検討・再検討がなされることによって、当該期の状況が明らかにされることを望むばかりである。

さて、『今川記』には、「等持院殿足利尊氏将軍也御遺書に、室町殿の御子孫たへなは吉良につかせ、吉良もたへは今川につかせよ、と仰置かれたり(33)」という文言がある。固よりこれが事実か否かを問うことは難しいが、しかし、後北条氏が行ったことを見る限りにおいては、将軍（公方）に足利氏が断絶すれば、後継者に吉良氏を就任させる、という認識を後北条氏は持ち、実行したのではないかと想定される。そしてまた実際に、次に見るように、後北条氏は吉良氏が断絶したとき、その後継者に今川氏から「氏朝」という人物を連れてきたのであった。その氏朝の時代の吉良氏について、次に見ていくこととしよう。

第三節　吉良氏朝の時代（一五六〇年代〜一五九〇年）

1　現状と課題

永禄三年（一五六〇）十二月、北条幻庵の娘との婚姻関係を成立させた氏朝は、同月から翌四年二月までの間に吉良氏の家督を継承した。[34][35]なお、この氏朝は、遠江今川堀越六郎と北条氏綱の娘との間に誕生した人物であり（北条氏康の甥）、[36]遠江今川氏と後北条氏との両方の血脈を併せ持つ人物であったことが彼の吉良氏家督継承の最大の要因だと考えられる。

この氏朝期の吉良氏については以下のような二つの理解がある。一つは、後北条氏は吉良氏権力に対して強権的介入・換骨奪胎を遂行していったとする荻野三七彦をはじめとする理解である。もう一つは、「氏朝の立場を「北条」氏朝ともいうべき北条氏一族として捉えうる」ことに重点を置き、「氏朝の吉良氏継承を契機として、吉良氏領及び吉良氏家臣が、北条氏の領国に機構的にも編入され」「それ以前においてみられた、吉良氏の地域的領主的性格が大いに失われ」「地域的領主的性格から知行人的性格への移行を遂げ」「いわば北条氏の一部将としての存在と化すに至った」とする黒田基樹の理解である。[37]また、黒田は吉良氏の権威（家格の高さ）についても、「氏朝の吉良氏継承はその点を克服するに至らしめた」[38]とする。全体として、先行研究では氏朝の吉良氏継承に伴い、吉良氏の権力や権威は損なわれる形で大きく変化したと理解されているといえよう。では、果たして本当にそうしたことが起こっていたのか、改めて検討してみたい。

2　権力面

まずは、権力面について見ていきたい。先行研究が指摘するのは、吉良氏の家臣・所領に後北条氏が介入し、換骨奪胎を推進したということである。はじめに、家臣の問題から検討する。

（1）家　臣

後北条氏が吉良氏家臣と直接関係し動員している事例としては、永禄四年の大平氏、元亀元年（一五七〇）から天正二年（一五七四）にかけての大平氏や江戸氏を確認し得る。[39]このように、確かに後北条氏は吉良氏家臣と直接関係し動員しているのであるが、しかし、これによって吉良氏当主と吉良氏家臣との関係が切れたかといえば、そうではないのである。というのは、江戸氏や大平氏は引き続き吉良氏家臣でもあり続けていることが窺えるからである。

例えば、吉良氏朝は江戸氏や大平氏などの家臣とともに上丸子（現、川崎市中原区）の大楽院に存する仏像を安置しているし、[40]また、永禄四年に氏朝は江戸氏に、天正十八年に氏朝の後継者の吉良氏広は江戸氏にそれぞれ所領に関する文書を発給している。[41]他にも、氏朝が天正十三年に上野国の阿久澤能登守に宛てた書状には「猶大平可レ申候」[42]とあり、天正十六年に芝村（現、港区）に宛てた禁制には「江戸近江守奉レ之」[43]とある。

以上のように、江戸氏や大平氏はあくまで吉良氏と後北条氏とに両属（兼参）する家臣となったのであって、吉良氏家臣を換骨奪胎し、吉良氏権力を否定するような後北条氏の意図は窺えない。一方、氏朝の吉良氏継承に伴い後北条氏から吉良氏へと両属した人物も存在した。それが高橋氏である。高橋氏は後北条氏家臣であり続けるとともに吉良氏家臣にもなり、吉良―後北条のパイプ役となったことが下山治久によって指摘されている。[44]

このように、江戸氏や大平氏は吉良—後北条の両属家臣となったのであって、後北条氏が吉良氏権力を否定しようとしたわけではない。そもそも、両属家臣化は先代頼康の時代から確認できるのであって(45)、氏朝の時代に突然はじまったことでもない。続けて、所領の問題について検討する。

（2）所　領

まず、永禄四年、従来吉良氏の関与するところであった深大寺（現、調布市）(46)に後北条氏は禁制を出した(47)。しかし、その禁制は奉書式印判状であるから、後北条氏ではなく、寺の方から後北条氏に対上杉氏という戦時に際し申請して発給されたものと捉えられ(48)、強権的介入の事例には当たらないと考えられる。同様に、永禄七年、吉良氏領の上小田中郷（現、川崎市中原区）に後北条氏は禁制を出した。それが左に掲げる〔史料一〕である。

〔史料一〕　後北条氏印判状（「泉沢寺文書」『世田谷区史料』二、一二〇頁）

制札

右蒔田（吉良氏）領之内、入籠ニ竹木自㆓江城（江戸城）㆒諸軍伐取事、堅令㆓停止㆒了、若於㆓違犯輩㆒者、急度可㆑処㆓罪科㆒、江城御用之時者、以㆓御判物㆒、可㆑被㆓仰付㆒者也、仍如㆑件、

甲子（一五六四）二月十九日　岩本太郎左衛門尉奉㆑之（後北条氏朱印）

上小田中郷

これも奉書式印判状であり、村の方から第二次国府台合戦という戦時に際し申請して発給されたものと捉えられ、介入の事例ではないと考えられる。そもそも、本史料で後北条氏は上小田中郷を明確に「蒔田領」と述べており、吉良氏の所領支配を否定せず、前提としていることが分かる。

続けて、天正六年、吉良氏城下の世田谷新宿に後北条氏は楽市に関する掟書を出した[49]。しかし、世田谷新宿の楽市は後北条氏領全体の経済政策であるとともに、世田谷新宿の楽市で直接繁栄するのは吉良氏城下なのであるから、これを後北条氏による吉良氏領への支配貫徹・強権的介入の事例とするのは不自然である。そもそも、『楽市令』は大名が領主（給人）・寺社の支配権を否定して直轄支配を実現しようという政策ではない[50]」ことは、池上裕子によって指摘されているところであり、この場合も吉良氏と後北条氏両者の利益に適うものであったと捉えられよう。

また、天正十五年、吉良氏領の芝村に後北条氏は印判状（奉書式）を出したが[51]、そこでも後北条氏は芝村を「蒔田御領」と明記しており、翌十六年には今度は吉良氏が芝村に禁制を出している[52]など、吉良氏の権力は否定されていない。

以上から、後北条氏が吉良氏権力に対して強権的介入・換骨奪胎を遂行していった、とする先行研究の理解には検討の余地があると考える。むしろ、後北条氏は吉良氏の権力を否定せず、その存在を前提としていたものと捉えられる。次に、吉良氏に対する役等の賦課の事例を見ていこう。

まず、「江城御用之時者、以二御判物一、可レ被二仰付一」（史料一）や、「芝村船役之事、先御証文之筋目、不レ可レ有二相違一旨、被二仰出一」[53]など、戦時に際して場合によって竹木供出や船役が命令され得ることが分かる。続けて、後北条氏の命令を受けての行動を示す史料を左に掲げる。

〔史料二〕　吉良氏朝書状（「阿久澤文書」『戦国遺文』後北条氏編四、六一頁）

書状披見申候、仍今般浅原・吉田・堤井被下任二本領一置上之間、彼地へ検使可二指越一由、従二大都（北条氏直）一承候条、任二其儀一候処ニ、由良（国繁）方存分立ニモ候歟、従二房州（北条氏邦）一承様候キ、雖レ然自二大都一御仕置ニ候間、先以被レ任二御印判一、可レ然之由頻申ニ付而、房州無二相違一候、因レ茲落居之所本望候、然ニ三種一荷快然之至候、猶大平可レ申候、恐々

謹言、

六月十八日　氏朝《（吉良）》（花押）

阿久澤能登守殿

本史料は天正十三年のもので、「彼地へ検使可二指越一由、従二大都一承候」と、吉良氏が後北条氏からの命令を受け、後北条氏の外交的活動の一端を担っていることが分かる。以上の事例は吉良氏の「知行人的性格」を示すものと考えられ、その点において、黒田の理解は妥当であると考える。しかし、それによって直ちに吉良氏を後北条氏の一部将・知行人と評価するのには疑問が残る。というのは、吉良氏が後北条氏から役賦課がなされている例や、後北条氏の領国支配に参加している例は、この例以外に確認できないからである。一方、先代頼康以来の世田谷を中心とする所領支配は継続しており、先に見た上小田中郷や芝村の他にも、浄徳院（現、世田谷区）や碑文谷法華寺（現、目黒区）への寺領寄進や保護、家臣に対する所領宛行や安堵などが確認される[54]。以上から、吉良氏は実質的には地域的領主的性格を継続していると評価してよいのではなかろうか。続けて、吉良氏の権威面について見ていきたい。

3　権威面

吉良氏朝は「北条」氏朝と捉えられ、氏朝入嗣に伴って吉良氏の家格の高さ・権威は否定されたと考えられているが、果たしてどうか。以下、具体的に検討していこう。

まず、氏朝自身の自己認識であるが、彼は自身を「源」「吉良」と認識している（「平」「北条」ではない[55]）。

次に、書札礼であるが、北条氏直は吉良氏（前田源六郎＝蒔田源六郎＝吉良氏広）に対して「恐々頓首」「御宿所」とするが、これは、北条氏邦（安房守）や北条氏規（美濃守）といった他の後北条氏一族や、徳川家康や伊達政宗といった有力他氏に対してよりも厚礼であり、吉良氏が後北条氏一族という立場にとどまらない高い家格・権威を承認されていることを示すものであるといえる（表2）。また、『義氏様御代之中御書案之書留』には、「吉良・渋川・新田、此三人恐々謹言同前」[56]とあるが、田中宏志によれば、「恐々謹言」の書体（真か草か）で、彼らは後北条氏よりも上であるという[57]。

続けて、印判であるが、すでに述べたように、吉良氏の印判（家印。氏朝も四通の発給が現在確認される[58]）は、後北条氏の印判（虎印判。家印）と同規模（方七・五センチ）であり、この規模のものは、他に古河公方足利義氏のものしか存在しない[59]。また、北条（大石）氏照・北条（藤田）氏邦らの後北条氏一族は印判の規模を縮小したが[60]、吉良氏はそのようなことはせず、最後まで後北条氏当主の印判規模と同格であり続けた。このように、吉良氏が後北条氏当主や古河公方と匹敵する大きさの印判を最後まで維持し得たことも、吉良氏が後北条氏一族という立場にとどまらず、吉良氏としての高い家格・権威を外部から承認され続けていることを明示しているものといえる。

他にも、吉良氏は「蒔田殿」[61]「世田谷御所」[62]などと称され、『小田原記』には、「蒔田殿ノ御所ヲ焼セ

表2　天正10年（1582）以降，有力武家宛ての北条氏直書状

比定年月日	宛　所	脇　付	書止文言	備考	出典
天正10. 2. 18	安房守殿		恐々謹言		2308
天正10. 2. 19	安房守殿		恐々謹言		2310
天正10. 3. 19	安房守殿		恐々謹言		2328
天正11. 3. 17	徳川殿		恐々謹言		2512
天正11. 6. 3	安房守殿		恐々謹言		2542
天正11. 11. 7	徳川殿		恐々謹言		2587
天正12. 4. 23	徳川殿		恐々謹言	写	2668
天正13. 12. 27	徳川殿		恐々謹言		2904
天正14. 2. 13	伊達殿		恐々謹言		2918
天正14. 9. 25	徳川殿		恐々謹言		3964
天正14. 11. 24	美濃守殿		恐々謹言	写	3031
天正17. 2. 20	安房守殿		恐々謹言	写	3427
天正17. 3. 24	安房守殿		恐々謹言		3436
天正17. 7. 24	美濃守殿		恐々謹言	写	3476
天正17. 9. 8	安房守殿		恐々謹言	写	3494
天正17. 12. 8	前田源六郎殿	御宿所	恐々頓首	写	3568
天正17. 12. 9	徳川殿		恐々謹言	写	3570
天正18. 正. 17	伊達殿		恐々謹言		3617

註　出典は『戦国遺文』後北条氏編の番号.

テハ甲斐ナキ命生テ詮ナシ」(63)とあるなど、その高い権威が窺える。

以上のように、氏朝は後北条氏という側面にとどまらず、吉良氏という側面を色濃く持ち続け、また、氏朝の時代になっても吉良氏の家格・権威は否定されることなく、外部から承認され続けたと捉えられる。つまり、後北条氏の血脈を受ける氏朝による吉良氏継承とは、「吉良の北条化」ではなく、あくまで「吉良という家の永続」に主眼があったものと考えられる。今川氏という「吉良氏」に連なる「貴種性」と、「後北条氏」の「血統」という二つの性格を兼ね備えた氏朝は、後北条氏のもとで吉良という家を担っていくのに最適な人物であったと改めて考えられるのである。

従来、吉良氏が氏朝の代になると、後北条氏は吉良氏の権力や権威を損なわせる形で大きく変化させようとしたとされてきた。しかし、これまで考えてきたように、実質的には連続という面の方が強く、後北条氏は吉良氏の在り方の存続を図ったものと評価し得ると考える。では、後北条氏が存続させようとした吉良氏の在り方・役割とは何であったか、最後に検討してみよう。

4　役　割

まず、政治や外交・軍事などでの役割であるが、後北条氏は吉良氏にそうした役割を期待してはいなかった。というのは、吉良氏がそうした場で登場するのは、天正十三年に上野国の阿久澤氏と交渉している一事例〔史料二〕しか確認されないからである。では、改めて、吉良氏の役割とは何であったか。

第一に、足利氏に連なる権威・貴種の存続という役割である。吉良氏という貴種は他氏には代替不可能な役割であり、後北条氏にとって、そうした権威は自らの関東支配の正統性を担保する一つの駒（状況によっては足利氏に代替可能な駒）として必要なものではなかったかと考えられる。

第二に、地域的ネットワークにおける役割である。吉良氏は多摩川・江戸湾・太平洋などの交通、品川や大井などの都市的な場、鎌倉―品川―世田谷を結ぶ浄土宗や地域の禅宗などの宗教勢力と深いつながりを有していた(64)。こうした吉良氏と地域とのつながりは破壊せず、温存して活用する方が得策であると後北条氏は判断したと考えられる。

第三に、文化や儀礼などでの役割である。天正十五年に書写された『吉良流四巻書』という武蔵吉良氏の礼法に関する史料には、「右此書者、金龍寺殿（武蔵吉良頼治）御代被レ補二関東籏頭一之時、准二京都上吉良殿（三河西条）之例一、弓馬弁武家式例被二定置一之所、猶又今度、参二考　西条殿御本一而、令二増補省略一書写者也(65)」とある。ここからは、吉良氏の武家故実家的性格が窺える。吉良氏はそうした武家故実・芸、すなわち、吉良流礼法を継承・伝授する役割も期待されていたと考えられる。こうした「高家」的役割や存在が、近世に入り武蔵吉良氏が実際に高家としてやっていけた下地・前提となったのではなかろうか。

おわりに

以上、時系列に沿って吉良氏に関する諸問題を再検討してきた。最後に、論点をまとめておこう。

まず、本来関東においては公方以外が名乗ることは憚られた「左兵衛佐」という官途を、御一家ではあるが公方ではない吉良頼康が例外的に名乗った事情について、その時期が後北条氏にとっては自らが奉じるべき対象である足利氏と敵対し、掲げるべき権威が不在であった期間と重なることから、その時期、後北条氏は吉良氏を足利氏に代替する公方として擁立しようとしたのではないかと考えた。次に、吉良氏が氏朝の代になると、後北条氏は吉良氏の権力や権威を損なわせる形で大きく変化させようとしたとされてきた。しかし、権力や権威の否定や大きな変化は窺えず、むしろ、連続という面の方が強く窺われたことから、後北条氏は吉良氏の在り方の存続を図ったものと評価し得ると考えた。最後に、後北条氏が存続させようとした吉良氏の在り方・役割について、足利氏に連なる権威・貴種の存続、地域的ネットワークの温存、文化や儀礼の継承などの面から考えた。

武蔵吉良氏についてのさらなる検討の他にも、三河吉良氏・石橋氏・渋川氏など他の足利氏御一家との比較、足利氏御一家の歴史的意義の解明など、研究すべき課題は多い。次章以下ではこれらの問題を追究していく。

註

（1）『吉良氏の研究』（名著出版、一九七五年、初出一九六五～一九六六年）。荻野の論を継承・発展させた論文としては實方壽義「戦国大名と領内国衆大名との関係」（鎌田先生還暦記念会編『鎌田博士還暦記念歴史学論叢』鎌田先生還暦記念会、一九六九年）五〇〇～五一八頁、下山治久「吉良氏研究の成果と課題」（荻野前掲書）二七五～三二二頁などがある。

（2）「北条宗哲と吉良氏朝」（同『戦国大名領国の支配構造』岩田書院、一九九七年、初出一九九二・一九九五年）二九一～三一一頁。

（3）吉良氏と後北条氏との関係についてではなく、吉良氏自身について主に取り扱った研究としては鈴木堅次郎『世田谷城名残常盤記』（私家版、一九六一年）、『新修世田谷区史』上（世田谷区、一九六二年）、黒田基樹「開発請負人武蔵世田谷領の大平氏」（同『戦国期領域権力と地域社会』岩田書院、二〇〇九年）二四九～二七〇頁、拙稿「武蔵吉良氏の散在所領と関係地域」（『品川歴史館紀要』二四、二〇〇九年）、同「吉良流礼法とその継承者たち」（『東京大学日本史学研究室紀要』一四、二〇一〇年）などがある。その他、『せたかい』『郷土目黒』『目黒区郷土研究』などの雑誌にも吉良氏の研究は散見される。なお、本章（初出）発表後、横浜市歴史博物館編『蒔田の吉良氏』（横浜市歴史博物館、二〇一四年）、小国浩寿「乱世、それぞれの生き残り方」（『南北朝遺文月報』七、二〇一七年）三～六頁、佐藤博信「関東吉良氏研究序説」（『千葉大学人文研究』四七、二〇一八年）一一～五五頁などが公表された。また、拙稿「関東吉良氏とその時代」（『世田谷往古来今』世田谷区、二〇一七年）も上梓した。いずれも内容その他に課題があるが（拙稿については編集・校正などに重大かつ致命的な欠陥が存在するが）、併せて参照されたい。

（4）荻野前掲註（1）書、四一～六六頁。

(5)『続群書類従』二八下、一二一頁。

(6)『鎌倉年中行事』(『日本庶民生活史料集成』二三、七八二〜七八三頁)、『殿中以下年中行事』(『群書類従』二二、三四一頁)。

(7)荻野前掲註(1)書、五七頁。ただし、この武衛は斯波氏の可能性もある(小久保嘉紀「鎌倉府の書札礼」『年報中世史研究』三五、二〇一〇年、一一三頁)。だが、いずれにしても、『鎌倉年中行事』の中で吉良氏を別格扱いする記述自体は「御一家中ニモ吉良殿・渋河殿へハ」「奉レ限二吉良殿計一」などと続く。

(8)『群馬県史』資料編五、八三五頁。

(9)「喜連川文書四」『戦国遺文』古河公方編、一三一〜一三二頁。

(10)佐藤博信「里見家永正元亀中書札留抜書」(『千葉大学人文研究』一七、一九八八年)一四一頁。

(11)「松平文庫所蔵文書」『新編埼玉県史』資料編五中世一古文書一、六四三頁。

(12)『梅花無尽蔵』(『五山文学新集』六、七一三・七二三・七二五頁。以下、頁数のみ表記)。なお、吉良氏は太田道灌暗殺直後にも拘わらず、万里集九に賛を求め、集九から呆れられている(七一三頁)。これに関し、「道灌静勝公一乱之中、有二使者一需レ賛」の解釈は、通常、吉良氏が「道灌静勝公一乱」(道灌殺害後の争乱)の中、使者を送って賛を求めた、というものであり、筆者もかかる通説を強く支持する。一方、最近、道灌が戦乱中に使者を送って(吉良氏のために)賛を求めた、とするものがあるが(武田庸二郎「『梅花無尽蔵』にみる世田谷吉良氏」『世田谷往古来今』世田谷区、二〇一七年、七八頁)、誤りである。武田は道灌死後の戦乱状況を知らずに種々持論を展開しているが、「江戸城乱」(七二三頁)・「道灌静勝公一乱」(同頁)と、道灌粛清が「単なる謀殺事件ではなく、一定の戦乱をともなうものであった」ことはすでに闡明されている(黒田基樹「道灌謀殺と上杉定正」同『扇谷上杉氏と太田道灌』岩田書院、二〇〇四年、初出一九九六年、四七頁)。特に、後者の記事は「道灌静勝公一乱之後、余西皈之(万里集九)興、日々有レ之」と、先に見た史料と同じ文言(「道灌静勝公一乱」)を使っているが、この主語が道灌ということはあり得ない。以上から武田の解釈には首肯できない。総じて武田執筆にかかる『世田谷往古来今』は問題が多く、注意が必要である。

(13)『石川忠総留書』(『稲城市史』資料編二古代中世近世、一〇二頁)。

(14)『快元僧都記』天文二年五月十二日・同年十月二十八日条。この点、鈴木沙織『鎌倉と武蔵国東漸寺』(鎌倉考古学研究所、二〇一六年)二六〜二七頁も参照。

(15)荻野三七彦は、『快元僧都記』が後北条氏に対しては「氏綱」と呼び捨てである一方、吉良氏に対しては「吉良殿様」「吉良殿」

としていることを指摘した（前掲註(1)書、六〇頁）。
(16)『快元僧都記』天文八年六月七日条。
(17)前掲註(2)論文、二九四頁。
(18)吉良頼康判物写（「東光寺文書」『世田谷区史料』二、一二六頁）、江戸浄仙・同呂顕連署奉書写（「蒔田宝生寺文書」『世田谷区史料』二、八一～八二頁）。
(19)荻野前掲註(1)書、八三頁。
(20)荻野前掲註(1)書、七九～八〇頁。
(21)荻野前掲註(1)書、六四頁。
(22)荻野前掲註(1)書、八九頁。
(23)前掲註(2)論文、二九三頁。
(24)世田谷八幡棟札写（「世田谷八幡文書」『世田谷区史料』二、一四九頁）。
(25)後奈良天皇口宣案写あるいは偽文書（「宮崎家文書」『世田谷区史料』二、一三四頁）、後奈良天皇口宣案写あるいは偽文書（「宮崎家文書」『世田谷区史料』二、一三五頁）。なお、「宮崎家文書」については木下聡・伊藤拓也両氏と実見する機会を得た。内容的には信頼してよいと思われる（拙稿「千葉宮崎家文書調査報告」『せたかい』六五、二〇一三年参照）。
(26)「常陸佐竹氏における官途」（『戦国史研究』四八、二〇〇四年）二一頁。
(27)各種吉良系図によれば、吉良治家（兵部大夫・治部大輔）、吉良頼治（兵部大輔・左京大夫）、吉良頼氏（治部大夫・左京大夫）、吉良頼高（右京大夫）、吉良政忠（右京大夫）、吉良成高（右京大夫）とある（『世田谷区史料』二、三三二～三三七頁）。なお、吉良成高を左兵衛佐とする後世の系図もあるが、これについては確証も他に史料もなく現段階では不明である。
(28)佐藤博信「戦国期における東国国家論の一視点」（同『古河公方足利氏の研究』校倉書房、一九八九年、初出一九七九年）四五三～四七四頁。
(29)『歴名土代』二七一頁。
(30)北条氏康起請文写（「静嘉堂本集古文書シ」『戦国遺文』後北条氏編一、一四五頁）。
(31)「足利義氏と北条氏」（同『古河公方と北条氏』岩田書院、二〇一二年、初出二〇〇七年）三六頁。

(32) 同前。

(33) 『続群書類従』二一上、二四二頁。同様の記述は『甲陽軍鑑』にも見える（酒井憲二編著『甲陽軍鑑大成』一本文篇上、汲古書院、一九九四年、二三四・四九二頁）。

(34) 黒田前掲註(2)論文、二九七頁、武田庸二郎「『北条幻庵覚書』の作成年代について」（『世田谷区立郷土資料館資料館だより』二七、一九九七年）七〜八頁、仲澤香織「『北条宗哲覚書』とその成立」（『駒沢大学史学論集』三五、二〇〇五年）四一〜四九頁。

(35) 吉良頼康・同氏朝連署判物写（「東光寺文書」『世田谷区史料』二、一二八頁）、吉良氏朝安堵状写（「江戸文書」『世田谷区史料』二、一七〇頁）。

(36) 黒田前掲註(2)論文、三〇八〜三一一頁、同「北条氏綱論」（同編著『北条氏綱』戎光祥出版、二〇一六年）一四頁、大塚勲「見付城主今川六郎氏延」（同『今川氏と遠江・駿河の中世』岩田書院、二〇〇八年）七一〜七八頁、清水敏之「遠江堀越氏の基礎的研究」（『静岡県地域史研究』七、二〇一七年）二九〜三三頁。

(37) 前掲註(2)論文、二九六・三〇〇〜三〇二頁。

(38) 前掲註(2)論文、三〇一〜三〇二頁。

(39) 北条氏康判物（「大平家文書」『世田谷区史料』二、一〇一頁）、北条氏政書状（「大平家文書」『世田谷区史料』二、一〇二頁）、北条氏政書状（「大平家文書」『世田谷区史料』二、一〇三頁）、北条氏政書状（「大平家文書」『世田谷区史料』二、一〇四頁）、北条氏政書状写（「大平家文書」『世田谷区史料』二、一〇五頁）、北条氏政書状写（「大平家文書」『世田谷区史料』二、一〇六頁）、北条氏政判物写（「江戸文書」『世田谷区史料』二、一七〇頁）。

(40) 大楽院仏像胎内墨書銘（『新修世田谷区史』上、三九三頁）。

(41) 吉良氏朝安堵状写（「江戸文書」『世田谷区史料』二、一七〇頁）、吉良氏広判物写（「江戸文書」『世田谷区史料』二、一七一頁）。

(42) 吉良氏朝書状（「阿久澤文書」『戦国遺文』後北条氏編四、六一一頁）。

(43) 吉良氏禁制（「芝大神宮文書」『世田谷区史料』二、一八九頁）。

(44) 「吉良氏研究の成果と課題」（荻野前掲註(1)書）二九三〜三〇三頁。

(45) 北条氏康書状（「大平家文書」『世田谷区史料』二、一〇〇頁。なお、本文書は弘治二年〈一五五六〉のものとされる。山口博「氏康花押の変遷」同『戦国大名北条氏文書の研究』岩田書院、二〇〇七年、初出一九九九年、二〇二〜二〇四頁）、後北条氏印判

状写（「慶元寺文書」『世田谷区史料』二、一六四頁）、後北条氏印判状写（「慶元寺文書」『世田谷区史料』二、一六五頁）。
(46)　吉良頼康・同氏朝連署判物写（「東光寺文書」『世田谷区史料』二、一二八頁）。
(47)　後北条氏印判状（「深大寺文書」『世田谷区史料』二、一七五頁）。
(48)　山中恭子「文書と真実・その懸隔への挑戦」（『史学雑誌』九〇―一〇、一九八一年）三二頁。
(49)　後北条氏楽市掟書（「大場家文書」『世田谷区史料』二、一八〇頁）。本文で述べるように、筆者は、本楽市につき、吉良・後北条両者を対立的に捉える見解（通説）を排し、協調的に捉える見解を提示した。これに関し、直近、長澤伸樹が「後北条氏領国における楽市」（同『楽市楽座令の研究』思文閣出版、二〇一七年、一〇九〜一八一頁）を発表し、本楽市についても検討した。結果、氏も吉良・後北条両者を協調的に捉えており、さらに踏み込んで、本楽市を吉良氏側からの働きかけによるものともした。加えて、事例の網羅的な検出から、後北条氏が武蔵国内では世田谷新宿のみを楽市としていたことも明らかにし、それが他の新宿や市場との明確な違いであると指摘。そして、かかる背景には（拙稿本章を踏まえて）、世田谷が、別格の存在にして様々な特権や地域的ネットワークをも有する吉良氏が統治するという特殊な地域であり、そうした要地・要人を庇護下におき、その存立を保障していることを可視化し宣伝する目的が後北条氏側にはあったとしている。貴重な成果で、拙稿本章とも矛盾しないはずであり、おおむね首肯したい。ただ、筆者が世田谷新宿の楽市を「後北条氏領全体の経済政策」と評価した、として「批判」するのはいかがであろうか。筆者は本楽市が吉良・後北条両者の利益に適うものであったと初出時においても明記しているし、世田谷の楽市により後北条氏領全体も経済的に利益を得るであろうことは言を俟たない。そもそも長澤自身も述べる如く、本楽市は後北条氏の政策でもある。氏の「批判」の真意が俄には理解し難い。なお、長澤伸樹『楽市楽座はあったのか』（平凡社、二〇一九年）八八〜九八頁も参照。
(50)　「戦国期都市・流通論の再検討」（同『戦国時代社会構造の研究』校倉書房、一九九九年、初出一九八八年）二七五頁。
(51)　後北条氏印判状写（「武州文書所収文書」『世田谷区史料』二、一八七頁）。
(52)　前掲註(43)。
(53)　前掲註(51)。
(54)　吉良氏朝寄進状写（「常徳院文書」『世田谷区史料』二、一七八頁）、吉良氏印判状（「常徳院文書」『世田谷区史料』二、一七九頁）、吉良氏印判状写（「法華寺文書」『世田谷区史料』二、一六〇頁）、吉良氏朝安堵状写（「江戸文書」『世田谷区史料』二、一七七〇頁)、吉良氏朝判物写（「宮崎家文書」『世田谷区史料』二、一四五頁)。
(55) 前掲註(40)。
(56) 佐藤博信「『義氏様御代之中御書案之書留』」（『古河市史研究』八、一九八三年）七五頁。
(57)「関東公方発給文書の書札礼についての再検討」（佐藤博信編『中世東国の社会と文化』岩田書院、二〇一六年）二〇三〜二三六頁。
(58) 吉良氏印判状（「常徳院文書」『世田谷区史料』二、一七九頁)、吉良氏印判状（「新井家文書」『世田谷区史料』二、一八三〜一八四頁)、吉良氏印判状写（「法華寺文書」『世田谷区史料』二、一六〇頁)、吉良氏禁制（「芝大神宮文書」『世田谷区史料』二、一八九頁)。
(59) 佐藤博信「足利義氏とその文書」（同『中世東国足利・北条氏の研究』岩田書院、二〇〇六年、初出一九七三年）八七頁。
(60) 相田二郎「北条氏の印判に関する研究」（同『相田二郎著作集』二、名著出版、一九七六年、初出一九三五年）一七五〜二〇八・二二五頁。
(61) 北条氏康書状（「高橋家文書」荻野前掲註(1)書、二五三頁)。
(62) 拙稿「吉良流礼法とその継承者たち」（『東京大学日本史学研究室紀要』一四、二〇一〇年）参照。
(63)『世田谷区史料』二、二九四頁。
(64) 拙稿「武蔵吉良氏の散在所領と関係地域」（『品川歴史館紀要』二四、二〇〇九年）参照。
(65) 前掲註(62)。

第二章　戦国期における三河吉良氏の動向

はじめに

戦国期（十五世紀中葉〜十六世紀中葉）の東海地域において、今川氏と斯波氏・織田氏との抗争は極めて重要な意味を持ち、数多くの研究が存在している。また、両氏間抗争に対する中小諸勢力の対応についても注目が集まり、こちらも多くの研究がある。

そうした中小諸勢力の一人に三河西条吉良氏（以下、吉良氏と表記）がいる。吉良氏は三河国吉良庄（現、愛知県西尾市）を名字の地とし、遠江国浜松庄（現、静岡県浜松市）も所領としていたことで知られる武家の一族である。だが、吉良氏については正面から扱った研究がまだ少なく、未検討・未解明の部分が多いというのが現状である。その上、近年新たに吉良氏関係史料が発見され、併せて、吉良氏発給として年次や内容が十分に追究されてこなかった文書も存在するなど、戦国期の吉良氏については検討すべき余地がある。

そこで本章では、戦国期における吉良氏の動向を時系列に沿って検討する。以下、第一節・第二節では主に今川―斯波抗争での、第三節・第四節では主に今川―織田抗争での吉良氏当主・家臣団の意向・動向についてそれぞれ分析し、もって最終的に吉良氏が衰亡するに至るまでの過程を検証することとしたい。

第一節　今川—斯波抗争の勃発と吉良氏当主・家臣団

1　吉良氏の来歴

はじめに、本章と関係する範囲で吉良氏の来歴について簡単にまとめておきたい。

室町期、吉良氏は足利氏御一家（足利御三家）の筆頭として京都の武家社会において足利氏（室町幕府将軍、およびその御連枝）に次ぐ別格の儀礼的地位を占め、また、他の多くの武家と同じく基本的に「都」（京都）に暮らしていた。(1)

一方、その在京生活や交流を支える経済的基盤としては先述した三河国吉良庄や遠江国浜松庄などがあり、そうした「鄙」（地方）には吉良氏家臣が代官・奉行として任命・派遣されていたようである。特に、浜松の支配について、吉良氏は同地の存在する遠江の一国守護を務める家（今川・斯波両氏）と姻戚をはじめとする緊密な関係を構築することで自らの支配の安定を図った、ということは是非ともここで押さえておくべき点である。(2)

そのような吉良氏であったが、十五世紀後半、都鄙が渾沌とした時代へと移ろうと、上記のような安定した状態というものも徐々に崩壊していく。以下、吉良氏をとりまく状況について、史料的に分析が可能な遠江を中心に見ていくことにしたい。

2　混乱する遠江情勢

そうした遠江だが、十五世紀後半には守護斯波義健の夭折、後継者たる斯波義敏と守護代甲斐氏との内訌、斯波氏家督をめぐる抗争と、同国守護を務める斯波氏の混乱に歯止めがかからず、一四五〇年代から一四六〇年代にかけては前代と比べて不安定な状況が続いた。

そのような中、吉良氏は斯波氏権力の安定化を図る一方、(3)繁栄する浜松庄・中世都市引間（現、浜松市）を中心に、周辺の蒲御厨（現、浜松市東部）にまで自身の影響力を拡大させるに至っていた。(4)また、河勾庄（現、浜松市東部）と天竜川以東の懸川庄（現、静岡県掛川市）の両方、もしくは、そのいずれかをも請所としていた。(5)

さらに、浜松を中心に遠江・三河・伊勢方面へと教線を拡大し、東海地域一帯に多大な影響力を有した曹洞宗の一大拠点普済寺（現、浜松市）に対して、寺領の寄進や保護を行い、(6)同寺を「吉良殿御位碑《牌》所」(7)とし、その頃前後以降同寺に吉良俊氏・義尚・義真ら歴代当主の年忌・月忌に際し回向を行ってもらうなど、(8)浜松内部の有力寺家とも関係を強化していた。

このように、混乱した状況の中でも吉良氏は着実にその勢力を拡大させることに成功していたことが分かる。

だが、一四七〇年代に入り、幕府から河勾・懸川両庄を獲得した駿河守護今川義忠が遠江への進軍を開始すると、事態は急展開を迎える。周知の如く、この後、今川・斯波両氏は遠江をめぐって長きにわたる抗争を繰り広げていくことになるわけであるが、その具体的な経過については先行研究によってほぼ明らかにされているので、(9)基本的な事実関係はそれらに従うこととし、以下ではこれまでほとんど注目されてこなかった同抗争の中における吉良氏当主・家臣団の意向・動向に焦点を当てて見ていくことにしたい。

3　吉良氏家臣団の動向

進軍する今川氏に対し、斯波氏家臣の狩野氏は対決姿勢を顕にし、また、河勾庄・懸川庄の両方、もしくは、そのいずれかを請所として在庄していた吉良氏家臣の巨海氏も狩野氏とともに今川氏に対抗した。だが、今川氏は武力でもって狩野氏を自害させ、巨海氏をも成敗せんと進軍を続けた。(10) だが、まもなく今川義忠自身が戦死し、今川氏は駿河へと撤退する。以上から、吉良氏家臣の巨海氏は反今川の姿勢をとっていたことが分かる。

一方、『宗長手記』によれば、このときの吉良氏領浜松庄の奉行は飯尾「善左衛門尉長連」とあり、この飯尾長連は義忠の遠州進軍に協力して「度々の戦忠、異」他」と称され、さらに「義忠帰国の途中にして凶事、名誉の防矢数射尽し、則討死」と、義忠の戦死に際しては一緒に討死するほど今川氏とは緊密な関係にあったという。(11) 同書によれば、この長連の子・孫の名前はそれぞれ「善四郎賢連」「善四郎乗連」と知れるが、(12) その飯尾氏(善四郎)については『山科家礼記』応仁二年(一四六八)七月五日条に「吉良殿内飯尾善四郎」とあり、吉良氏家臣としての同氏の存在を改めて確認することができる。以上から、吉良氏家臣の飯尾氏は親今川の姿勢をとっていたことが分かる。

以上のように、今川氏の遠州進軍に際して、遠江に在国していた吉良氏家臣団は、巨海氏が斯波方につき、飯尾氏が今川方につくという分裂した様相を呈していたのであった。

第1項で述べたように、吉良氏は今川氏とも斯波氏とも深い関係を有していた。そのような遠江守護を務める両者との深い関係が、これまでは吉良氏の浜松支配を支える要石となっていたのであった。だが、いまやその今川氏と斯波氏とが遠江一国をめぐって衝突を繰り返すという時代を迎えてしまった。その結果、今度はそうした両者との関係の深さこそが、かえって吉良氏に分裂した状況をもたらす躓きの石となってしまったのである。

4　吉良氏当主の意向

では、そうした中で、吉良氏当主自身は今川氏、斯波氏、いずれの側に積極的に左袒しようとしていたのであろうか。この点、その後の今川―斯波抗争を眺めつつ、見ていくことにしたい。(13)

一四八〇年代、義忠戦死後の今川氏は家督抗争を惹起させ、遠州進軍は一旦中断される。一方、斯波氏は義敏の子義寛が遠江守護を務め、彼のもと遠江は比較的安定した時代を迎える。

一四九〇年代、一族の内訌を克服して家督を継承した義忠の子今川氏親、およびその叔父伊勢宗瑞は遠州進軍を再開、天竜川周辺にまでその勢力を拡大させる。

一五〇〇年代、斯波氏は反転攻勢を図って今川氏との決戦に踏み切り、文亀元年（一五〇一）頃、両者は遠江国内で衝突。結果は今川氏の勝利に終わり、斯波氏は敗走、このとき吉良氏領浜松庄の奉行「大河内備中守」もともに敗退している。(14)

この大河内氏にかわって新たに浜松庄奉行に「吉良より申下され」たのは、今川氏と緊密な関係にあった「飯尾善四郎賢連」であった。(15)

顧みれば、これ以前、斯波氏支配下の遠江において吉良氏は斯波氏と結託し得る大河内氏を浜松庄奉行に任命していたのであり、その大河内氏は明応七年（一四九八）、浜松北部に「天照太神宮」を造立することに尽力するなど、(16)着実にその勢力・影響力を拡大させていた。

つまり、当該期における吉良氏による浜松庄奉行人事とは、浜松周辺に現実に力を持つ存在に大きく左右・規定されていたのであり、勃発する今川―斯波抗争の中で、吉良氏当主は政治的に極めて柔軟な対応を示していたと見做すことができよう。

第二節　今川―斯波抗争の終焉と「ある一通の書状」の位置付け

勃発する今川―斯波抗争の中で、分裂する吉良氏家臣団と、柔軟な対応を示す吉良氏当主。こうした図式はその後も続く。

十六世紀初頭、今川氏は遠江のほぼ全域を制圧し、永正五年（一五〇八）[17]には遠江守護職を獲得、ここに、百年近くも続いてきた斯波氏による遠江守護職の継承は終わりを告げる。

だが、その後も遠江では斯波氏が反今川活動を継続し、永正七年頃[18]には更迭された前浜松庄奉行の大河内氏が現浜松庄奉行の飯尾氏のいる「浜松庄に打入、引馬にして、当国牢人等百姓以下を楯籠ら」せるという事件を起こす。これに対して今川氏は出兵、「大河内及㆓生害㆒処」となったものの、「吉良殿、御代官につきて懇望」した結果、「先以免ぜられ」たという[19]。

このように、今回も吉良氏家臣団（親今川の飯尾氏、反今川＝親斯波の大河内氏）は分裂した行動をとっていたのであった。

1　「ある一通の書状」について

大河内氏はその後も斯波氏と連携して今川氏に対抗し続け、同年末頃には早速「信濃・参河・尾張をかたらひ、大乱くはた」て、飯尾氏のいる引間城を占拠した[20]。だが、永正十年三月には斯波氏もろとも敗北し、戦闘は一旦終結する。

ところで、この時期の吉良氏当主の立場を示すと考えられる史料には次のようなものがある。(21)

〔史料一〕　吉良義信書状写

（封紙ウハ書）
「（異筆）
『永十〔三カ〕卯参到来』
　修理大夫殿御返報　義信」

（端裏）
「（切封墨引）」

就㆓大河内備中守働㆒、可㆑差㆓下仁〔人〕体㆒之由度々示給候、難㆑辞之条、荒河播摩〔磨〕入道ニ申付候、下著御快然之儀候、仍而浜松庄之内、国・本所事、可㆑任㆓成敗㆒之由承候、先以祝着候、於㆓時儀㆒者、播磨入道所へ申候間、令㆓省略㆒候、恐々謹言、

　三月廿八日　（吉良）義信（花押影）

（今川氏親）修理大夫殿御返報

内容に入る前に、まずはこの史料をめぐる研究史的な状況から確認しておきたい。

（1）　本書状の位置

本史料を最初に紹介したのは『古書通信』であり、そこでは（A）本書状の発給者は「武田義信」、受給者は不明とされ、（B）翻刻案（本稿では不掲載）が提示され、（C）発給年次は「永禄十年」とされたという。(22)これを受けて上野晴朗は（A）・（B）はそのままとし、（C）を永禄十年（武田義信の自決の年）ではなく、「弘治元年ころと見ら

れないであろうか」とした(23)。

だがその後、小林輝久彦がこの書状について再検討し、(A)発給者が「この書状はその花押の形状から吉良義信のものであ」ること、受給者が「今川氏親」であることを闡明した上で、(B)はそのままとし、(C)を「永正四年」に比定されるとした(24)。

小林の指摘(A)は至当であり、数少ない中世吉良氏関係史料を発見した点、極めて貴重な成果といえる。だが、問題は(B)=翻刻案、(C)=年次比定である。

まず(B)だが、『戦国遺文』今川氏編もこれまでの翻刻案を踏襲する((C)については「永正十四年カ」とする(25))。だが、それだと意味が通じない箇所が存在する。この点、『戦国遺文』今川氏編の編者が「原本確認が成されていない」と告白する如く、原本かそれに准ずるもので読み直す必要がある。

次に(C)だが、『古書通信』や小林がこの書状を「永禄十年」「永正四年」と比定したのにはわけがあり、それは本書状の封紙ウハ書に「永卯到来」の四文字が認められたからである。そこから両者は「永禄十年」「永正四年」と判断したのである。しかし、これも原本かそれに准ずるもので読み直す必要がある。

そこで、本史料を原本に准ずる影写本(東京大学史料編纂所架蔵)で確認したところ、この史料は「竹内文平氏所蔵文書」の中に「年未詳吉良義信書状」として収められており、その(B)=翻刻案を示せば〔史料一〕のようになる。また、(C)=年次比定については「永十卯参到来」の六文字が新たに認められたため「永正十年」に比定されることとなる(26)。

つまり、(A)本書状の発給者は吉良義信で、受給者は今川氏親、(B)翻刻案は前掲〔史料一〕、(C)発給年次は永正十年(三月二十八日)で、受給年次も同年(四月三日)と考えられるのである。

そして、この結論は前後の状況とも矛盾しない。すなわち、すでに述べた如く、永正十年三月には大河内氏が今川氏に敗北を喫し、永正七年頃以来続いてきた今川・飯尾―斯波・大河内抗争も終結する方向へと向かっていたのである。吉良氏当主が動くタイミングとして永正十年三月という時期はまさに相応しいといえるであろう。

（2）本書状の内容

これまでの結果を踏まえて、次に内容の検討に移りたい。

永正十年以前、今川氏は大河内氏の行動をなんとかするよう吉良氏当主に何度も要請を入れていた。だが吉良氏は長らく動かず、戦闘が終結する段になってようやく「難レ辞」となり今川氏に返答、家臣の荒河氏を現地に派遣して大河内氏に対する行動に出た。以上のことが〔史料一〕の前半部分からは読み取れる。

すなわち、吉良氏当主は今川・飯尾―斯波・大河内抗争の中、最後になるまで動こうとしなかったのである。吉良氏当主は、浜松庄の奉行に飯尾氏を任命していたにも拘わらず、同氏・今川氏への肩入れはせず、一方、大河内氏・斯波氏の方にも積極的な加担は確認することができない。もし仮にこのとき、大河内・斯波方に積極的に協力していたのならば、今川氏は後の天文・弘治年間に発するような「吉良殿逆心」「御造意」などという激しい言葉を使い、また、厳しい態度をとったはずである（後述）。だが、実際は大河内氏の行動を抑えるよう何度も要請したに過ぎず、また、後述するように浜松庄の支配も保証したのである。そもそも、吉良氏当主が自らの任命・派遣した飯尾氏、および彼の衛戍する引間を別の家臣（大河内氏）に命じて攻撃させるなどということ自体まず想定できず、そのような史料的痕跡も現時点では存在しない(27)。

要するに、吉良氏家臣団が今川派と斯波派とに分裂して争う中で、吉良氏当主は伝統的に深い関係にある今川氏、斯波氏、いずれの側とも表立って敵対するようなことはしないという方針を引き続きとっていたものと見られるのである。

さて、今川氏は「浜松庄之内、国・本所事、可レ任二成敗一」と、吉良氏当主に対して浜松庄内の国方も本所方も全て任せると発言していることが〔史料一〕の後半部分からは読み取れる。

実は、永正二年の段階で今川氏は奥平氏に「浜松庄内国方」「浜松庄内木寺方」を与えていた[28]。それらは奥平氏に対する「約束手形[29]」とされるが、本来吉良氏領であるはずの土地を今川氏が独自に没収し、別の勢力に再配分しているのである。これは、その直前の文亀年間に大河内氏が今川氏に敵する行動をとり、それを抑え切れなかった（もしくは、抑えなかった）吉良氏当主の責任を問うてのことであったろうか。

だが、そうした場所を再び吉良氏当主に任せると、このとき今川氏は発言しているのである。吉良氏当主にもとの所領を返すかわりに家臣の行動をどうにかさせようとしたのであろう。

2　吉良氏領浜松庄の黄昏

だが永正十三年冬頃、大河内氏はまたしても「当国牢人等、信濃の国人を催し、武衛（斯波義達）をかたらひ申、天竜川前後左右在々所々押領」して飯尾氏のいる引間城を占領、このとき斯波氏も「浜松庄引間ニ在陣」したという[30]。

これに対して今川氏は翌十四年、彼らの籠る引間城に猛攻を加えて遂に城を落とし、斯波氏については「出家」させた上で尾張へと送還、吉良氏家臣については「大河内兄弟父子・巨海・高橋其外楯籠傍輩数輩、あるは討死、あるは討捨、あるは生捕」という形で決着を付けた[31]。今川氏親の義父中御門宣胤の日記によれば、「大河内父子」は「切腹」したという[32]。

かくして大河内氏らの戦いは終わり、遠江をめぐる今川—斯波抗争も今川氏の勝利で終焉を迎える。これ以後、吉良氏のもとで浜松庄奉行を務めてきた飯尾氏は、吉良氏のもとを離れ今川氏のもとで同庄奉行を務めることとなり、浜松は全て今川氏の支配下に組み込まれ、吉良氏による同庄支配は終わりを告げる。なお、今川氏が吉良氏から浜松の全てを没収するという判断に至ったのは、大河内氏の暴走を最終的に抑制できなかった（もしくは、抑制しなかった）吉良氏当主に対する制裁措置と見做せよう（永正十年、大河内氏の行動を抑えるかわりに吉良氏に浜松を返したのであるから、それができなかった吉良氏に対し浜松の没収を断行するは当然のことといえよう）。

同じ頃、吉良氏は「都」においても基本的に在京活動を停止させている(33)。より具体的にいえば、明応の政変以降、吉良氏は十一代将軍足利義澄のもとへ出仕していたものの、次第に追放されていた十代将軍足利義稙に心を寄せていき、永正五年には義稙の帰京に際し彼を自邸に迎え入れ(34)、以後、今度は義稙のもとへの出仕が散見されるも、それも義稙政権の弱体化とともに次第に確認されなくなるのである。ここに、吉良氏は混迷の様相を深める京都からの離脱を図ったものと見られる(35)。

このようにして京都も遠州もほとんど同時期に失ってしまった吉良氏は、残る自身の所領参州へと下国・在国し、以後同国において生き残りをかけた日々を迎えていくことになる。続けて、その戦国期の三河での吉良氏の動きについて見ていくことにしよう。

第三節　今川氏との蜜月関係

前節まで見てきたように、遠江をめぐる今川—斯波抗争の中、吉良氏当主は今川氏、斯波氏、いずれの側とも最後まで表立って対立する関係にまではなっておらず、反今川行動をとる大河内氏ら吉良氏家臣も抗争の果てに壊滅的な被害を蒙った。そうであれば、遠江の問題が解決された以上、吉良―今川両者の間に「壁」はなくなったはずである。果たして、数少ない十六世紀前半の吉良氏関係史料の中で、目立つのは、吉良―今川両者の良好な関係なのである。以下、それらを具体的に列挙しつつ、従来未整理であった当該期の吉良氏をめぐる状況について明らかにしていく。

1　「姻戚」による今川氏との関係

まず、『土佐国蠹簡集残編』所収の『今川系図』には、今川氏親の「嫡女」に「吉良妻」がおり、世代的に見てこの「吉良」は吉良義尭に比定されるということがすでに指摘されている[36]。両者の姻戚関係成立の正確な時期については不明だが、氏親と中御門宣胤の娘との婚姻が一五〇〇年代、そして、氏親の子の今川氏輝・今川義元の誕生が一五一〇年代であることなどから考えると、この「吉良妻」の誕生も一五一〇年代頃と捉えられ、彼女と義尭との婚姻は一五二〇年代から一五三〇年代頃と見做し得る。両者の姻戚関係成立の背景としては、遠江をめぐる今川―斯波抗争の終結を受けて、吉良―今川両者が関係再建・強化を図ったということが考えられよう（図2）。

図2　吉良―今川関係系図

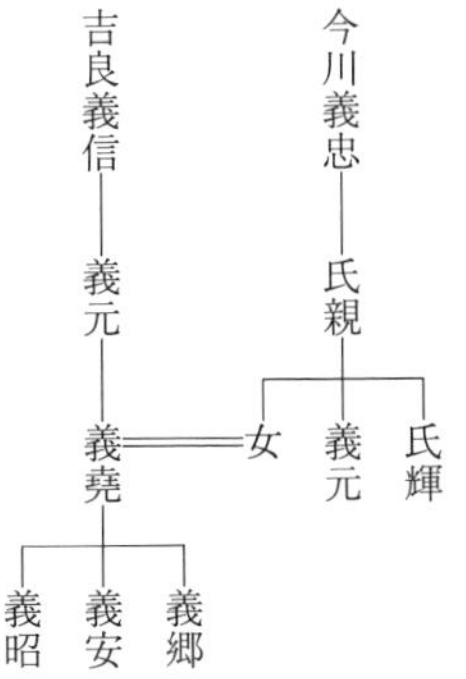

2　「宗教」による今川氏との関係

次に、今川氏親は「今河氏之官寺」「河東第一之伽藍」と称された善得寺（現、静岡県富士市）の第六代住持に「嵯峨門下」（臨済宗天龍寺）の琴渓承舜なる禅僧を招聘したが、その琴渓承舜とは「俗姓出二吉良氏一」と、吉良氏出身の僧であった[37]。彼は「舜《琴渓承舜》住持者僅六紀、以二享禄二祀己丑五月廿日一順二世相一也」と、大永四年（一五二四）から享禄二年（一五二九）まで善得寺住持を務めていたことが知れるが、「総《太原雪斎》二管于今河氏一、故敬崇異二于他一」と、今川氏にとって大変重要な存在であったようで、「舜有二二神足一、曰二九英承菊一、曰二梅岳承芳《今川義元》一」と、太原雪斎（九英承菊）、そして、今川義元（梅岳承芳）の師をも務めていた[38]。わざわざ吉良氏出身者を今川氏の重要な宗教的指導者として仰いだのは、吉良―今川両者の関係が極めてスムーズであるという証拠、あるいは、スムーズであることを望んだ証左といえるであろう。

他にも、享禄二年、太原雪斎は京都近衛家のもとに参上したが、その際、「吉良息小喝食」の「茂光」もともに参っていた[39]。また、別の日にも雪斎は茂光とともに近衛邸に参上している[40]。さらに、享禄四年、雪斎のもう一人の師である常庵龍崇が駿河紙や海苔などを持って近衛邸に参り、富士のことなどについて語った際にも、「吉良小僧」が一緒に来ていた[41]。

以上から、一五二〇年代から一五三〇年代にかけての時期、吉良氏と今川氏とは非常に緊密な関係にあったと見做すことができる[42]。実際、両者の間に問題があったというようなことを示す史料も現時点では管見に入っていない。やはり、先ほども述べたように、遠江の問題が解消された暁には吉良―今川両者の間に「壁」となるべきものは何もないはず、であった。

だが、その僅か後の弘治元年（一五五五）には「吉良殿逆心[43]」として吉良氏は今川氏からその居城西条城（西尾城とも。現、西尾市）を攻撃され、衰滅するという結果になってしまうのである。なぜ、そのような事態に陥ってしまったのか。以下、その問題について考えてみたい。

第四節　今川氏との関係崩壊

今川氏親の「嫡女」を「妻」とし、親今川であった吉良義堯（先述）の子吉良義郷は天文九年（一五四〇）に「於二西尾城一討死」したと後世の系図は伝える。[44] 義郷と合戦に及んだのは「尾州・三州之敵」であったらしい。[45] この点、小林輝久彦は同年に敢行された織田信秀による三河攻撃との関係を指摘している。[46] 従うべきであろう。すなわち、織田氏の台頭を受けて、一五四〇年代以降、三河は東＝駿遠の今川氏、西＝尾張の織田氏という二大勢力によるせめぎあいの場へと変貌したのである。以下、このことを念頭に置きつつ、吉良氏衰亡までの道のりを追いかけていく。[47]

1　一度目の「吉良殿逆心」「御造意」

今川・織田両者の角逐は、一五四〇年代後半以降、徐々に激しさを増していく。そうした状況の中、天文十八年に今川氏は吉良氏の居城を攻撃した。つまりこれ以前、吉良氏は今川氏のもとから離れ、織田氏に接近していたようである。

これについて今川氏は、「義元（今川）可レ有二御退治一御造意何故候哉」と嘆いた上で、「今度御屋形様（吉良義安）御行跡不レ可レ出二御心中一、御外戚後藤平大夫可レ為二奸謀一」と結論付ける。[48] すなわち、織田氏と組み反今川行動をとるという「御造意」を行ったのは吉良氏当主（ときの当主は吉良義安で、彼は天文五年の生まれというからまだ幼少である[49]）の意思ではなく、その外戚後藤氏の所為であったという。後藤氏は吉良―斯波（織田氏の主）両者の「御縁嫁」も画策したらしく、これに対して今川氏は「西条諸老」（吉良氏家臣団）に「評議」の上「急々被レ誅二戮悪徒一」ことを要求。その後、「悪徒」＝元兇と名指しされた後藤氏は今川方につく他の家臣らから芟除されたようで、以後、吉良氏は再び今川氏の影響下に入る(50)。

以上が一度目の「吉良殿逆心」「御造意」のあらましである。叛乱の主体は吉良氏当主ではなく、吉良氏家臣によるところが大きかったと見做し得る。一五二〇年代以降、今川氏とともに生きてきた吉良氏であったが、幼少の当主となった天文年間、織田氏と結んだ一部の有力な家臣によって吉良氏は反今川へと一旦傾いたのである。なお、このこと自体は先行研究も揃って指摘するところであり、ここでは今川―織田の二大勢力の狭間で二分される吉良氏家臣団の姿が確認できさえすればよい。

2　二度目の「吉良殿逆心」「御造意」

その後、西三河一帯で今川氏に対する抵抗が活発化した弘治元年（一五五五）、吉良氏は西条城で再び蜂起する。だが、今川氏は「彼庄内悉放火、二百余討捕(51)」という峻烈な姿勢でこの叛乱に対応し、その後、吉良氏当主を在地から切り離して駿河へと護送(52)、以後、吉良氏領は今川氏の直接支配下に移行することとなり(53)、ここに、事実上吉良氏は衰滅した。これが弘治元年、二度目にして最後の「吉良殿逆心」「御造意」である。

この弘治元年の「吉良殿逆心」の経過、および背景については史料が少なく、従来その実態は不明とされてきた。だが近年、江川文庫所蔵の新出史料複数点が紹介され、その中にこの事件に関係すると見られるものが含まれていたことで、真相の解明は大きく進んだ。その史料を左に掲げる(54)。

〔史料二〕　今川義元書状（傍線引用者）

自筆之尊翰□□□本望候、先々被□□□□珍重候、西尾之御事大方御心得候哉、義□（安）御造意不レ及□□（是非カ）、即時ニ御舎弟長三郎殿為二人質一緒河へ御越候而、緒河・荊屋之□□西尾城へ被レ入候、何御不足候哉不レ能二分別一候、下ニ而ハ大河内・富永与十郎両人張本人之由申候、荒河殿幡豆・糟塚・形原堅固候、何を（もカ）別而御馳走候、可二御心安一候、猶々無二油断一御養性簡要候、重□□□□□、恐々□□（謹言カ）、

十月廿三日　　義元（今川）（花押）

荒□（河カ）□□□□

□□□

本史料は今川義元が某（吉良氏家臣荒河氏か）に宛てたもので、その内容は吉良氏当主の「御造意」を受けてそれへの対応を義元が示したものである。

この史料の発見を受けた小林輝久彦は、早速同内容の分析を行い、人名・地名等を比定していった結果、これがまさしく弘治元年の「吉良殿逆心」と関係するものであることを明らかにした。その上で、氏はこの「吉良殿逆心」の背景（理由）について、吉良氏当主をその積極的な蹶起主体として説明した。[55]

小林による人名・地名・年代等の比定は大変重要な成果である。だが、その背景説明についてはなお検討を要すると考える。換言すれば、この事件を、吉良氏当主を積極的な叛乱首謀者として語ることは果たして可能か、ということである。なぜなら、右の書状の傍線部には「大河内・富永与十郎両人」が「張本人」だとはっきりと書かれているからである。つまり、大河内氏や富永氏といった吉良氏家臣団の意向・動向こそが、この事件の見落とすことのできない重要な要因であったと考えられるのである。

第1項で見たように、天文十八年の叛乱に際しその首魁となったのは織田氏と組んで反今川へと導いた吉良氏家臣

後藤氏であった。そして、今回もまた大河内氏や富永氏といった吉良氏家臣が反今川の中心にいたのであった（今川氏は、今回も「何御不足候哉、不レ能二分別一候」（史料二）と嘆いている）。翌年三月には織田氏が「荒河」（現、西尾市）まで進軍しているから、これも織田氏と結んでのことだったのだろう。一方、「荒河殿」（〔史料二〕）のように今川方につく吉良氏家臣もいた。[56]

つまり、弘治元年の「吉良殿逆心」の背景には、これまでと同様、ことあるごとに二大勢力の狭間で二つに分かれて争い続ける吉良氏家臣団の姿があり、その片方（反今川派）に最後、まだ若い吉良氏当主は引っ張られた、同叛乱はこのように見ることができるのである。

近年、山田邦明は、十五世紀後半になると、「大名の重臣クラスがまさしく政治の中心に躍り出」て、「被官という身分の枠の中とはいえ、彼らがかなり自由な発言や行動を繰り返し」「被官たちの争いの中で精神をすりへらしてしまう者（大名―引用者註）もいた」と指摘している。[57]これまで縷述してきたように、吉良氏の場合でも十五世紀後半以降、家臣団の意向・動向が一貫して顕著に見られるようになってきており、山田の指摘は本章のケースでも当てはまるといえるだろう。

おわりに

以上、本章では従来不分明であった戦国期の吉良氏の動向を時系列に沿って検討してきた。第一節では今川―斯波抗争の中で、分裂する吉良氏家臣団と、柔軟な対応を示す吉良氏当主という図式を明示し、次の第二節ではこれまで十分に追究されてこなかった吉良氏発給文書の年次・内容を検討して、同抗争の過程を復元、前節で闡明した図式を確認した。続く第三節では斯波氏壊滅後の吉良―今川両者の蜜月関係を明らかにした上で、最後の第四節では吉良―今川両者の関係崩壊（「吉良殿逆心」）に至るまでの道程を検証、その際、新出史料の再検討も行い、結果、今川―織田抗争の中で、今回も吉良氏家臣団が二分され、その片方に最後、まだ若い当主は左右されたと指摘した。

かくしてその後、吉良氏は今川氏のもとに護送され、事実上ここに同氏は一旦亡びるのであるが、武家の名門中の名門吉良氏に対してこのような措置がとられるのは穏やかではない。だが、同時期の各地の情勢を眺めてみると、東海では斯波・石橋両氏が尾張から追放され(58)、奥州・九州では斯波・渋川両氏が探題職を失い(59)、中央では斯波・畠山・細川三氏以外が管領（管領代・准管領）を許され(60)、そして遂に足利氏を将軍（上意）としない体制が創り出されるなど(61)、従来にない新たな動きが胎動しはじめていることに気付く。もはや足利の「血」は重視されなくなっているのである。本章で見た吉良氏の事例も以上のような時代の流れの一環として捉えることができるだろう。このような足利の「血」の軽視ともいうべき事態がはじまった事情については本書第Ⅱ部で論じたい(62)。

なおその後、吉良氏はその足取りが一旦は追えなくなるものの、戦国期には確立されていた「吉良流礼法」を死守するなどして、近世に入ると徳川氏から「高家」として登用され復権を遂げるに至る(63)。この点、吉良氏が高家に選抜された理由を江戸期の史書は「足利将種之良族(64)」なるがゆえと描いているが、吉良氏と同じ足利氏御一家（足利御三家）の構成メンバーたる石橋・渋川両氏は吉良氏とはそれぞれ別の運命を辿ったようである。そのような他の足利氏御一家の姿について次章・次々章で検討していく。

註

（1） 拙稿「足利氏御一家考」（本書第Ⅰ部第五章）参照。

（2） 拙稿「室町期在京領主吉良氏と遠江国浜松庄」（『日本研究』五四、二〇一七年）参照。

（3）『建内記』文安四年（一四四七）五月二十八日条。
（4）遠江国蒲御厨代官職補任状案（「東大寺文書」『戦国遺文』今川氏編一、三頁）等。蒲御厨と吉良氏との関係については菊池武雄「戦国大名の権力構造」（『歴史学研究』一六六、一九五三年）五頁、大山喬平「十五世紀における遠州蒲御厨地域の在地構造」（『オイコノミカ』三―一・二、一九六六年）七四〜九七頁、斎藤新「選択する公文たち」（『浜松市博物館報』一四、二〇〇一年）九五〜一〇四頁、松島周一「室町中期の遠江国蒲御厨をめぐる甲斐氏と吉良氏」（『日本文化論叢』二一、二〇一三年）一〜三〇頁、湯浅治久「室町期都鄙間交通と荘園制・在地領主」（木村茂光・湯浅治久編『旅と移動』竹林舎、二〇一八年）四二七〜四四九頁。以下、煩雑になるため自治体史類は基本的に割愛する。
（5）島津忠夫校注『宗長日記』（岩波書店、一九七五年）一二〜一三頁（以下、頁数のみ表記）。
（6）今川義元判物（「宗源院文書」『戦国遺文』今川氏編二、二一七〜二一八頁）。
（7）今川氏真判物写（「普済寺文書」『静岡県史』資料編七、一三〇〇頁）。
（8）遠江州浜松庄富塚郷広沢山普済寺日用清規（『曹洞宗全書』清規、六四五〜六四六・六五六・六五八・六六三頁）。ちなみに、十五世紀の吉良氏当主は俊氏―義尚―義真―義信と直系で続く（拙稿「吉良義尚と吉良義真」『静岡県地域史研究』一一、二〇一二年参照）。
（9）秋本太二「今川氏親の遠江経略」（『信濃』二六―一、一九七四年）一八〜三二頁、小木早苗「今川氏の遠江支配」（『駿河の今川氏』四、一九七九年）一一九〜一四五頁、家永遵嗣「足利義高・細川政元政権と今川氏親・伊勢宗瑞」（同『室町幕府将軍権力の研究』東京大学日本史学研究室、一九九五年）三八二〜四一六頁、同「塩貝坂合戦の背景」（『戦国史研究』三五、一九九八年）三〜四頁、小和田哲男「今川氏と斯波氏の抗争」（同『今川氏の研究』清文堂出版、二〇〇〇年、初出一九七七年）五七〜六四頁、同「東遠江の中世」（同『武将たちと駿河・遠江』清文堂出版、二〇〇一年、初出一九九七年）二〇八〜二二九頁、森田香司「今川氏親と文亀・永正の争乱」（静岡県地域史研究会編『戦国期静岡の研究』清文堂出版、二〇〇一年）八七〜一一四頁、同「今川氏の三河侵攻」（地方史研究協議会編『三河』雄山閣、二〇一六年）九九〜一二〇頁、久保田昌希「今川氏親の領国形成」（同『戦国大名今川氏と領国支配』吉川弘文館、二〇〇五年、初出一九九七年）一〇〜三一頁、大塚勲「今川氏親の遠江・三河進出」（同『今川氏と遠江・駿河の中世』岩田書院、二〇〇八年）五九〜七〇頁。なお、本章（初出）発表後、黒田基樹「今川氏親の新研究」（同編著『今川氏親』戎光祥出版、二〇一九年）八〜五一頁、同『今川氏親と伊勢宗瑞』（平凡社、二〇一九年）、同『戦国大名・

伊勢宗瑞』（KADOKAWA、二〇一九年）などが上梓された。検討すべき課題は数多いが、併せて参照されたい。

(10)『宗長日記』一二～一三頁。

(11)『宗長日記』九頁。

(12)同前。

(13)なお、ときの当主は吉良義信である。義信は一四五〇年頃の生まれと見られ、父吉良義真が死んだ文明十三年（一四八一）から、孫吉良義堯に家督を譲る永正十三年（一五一六）までの間、当主の座についていた。なお、子吉良義元は永正十三年以前に死去していたものと見られる（『吉良町史』中世後期・近世、吉良町、一九九九年、一六～一九頁）。

(14)『宗長日記』八～九頁。

(15)前掲註(11)。このとき吉良氏は下国して対処に当たったという（松島周一「永正前後の吉良氏」研究代表者青山幹哉『尾張・三河武士における歴史再構築過程の研究』平成十六～十八年度科学研究費補助金研究成果報告書、二〇〇七年、四四～四七頁）。

(16)棟札銘（「青谷神明宮所蔵」『戦国遺文』今川氏編一、五七頁）。

(17)大塚勲は永正六年以後とする（「今川氏親年譜史料」同『今川氏研究余録』私家版、二〇〇八年、九四～九五頁）。

(18)松島周一は永正六年頃とする（前掲註(15)論文、五一～五七頁）。

(19)『宗長日記』一〇頁。ここでは大河内氏が「代官」とあるが、実際の代官（奉行）は飯尾氏であり、誤記であろう。なお、本章（初出）発表後、糟谷幸裕は大河内氏が代官に戻ったとするが（「『境目』の地域権力と戦国大名」渡辺尚志編『移行期の東海地域史』勉誠出版、二〇一六年、二〇三～二三九頁）、①『宗長日記』には大河内氏が「浜松庄に打入」とあり、これは同氏が浜松の外部から侵攻したことを示すが、大河内氏が浜松庄代官であればそれはあり得ない、②吉良氏が飯尾氏を更迭する理由も不明、③「御代官」の表記は「浜松庄の代官職を務める家」との理解が可能、以上から糟谷の解釈には首肯できない。それに加えて、糟谷は浜松喪失後も吉良氏と飯尾氏との主従関係は継続したともするが、史料解釈に根本的な疑義があり、議論そのものが成立し難いことは拙稿「遠州飯尾氏は「両属」国衆か」（『静岡県地域史研究会報』二一三、二〇一七年）を参照されたい。

(20)同前、伊達忠宗軍忠状（「京都大学総合博物館所蔵駿河伊達文書」『戦国遺文』今川氏編二、一一二～一一四頁）。

(21)東京大学史料編纂所架蔵影写本「竹内文平氏所蔵文書」。

(22)上野晴朗『信玄の妻』（新人物往来社、一九九〇年）一四五～一四六頁、小林輝久彦「永正期の吉良氏」（『静岡県地域史研究会報』一一六、二〇〇〇年）三頁。
(23)　上野前掲註(22)書。
(24)　小林前掲註(22)論文。
(25)　『戦国遺文』今川氏編一、一三〇頁。なお、その後、本章（初出）発表に伴い、『戦国遺文』は今川氏編四、一六三頁で永正十年と訂正した。
(26)　可能性としては「永正十四年」もあるが、これだと吉良氏に浜松庄を保証した内容面（後述）で矛盾することになる。ただし、「永正七年」の可能性は残る（この点、原本確認が必要）。だが、永正七年の場合でも以下の論旨に大幅な変更が必要となるわけではない。本章ではひとまず永正十年として、以下論を進める。
(27)　この点、松島周一（前掲註(15)論文、四七～五七頁）や小林輝久彦（「中世浜松庄代官職家の系譜」『静岡県地域史研究会報』一七二、二〇一〇年、三頁。ただし、氏は永正十三～同十四年の戦いのみに限るとするが）は（大河内氏や高橋氏などの参戦から）吉良氏当主を斯波方と見做しているようだが、両氏は飯尾氏の存在を無視、ないしは、軽視しているのではないか。なお、本章（初出）発表後、松島周一「永正年間の今川氏と西三河の諸勢力について」（『日本文化論叢』二〇、二〇一二年）に接した。そこで氏はようやく飯尾氏の存在、および動向にも触れられた（九九～一〇三頁）。併せて参照されたい。ただし、氏の論考には小林輝久彦の研究も含め、先行研究への言及が見られず、本章で掲げた〔史料一〕の指摘もなく、内容面でも依然「永正五年以降、次第に吉良義信は今川氏との対立へとスタンスを移動していった」とするなど、種々問題があるように感じられる。
(28)　今川氏親判物写（「東京大学総合図書館所蔵松平奥平家古文書写」『戦国遺文』今川氏編一、七五頁）。
(29)　大石泰史「今川氏と奥平氏」（『地方史静岡』二一、一九九三年）六一頁。なお、木寺については赤坂恒明「室町期の皇族、木寺宮とその下向」（日本史料研究会編『日本史のまめまめしい知識』三、岩田書院、二〇一八年）一一三～一二一頁、同「遠州木寺宮考」（『十六世紀史論叢』一二、二〇一九年刊行予定）などを参照。吉良氏との関係については今後の課題である。
(30)　『宗長日記』一一頁。
(31)　『宗長日記』一二頁。
(32)　『宣胤卿記』永正十四年九月七日条。
(33)　十五世紀後半以降の「都」における吉良氏の動向については北原正夫「室町期三河吉良氏の一研究」（『歴史研究』二七・二八合

併号、一九八三年）四一～四五頁、松島前掲註(15)論文、三九～五九頁、清水敏之「吉良義信と吉良義元」（『新編西尾市史研究』五、二〇一九年）三～一一頁。その他、煩雑になるため出典は省くが、当時の古記録等から吉良氏は「都」において、武家では石橋氏・渋川氏・斯波氏・細川氏・伊勢氏・大内氏、公家では近衛家・三条西家・山科家・甘露寺家・高倉家、寺社では東福寺・南禅寺・蔭凉軒・北野社・興福寺、尼寺では景愛寺・本光院・建福寺などと幅広い交流を展開していたことが確認できる。なお、吉良氏と尼寺については小林輝久彦「三河吉良氏と京都本光院」（『新編西尾市史研究』三、二〇一七年）三～一八頁も参照。

(34) なお、「都」の政変・派閥対立が「鄙」の今川―斯波抗争の中の吉良氏に与えた影響だが、管見の限り、それはともに足利義稙派であった今川氏の進軍に協力した永正三年頃の「三河」くらいであって（家永前掲註(9)論文、四〇一～四〇七頁）、その他には目立って確認されない。

(35) その後も京都との関係は天文年間頃までは続く（小林輝久彦「天文・弘治年間の三河吉良氏」『安城市歴史博物館研究紀要』一九、二〇一二年、二一～二四頁）。

(36) 大塚勲「今川義元の三河西条城接収」（同前掲註(9)書）九五頁、同「今川義元年譜史料」（同前掲註(17)書）一四二頁。この点、黒田基樹『北条氏康の妻　瑞渓院』（平凡社、二〇一七年）三七～三九頁も参照。

(37) 護国禅師雪斎遠諱香語写（『臨済寺所蔵』『静岡県史』資料編八、八〇四～八〇五頁）。この点、『寅庵稿』（『静岡県史』資料編七、四五九～四六一頁）も参照。

(38) 同前。

(39) 『後法成寺関白記』享禄二年二月八日条。

(40) 『後法成寺関白記』享禄二年二月十九日条。

(41) 『後法成寺関白記』享禄四年四月二十日条。いずれも吉良義堯の子か何かであろう。

(42) なお、ちょうどこの時期に当たる大永三年（一五二三）には南北朝期の吉良氏当主であった吉良満義が「大明神号」を授与されて神格化されている（宗源宣旨写「天理大学付属天理図書館所蔵宗源宣旨秘要所収」『大日本史料』九―一五、三三三～三三四頁、『中臣和之日記』万治三年十二月十四日条）。この点、山田貴司はその背景について「今川氏による吉良氏の圧迫」（「中世後期地域権力による武士の神格化」『年報中世史研究』三三、二〇〇八年、八四頁）を挙げているが、本章で述べたように、この時期、吉良―今川関係は良好であった。したがって、この点、別の説明が求められよう。さしあたり満義の父吉良貞義が今川範国と「父子の契約」を結び満義と範国とが「三従兄弟」となり（国立公文書館所蔵内閣文庫本『難太平記』）、満義は範国の子今川氏兼に所職を与える（吉良満義書下「今川文書」『大日本史料』六—三、八三一頁）など、満義期に吉良—今川関係が安定的であったという過去を受けてのことではなかったか、との代案を提示しておきたい。なお、その後、山田は『中世後期武家官位論』（戎光祥出版、二〇一五年）を上梓し、その中で本代案を「魅力的」であると賛意を示しつつも、「さらなる検討を待ちたい」とした（二〇七頁）。その後、小林輝久彦も検討し、「東西吉良氏の融和を図」ることが目的であるとした（「『東条殿』の系譜とその動向についての基礎的研究」『戦国時代の西尾城』二、二〇一六年、七六頁）。だが、東西両吉良氏の対立が証明されていない以上、これは説として成立していない。そもそも、両吉良氏を対立的に見ること自体、『今川記』の史観に過ぎない。拙稿「吉良氏とはいかなる一族か」の補註（『戦国時代の西尾城』二、二〇一六年、四一頁）参照。

(43)　今川義元書状写（「国立公文書館所蔵走湯山什物」『戦国遺文』今川氏編二、一九二頁）。

(44)　『養寿寺所蔵吉良氏系図』（『西尾町史』上、二〇五頁）。義郷はまだかなり若かったものと見られる。

(45)　同前。

(46)　前掲註(35)。

(47)　一五四〇年代から一五五〇年代にかけての吉良氏の動向については小林前掲註(35)論文、一九〜四二頁、柳史朗『吉良氏十五代記』（私家版、一九七七年）三六〜四五頁、横山住雄『織田信長の系譜』（教育出版文化協会、一九九三年）一六二〜一七二頁、北村和宏「三河吉良氏の断絶と再興」（義周公没後三〇〇年記念事業実行委員会編『吉良上野介義央と義周』義周公没後三〇〇年記念事業実行委員会、二〇〇六年）三〇〜三七頁、大塚勲「今川義元の三河西条城接収」（同前掲註(9)書）八九〜九七頁、村岡幹生「天文年間三河における吉良一族の動向」（『安城市史研究』九、二〇〇八年）一〜一六頁、大石泰史「今川氏対三河吉良氏再考」（『戦国史研究』七八、二〇一九年）三一〜三二頁。

(48)　駿遠軍中衆矢文写（「島原松平文庫所蔵士林証文」『戦国遺文』今川氏編二、四九〜五〇頁）。小林輝久彦はこの史料について緻密に検証した結果、偽文書ではないと結論付けている（「駿遠軍中衆矢文写について」『静岡県地域史研究会報』一三〇、二〇〇二年、二頁）。従うべきであろう。

(49)　『吉良町史』中世後期・近世（吉良町、一九九九年）、一三一頁。なお、小林輝久彦は天文二十三年に義安が代替わり安堵を行っていることから、その年まで義安は家督を継げなかったと見る（前掲註(35)論文、二七〜二八・三六頁）。だが、天文十八年の段階で義安はすでに西条の「御屋形様」と称されており（前掲註(48)）従い難い。義郷の死後に家督を継承していた義安が天文二十三年前後に元服・判始を行ったと見る方が自然ではないか。

(50) 前掲註(48)。

(51) 前掲註(43)。

(52) 『家忠日記増補追加』（『静岡県史』資料編七、四七六〜四七七頁）。

(53) 今川義元判物写（「静嘉堂文庫所蔵三浦文書」『戦国遺文』今川氏編二、二四三頁）。

(54) 「江川文庫所蔵文書」『戦国遺文』今川氏編二、一九一〜一九二頁。

(55) 前掲註(35)。より詳しく引用すれば、氏は「（今川氏は―引用者註）従来の吉良氏の地位を奪って松平宗家と主従関係を結んだ。こうした行為は「三河国主」としての吉良殿の立場をないがしろにするものであると考えて義安は叛逆に踏み切った」としている。なお、筆者は①松平が（吉良ではなく）今川を選んだと見るべき、②「三河国主」概念も不明確（小林は「中世後期三河における吉良氏の政治的地位」『地方史研究』三七六、二〇一五年、一二〜一五頁でもかかる概念を用いているが、定義も証明もない）、以上から小林の解釈には首肯できない。

(56) 今川義元感状（「観泉寺所蔵東条松平文書」『戦国遺文』今川氏編二、二一八〜二一九頁）。

(57) 「一五世紀の人々、その思考と行動」（『日本史研究』五四六、二〇〇八年）一六・一八〜一九頁。ちなみに、永正十三年、吉良氏当主は家督の交替を図った（前掲註(13)）が、これは小林（前掲註(22)論文）・松島（前掲註(15)論文、五〇頁）の指摘する如く、遠江情勢の緊張を踏まえてのことと考えられ、筆者は大河内氏の再度の暴走を受けての当主による逃避的行動ではなかったかとひとまず思料する。

(58) 奥野高廣・岩沢愿彦校注『信長公記』（角川書店、一九六九年）七二頁。

(59) 黒嶋敏「九州探題考」（同『中世の権力と列島』高志書院、二〇一二年、初出二〇〇七年）八五頁。

(60) 『光源院殿御元服記』（『群書類従』二二、一四六〜一六二頁）、今井昌良書状（「東洋文庫所蔵大館文書」『戦国遺文』武田氏編一、二一〇頁）。

(61) 今谷明「三好・松永政権小考」（同『室町幕府解体過程の研究』岩波書店、一九八五年、初出一九七五年）四四七〜四八六頁。

(62) 拙稿「足利一門再考」（本書第Ⅱ部第一章）参照。

（63）大嶌聖子「吉良氏の高家登用」（『戦国史研究』四五、二〇〇三年）二九～三〇頁、同「近世初頭江戸幕府における三河吉良氏の位置」（『愛知県史研究』一二、二〇〇八年）一九～三〇頁、拙稿「吉良流礼法とその継承者たち」（『東京大学日本史学研究室紀要』一四、二〇一〇年）参照。

（64）『続本朝通鑑』（『大日本史料』一二―五、九八九頁）。『類例略要集』（『古事類苑』官位部三、二九四頁）にも「足利の庶流系統不レ絶ニ付」とある。

第三章　都鄙における御一家石橋氏の動向

はじめに

室町期研究は近年飛躍的に進化・深化を遂げつつあるが、一方でそこから取り残されている領域・分野も少なくないものと思われる。その一つが足利氏御一家（足利御三家。以下、御一家と表記）研究である。

御一家とは、中世後期（室町・戦国期）の東西（京都・関東）の武家の身分的・階層的秩序の中で、足利氏（京都将軍家、関東公方家、およびその御連枝）に次ぐ地位にあった人々のことを指す言葉で、具体的には吉良・石橋・渋川の三氏のことを意味している。御一家とはそのような「貴種」であったにも拘わらず、東西の両秩序・体制における位置や役割、その経済的基盤などについてはこれまでほとんど考察された形跡がなく、未検討・未解明の部分が非常に多く残されているというのが現状である(1)。

以上のような現状を踏まえ、筆者はこれまで御一家の筆頭を占めた吉良氏について検討を加えてきたが、本章では吉良氏以外に御一家の一角を占めた石橋氏について考察を行う。なお、石橋氏は関東にはおらず、京都のみで御一家として登場するため、ここでの考察は室町幕府の中における同氏の位置とその経済的基盤の解明とが中心となる。

そうした石橋氏についてまずは先行研究から確認しておこう。別稿で整理した如く(2)、石橋氏についての研究（専論）には主に以下の二つがある。一つが遠藤巌の「石橋氏」（今谷明・藤枝文忠編『室町幕府守護職家事典』上、新人物往来社、一九八八年）で、もう一つが下村信博の「足利将軍家御一家石橋氏と尾張戸（富）田荘」（『名古屋市博物館研究紀要』二三、二〇〇〇年）である。

まず前者であるが、文字通り「事典」として石橋氏に関する事歴を簡潔にまとめたもので、とりわけ南北朝期については足利方としての各国守護や大将、引付頭人や奥州総大将などといった活動が当主ごとに整理・詳述されており大変有益である。ただし、室町期以降については系譜関係が不明であるために当主ごとの検討はなされておらず、また、そもそも石橋氏に関する事歴それ自体への言及もほとんどない。これらの点に課題を残したといえよう。

これに対して、後者は室町期以降の解明を目指したもので、とりわけ室町期における「都」での細川氏との関係、「鄙」での尾張国富田庄の領有、そして、戦国期における尾張国下向や本願寺勢力との関係などが明らかにされた点、大変重要である。ただし、系譜関係については依然未検討のままであり、また、「都」での細川氏以外との関係や交流、「鄙」での尾張以外との関係や活動についても言及がない。これらの点、すなわち、当該期の史料を悉皆的に収集・調査し、石橋氏の全体像を描き切るという作業に課題を残したといえよう。

以上のような課題を踏まえ、以下では石橋氏に関する当該期の史料を可能な限り集め、未検討・未解決の同氏の姿を、別稿（「御一家石橋氏歴代当主考」）では系譜関係を軸に扱ったので、とりわけ本章では都鄙における動向を中心に、できる限り明らかにしたい。

第一節　「都」における動向——人的関係の復元

ここからは実際に石橋氏の動向について検討していく。なお、石橋氏は基本的に「都」に在京し、様々な交流を展開するとともに、「鄙」に存する遠隔地所領を支配し、自らの経済的基盤としていた。そこでまずは本節で「都」の、続く次節で「鄙」の、石橋氏のそれぞれの動きについて具体的に見ていくことにしたい。

1　復権以前の石橋氏

まず、「都」における石橋氏の動向から見ていく。室町期の古記録類から同氏の動きが大幅に確認されるようになるのは永享年間頃以降、すなわち、六代将軍足利義教の時代からである。それ以前の同氏の動きは実はほとんど判然としない。ここから、義教期というものが石橋氏にとっては一つの画期であったことが想定される。では、なぜその時期に石橋氏は復権・台頭し得たのか。まずはこの問題から見ていきたい。

その前に、復権以前の石橋氏の姿・来歴を簡単に押さえておこう。まず鎌倉から南北朝初期だが、その時期における史料は極めて少ない。そうした中で重要な点のみまとめると、同氏は足利惣領家の「兄」の流れに当たり、惣領家以外に「足利」と呼ばれた、惣領家に劣らない足利の有力庶子家であったことが特徴として挙げられる(3)。

続く南北朝期については遠藤巌（前掲論文）や小川信の研究に詳しい(4)。すなわち、石橋氏は足利氏のもとで守護や大将・引付頭人などといった幕府の要職を歴任したものの、十四世紀後半に斯波氏との関係を拗れさせたことによって全ての地位を失い、以後、細川氏と組み、奥州総大将として現地へ下向するに至ったという。その後、奥州塩松に土着した一派と京都に残留、あるいは、帰還した一派とに分かれたとされるが、十四世紀末頃から十五世紀初頃にかけては、管見の限り、史料上からその姿がほぼ消えるため、石橋氏の動向は一旦不明となる。

そうした石橋氏は、十五世紀前半、義教期に本格的な復権を遂げる。以下、その背景を検討する。

2　復権以後の石橋氏

（1）　足利義教との関係

当該期の石橋氏に関して古記録類を見てまず目につくのは、義教主導の月次連歌会に常連として参加する同氏の姿である。この義教の連歌会については三角範子の研究がある。すなわち、氏によれば、連歌会の「会衆は義教の意向で選定され」「参会することは、会衆にとって喜ばしく名誉なこと」であったという。[5]この点、榎原雅治も、この会衆が「義教主導の幕政を支えることを期待された面々であった」とし、石橋氏もそのメンバーに含まれているとした。[6]では、石橋氏は具体的にいかなる役割が期待され、また、実際に担ったのか。

（2）　奥州との関係

この点、まず注目されるのが、「奥州とのパイプ役」としての役割である。これはすでに下村信博（前掲論文）なども言及するところであるので要点だけを簡潔に述べれば、すなわち、この時期、京都将軍足利義教と関東公方足利持氏との東西対立が激化する中で、奥州の篠川公方足利氏や塩松石橋氏などといった人々は京都側（義教）への接近を図り、これに対して京都側では細川氏や石橋氏が中心となって仲介・対応したという。石橋氏が対奥州という文脈の中で注目・起用された背景には、京都・奥州の両石橋氏間における同族ネットワークの存在が想定・指摘され、[7]実際、後の事例ではあるが、長禄四年十月二十一日付け塩松石橋松寿宛て御内書でも「左衛門佐」=「此左衛門とハ石橋殿御事也」、[8]つまり、京都石橋祐義が奥州石橋松寿の取次役となっている。

（3）　細川氏との関係

このように、石橋氏は政治的な流れの中で、同氏と奥州との関係に注目が集まることによって、足利義教から期待されるに至ったと推断されるわけであるが、それを支えたのが細川氏であった。両者は奥州関係以外にも緊密な関係が窺えるということはすでに下村信博（前掲論文）の指摘した通りであって、かくして細川氏—石橋氏は彼らの路線に反発する斯波氏と緊張・対抗関係にあったという。

（4）　斯波氏との関係

そうした石橋氏と斯波氏との緊張・対抗関係については、今見たような政治的な観点のみならず、儀礼的な観点からも窺える。ただし、この点については先行研究でも触れられていないので、以下、具体的に見ておくことにしたい。

まずは史料を掲げる。

〔史料一〕『満済准后日記』永享三年三月三十日条

卅日、晴、今暁寅初歟、自二広橋(兼郷)一以二書状一申旨在レ之、故道将入道(斯波義将)勘解由少路、絹直綴着用事ハ何様儀哉、次、石橋入道(信乗)
絹直綴事所望申、可レ為二何様一哉云々、愚答、故道将入道絹直綴着用事、自二嵯峨一被二召出一之時被レ下二御服一、其
以来着来様見及由計申了、辰末、又自二広橋一申賜、石橋入道今度所二望絹直綴一事、以前不レ承、何様候哉、此条
無二後難一様、可レ有二御意見一旨被二仰出一云々、愚答、石橋入道絹直綴事、当時直綴御免無二子細一事哉、然者彼
面々絹着用強可レ有二何儀一云々、乍レ去鹿苑院殿(足利義満)御代不レ同候し、所詮此間儀不二覚悟一様候、得二其意一可レ令レ申給一
云々、

ここから、以下の四点を指摘することができる。

・永享三年（一四三一）に石橋信乗が「絹直綴」の着用を所望し、それが将軍から認められようとしていること。
・それは「当時直綴御免無二子細一事哉」「鹿苑院殿御代不レ同」と、このときになってはじめて認められようとしていること。
・その「絹直綴」は衣紋道を家職とする高倉永行が応永三年（一三九六）に記した『法体装束抄』(9)によれば、「絹のぢきとつねりすずし、白生大口は大臣以下三位入道まで着二用之一、（中略）、布の直綴、布の大口は殿上人以下入道着二用之一」(10)と、その着用には一定の身分の尊貴性が必要であったが、それにこの時期の石橋氏は適ったと見做されたこと。
・「絹直綴」は過去「故道将入道勘解由小路」、すなわち、斯波義将が着用を許されたものであるから、この史料は石橋氏が斯波氏を意識し比肩しようとしていることを示すものといえ、まさに当該期における石橋氏と斯波氏との対抗関係を物語るものとしても読み得ること。

以上である。では、なぜこの時期に石橋氏はこうした態度をとり、それが将軍から承認されたのか。この点、今まで見てきたような当該期における同氏の政治的台頭という文脈からの理解は欠かせないが、それと同時にこの頃から同氏が「御一家」という身分・階層として幕府の儀礼的秩序の中に位置付けられはじめたという点も押さえておく必要がある。

別稿（本書第Ⅰ部第五章）で詳述するように、幕府の身分的・階層的序列の一つとして御一家が成立したのは永享頃と見られ、その儀礼的地位は三管領と同等以上であった。そうした御一家のメンバーは基本的に一貫して吉良・石橋・渋川の三氏のみに限られ、その役割は「御連枝」に準じる存在として足利氏が断絶した場合にその家督を継承し得ることにあったと考えられる。ここではひとまず、永享頃に御一家という身分・階層が成立したこと、その地位は管領、すなわち、斯波氏と同等以上であったこと、そしてそのメンバーに石橋氏が含まれていたことの三点が確認できればよい[11]。そのような高貴な存在と位置付けられたがゆえに、石橋氏は斯波氏を意識し得るまでに至り、以前は認められなかった「絹直綴」の着用も認められるようになったものと捉えられる[12]。

かくして石橋氏は政治・儀礼の両面から斯波氏と緊張関係に陥ってしまい、『満済准后日記』同年五月十六日条や同月二十四日条には「去夜十五日管領(斯波義淳)内者共猥雑以外事云々、石橋ハ吾身上トテ仰天云々」「石橋入道依二雑説一、去十五日夜以外猥雑、言語道断不可説次第御物語」と、両者は穏やかならざる関係にまで発展してしまったらしいことが記されている。

以上のように、足利義教期、石橋氏は奥州との円滑な関係の迅速な構築を希求する義教・細川氏から対奥州ネットワークを有する点で注目・起用され、政治的に復権・台頭を遂げた。その結果、斯波氏とは政治的に対立するに至り、併せて、同時期における御一家という身分的・階層的序列の成立も斯波氏との緊張関係を儀礼的側面から煽ることとなった。そのような斯波氏との関係は「鄙」において大きな損失を招くことになったと思われるが、その点については後述することにしたい。

(5) 公家との関係——二条家を中心に

こうして復権を遂げた石橋氏は、連歌会では武家以外に一条兼良・二条持基・三条西公保・月輪尹賢・三宝院満済・聖護院門跡・実相院門跡らと交流を展開した[13]。そうした「都」における石橋氏と他氏、とりわけ公家や寺家との関係・交流にはどのようなものがあったのだろうか。この点について、以下では連歌会以外の記事から確認していく。

まず公家から見ていく。石橋氏と関係の深い公家には二条家があった。同家の古記録『大染金剛院記』『後大染金

剛院記』を眺めれば、二条家を訪れて酒を酌み交わす石橋氏の姿が散見される。(14)

両者の関係は他の史料からも窺える。

〔史料二〕『建内記』嘉吉元年十一月十六日条（傍線引用者、以下同）

今日、向㆓月輪中将家輔朝臣亭㆒、謁見、日来大望事演㆓説之㆒、未㆑了之処、彼朝臣云、殿下（二条持基）聊無㆓御等閑㆒、以㆓誓言㆒示㆑之、而さる異説人々偏執之儀在㆑之、仍御思案最中也、但予所㆑申更不㆑背㆓義理㆒、仍最前執柄被㆓挙申㆒了、其後依㆓或讒奏㆒勅問及㆓異議㆒之間、一旦難㆑逆㆓叡慮㆒之間、可㆑被㆑任㆓其旨㆒歟之由被㆑申了、然而枉㆓理運㆒之条、中々可㆑有㆓後難㆒間、御沙汰可㆑然哉之由、今日関白可㆑被㆓申入㆒之由、治定者也云々、夜前石橋禅門（信乗）、殊芳言云々、云㆓先年㆒云㆓当年㆒、執柄無㆓御等閑之条㆒、畏存者也、衆口偏執以外歟、而可㆑被㆓執申㆒之条、殊御扶持之至也、

ここから、万里小路時房の内大臣就任に関して石橋信乗がその実現のため二条持基に積極的に働きかけている様子が見て取れる。石橋氏は関白二条家に対して発言力も有していたのである。(15)

では、この石橋氏と二条家との親密な関係の背後には一体何があったのだろうか。この点、『大乗院寺社雑事記』文明十四年十一月二十一日条に「太閤（二条持通）御母儀石橋殿二十五廻御仏事今日也云々」と見えることは注目される。この「石橋殿」こそ御一家石橋氏だったのではないだろうか。「太閤」とは二条持通で、その母石橋殿は文明十四年（一四八二）に二十五回忌というから、その没年は長禄二年（一四五八）である。二条持通の生年は応永二十三年（一四一六）で、その父二条持基の生年は明徳元年（一三九〇）であるから、その母石橋殿の生年も一三九〇年頃と推定される。とすると、彼女は一三八〇年頃の生まれと考えられる石橋信乗の姉妹と想定され、石橋祐義（石橋信乗の子。一四二〇年頃の生まれ）と二条持通とは年齢の比較的近い従兄弟同士ということになる。であったからこそ、石橋氏と二条家とは親しい関係にあったのではないだろうか。

いずれにせよ、石橋氏は二条家と密接な関係にあり、両家はともに足利義教から重用されていた。また、石橋氏が細川氏と緊密に関係していたことはすでに見た通りである。このように、将軍家・管領家・摂関家という同時代の公武の最高権力者と石橋氏は強いつながりを有していたのである。

なお、『飯尾宅御成記』[16]によれば、寛正七年（一四六六）、八代将軍足利義政が幕府奉行人飯尾之種邸に御成したとき、「石橋殿大方殿」、すなわち、石橋治義（石橋祐義の子。このとき四、五歳）の母のことを尋ねて呼び出させているが、年齢的に考えて、彼女は飯尾之種の姉妹であったのではないだろうか。いずれにせよ、当時絶大な権勢を振るっていた飯尾氏と石橋氏との関係も窺えよう。

他にも、例えば近衛政家[17]・近衛尚通[18]・山科言国[19]・広橋兼顕[20]・高倉永豊[21]らとの関係がそれぞれ確認できる。

以上、石橋氏と公家との関係を見てきた。同氏は二条家を中心に、近衛・一条・三条西といった上位クラスの公家から、山科・広橋・万里小路・高倉・月輪といったそれ以下のクラスまで幅広い公家と交流を展開していたのであった。

（6）寺家との関係——相国寺を中心に

次に寺家を見ていく。石橋氏と関係の深い寺家には京都相国寺、およびその門派（臨済宗夢窓派）があった。延徳二年（一四九〇）、石橋治義は相国寺に入っていた弟子英等瑤（相国寺勝定院玉潤軒に在籍）の蔵主就任につき、相国寺鹿苑院蔭凉軒の軒主に使者を送って謝意を表している[22]。禅宗寺院内における石橋氏の扱いは「総而吉良殿・石橋殿御兄弟者御連枝同事也[23]」と別格であって、石橋氏にとっても一族の地位昇進は大きな関心事であったようだ。なお、子英等瑤は、夢窓疎石―絶海中津―宝山乾珍―季玉法崑―子英等瑤と続く臨済宗夢窓派（霊松門派）の一員である[24]。

石橋氏と子英等瑶との関係はさらに窺える。明応二年（一四九三）には玉潤軒にて石橋氏家臣の関与した殺人事件が発生しており(25)、子英等瑶のいる玉潤軒に石橋氏家臣が入り込んでいる様子が見て取れる。また、『蔭凉軒日録』同年四月二日条には「尾州茶筅一ヶ、堂司恵レ之云、子英近日自二尾州一上洛、今朝賜レ之云々」と、子英等瑶が京都―尾張を行き来したことが分かるが、その尾張とは具体的には石橋氏の支配・関係する尾張国富田庄・萱津かと思われ、兄の持つ遠隔地所領にまで下向する子英等瑶の姿も想定できる。石橋氏・その家臣・子英等瑶・相国寺勝定院玉潤軒の密接な関係が見て取れよう。

石橋氏と相国寺、およびその門派との関係は他にも確認される。例えば『翰林葫蘆集』(26)には相国寺住持を務めた臨済宗夢窓派の僧景徐周麟が石橋治義（カ）に対して贈った詩が載せられており、両者の緊密な関係が窺える。また、『草根集』には石橋祐義が清巌正徹や渋川義鏡らと「大光明寺と云寺にて月次ありし」（宝徳二年二月十日条）・「大光明寺と云所にて、（中略）、月次始られし」（同三年正月二十四日条）と、「大光明寺」で歌会を行ったことが記されているが、その大光明寺とは臨済宗夢窓派の寺院（当時は伏見にあり）で現在は相国寺の塔頭として存在する大光明寺に比定される。石橋氏と相国寺（臨済宗夢窓派）との関係は十五世紀中葉まで遡ろうか。

以上、石橋氏と寺家との関係を見てきた。同氏は相国寺、およびその門派と緊密な関係にあったのであった。なお、他の有力寺院との関係は、管見の限り、特には窺えないことから、石橋氏は寺家の中では主に相国寺との間に十五世紀中葉前後から強いつながりを築き上げていったものと見られる。

本節では、十五世紀前半の足利義教期に本格的な復権を遂げた石橋氏の姿とその「都」での人のつながりを見てきた。同氏は、とりわけ武家では細川氏や飯尾氏、公家では二条家、寺家では相国寺・臨済宗夢窓派などといった要人との間に密接な関係を築くに至ったのであった。

なお、ここで気付くのは、幕府の中において石橋氏が政治的な役割を担ったのは基本的に京都と奥州とを結び付ける取次の役割のみであって、それ以外には特には見受けられないということである[27]。同じく御一家の吉良氏も京都（あるいは、関東も含めて）の中で政治的役割を担うことはほとんどなく、その役割は主に儀礼的行為や足利氏に連なる貴種としてその家をつないでいくことそれ自体にあったと見られることから、石橋氏も政治的行為からは基本的に免除・解放されていたものと考えられる。つまり、政治や軍事からの自由という像こそ御一家のあるべき姿（特権）であり、史料上彼らの姿があまり見られないのもこれで説明がつくのではないだろうか。

第二節　「鄙」における動向——所領関係の復元

ではそうした「都」での石橋氏の多彩な活動・交流を支える経済的基盤というのはどうなっていたのか。この点、同氏の所領・関係地域として確認できるものを以下、具体的に列挙し見ていくことにする。

1　尾張国富田庄・中世都市萱津（現、愛知県名古屋市・あま市・海部郡）

石橋氏が尾張国富田庄を所領としていたことはよく知られている。だが、そのはじまりについてはいまだ不明確な部分も多い。上村喜久子は『自性院縁起』の検討からその濫觴を応永頃にまで遡るとしたが[28]、確実なのは永享四年（一四三二）である。

〔史料三〕『九条満家引付』（『愛知県史』資料編九、六一六頁）

すのまたヨリ折（下）津マテ五里、御泊管領（斯波義淳）、

折津ヨリ貝津（萱）マテ二里、御一献石橋（信乗）、
貝津ヨリ熱田マテ五里、御昼管領、

この「貝津」、すなわち、萱津は、中世において美濃路と伊勢路とが交差し、庄内川と五条川とが合流するという水陸交通の要衝に位置し、様々な宗派の寺社や多数の家屋が軒を連ね、周辺地域の物流を担う市も存在する中世都市として名高いが、そうした経済上の要地に石橋氏が関係していたことは興味深い。

ただし、室町期における石橋氏と尾張との関係は史料が少なく実はあまり明らかではない。その後、石橋氏は明応九年（一五〇〇）には京都の自邸が火事で焼けており(29)、永正三年（一五〇六）には「尾張石橋」(30)として登場し、以後は尾張に在国している様子が見て取れる。したがって、石橋氏は明応年間から永正年間にかけて在京を停止し、以後尾張在国を開始したものと見られる。

ところで、石橋氏は尾張国富田庄・萱津以外にも各地に散在所領・関係地域を有したことが史料から確認できる。だが、それらについての体系的な指摘、あるいは、検討は行われていない。そこで以下、時系列に沿ってそれらを列挙する(31)。

2　伊勢国久米守忠名（現、三重県桑名市）

まず、十五世紀前半の伊勢国の事例から見ていく。応永二十一年十二月八日付け近江永源寺宛て畠山満家書状(32)によれば、同名を「石橋舎兄」（世代的に見て石橋信乗の兄か）が永源寺に寄進したとある。これによって、これ以前、同名は石橋氏が所有していたということが分かる。

なお、同名を石橋氏が所有するに至った背景だが、延文元年（一三五六）の時点でここの下地は「尾張治部大輔」

なる人物が一円的に支配していた[33]。問題はこの人物であるが、「尾張」を名乗っているから石橋氏か斯波氏に限られ、『太平記』に「石橋左衛門佐和義・子息治部大輔宣義[34]」として登場する石橋棟義、あるいは、文和元年（一三五二）から延文元年にかけて古文書の本文や貼紙に「尾張治部大輔[35]」「治部大輔[36]」「治部大輔直持[37]」として見える斯波（大崎）直持に比定されよう。いずれにせよ、そのどちらかからの流れであろう。

3　美作国衙内綾部郷（現、岡山県津山市）

次に、十五世紀の美作国の事例を見る。同郷は本来万里小路家の所領であった。だが、「応永年中石階（橋）殿号二他所之替地一被レ掠二申件綾部郷[38]一」と、応永年間、石橋氏が同郷を押さえにかかった。このときは赤松氏の執り成しによって同郷は万里小路家のもとに戻った[39]。しかし、「近比普広院殿（足利義教）御代又石階（橋）殿又被二掠申一間、故赤松性具（満祐）、時宜不能之時分、恐二上意一不レ申二是非一被二避渡一云々[40]」と、永享年間前後、石橋氏は再度の侵掠によって同郷を自らのものとしたのであった。

その後、文安元年（一四四四）には万里小路家の美作国衙検注に対して石橋氏は拒否の姿勢を表している[41]。また、文明年間には赤松氏家臣大河原弾正左衛門尉が同郷の代官となっており、石橋氏は彼から「廿貫文」を借用している[42]。

このように石橋氏が同郷を執拗に狙った背景には、この場所が「大綱之地[43]」である美作国衙領の一角として多大な収入が見込める地であったとともに、鉄や銅も産出し得る地でもあった[44]一方、当時の万里小路家が「かなりの所領を諸国にもっていた」にも拘わらず、その知行状況は「極めて憂慮すべき状態」にあったこと[45]などが関係していよう。

ところで、まさにこの時期、「都」では石橋氏と万里小路家とは交流を行っており、石橋氏が万里小路時房の内大臣就任のために積極的に動いていたということはすでに見た通りである。だが、一方で「鄙」では石橋氏は万里小路家領を掠め取るという行動をとっていたのである。このような同氏の都鄙間での「ねじれた」行動はいかに解釈し得るか。この点、まずは石橋氏がこのような状況にまで経済的に追い込まれていたと認識する必要があろう。では、なぜ石橋氏は経済的に困窮していたのか。そこで、当時の石橋氏の収支のバランスについて考えてみたい。

まずは収入に関してだが、十五世紀中頃の石橋氏の所領・関係地域は尾張国富田庄・萱津が中心である。だが、公家領の押領に奔っていることから見てそこからの収入だけでは不足していたものと考えられる。したがって、石橋氏を「富強」(46)とするような見方には疑問が残る。

では、果たして石橋氏は富田庄を着実に支配し得ていたのだろうか。この点、それを示す史料は、管見の限り、見当たらないので、同じく御一家の吉良氏の場合(47)から比較・想定してみたい。

まず、所領の「内」の問題だが、吉良氏の遠江国浜松庄・中世都市引間の支配の場合、地域には伝統的・有力な真言宗寺院である鴨江寺が強大な勢力を誇っており、その存在が吉良氏の支配貫徹の大きな壁となっていた。このことを踏まえると、石橋氏の尾張国富田庄・中世都市萱津の支配の場合、地域には「文武天皇勅願輪〔綸〕旨より、代々院宣・令旨・御教書幷寺家奇〔寄〕進状百余通」(48)と、多少の誇張はあろうにせよ、伝統的・有力な真言宗寺院である成願寺が強大な勢力を誇っており、その存在が石橋氏の支配貫徹の大きな壁となっていたとは容易に想定されるところであろう(49)。

次に、所領の「外」の問題だが、吉良氏の遠江国浜松庄・引間の支配の場合、吉良氏は遠江守護（今川氏・斯波氏）と姻戚関係を結び政治的な協調関係を構築することで安定・充実した所領支配を実現させていた。このことを踏まえると、石橋氏の尾張国富田庄・萱津の支配の場合、石橋氏は尾張守護（斯波氏）と政治的な緊張関係にあり、しかも、その所領は斯波氏の守護所下津や斯波氏も崇敬する熱田（社）とはほど近い場所にあった（〔史料三〕(50)）。そうした守護（斯波氏）との緊張関係が石橋氏の支配貫徹の大きな不安定要素となっていたとは容易に想定されるところであろう。

つまり、石橋氏の富田庄支配とは所領内外に問題を抱えたものであったと思料されるのである。

一方で支出に関してだが、まずは「都」における生活費、多彩な交流を支える交際費、幕府への献金費などが想起される。例えば、造内裏段銭としての「拾貫文」負担(51)、「於二室町殿新造御会所一連歌」における「二千疋・太刀一腰」負担(52)、足利義持三十三回忌執行のための「十貫文・法華経一部」負担(53)、足利義教三十三回忌の際の「参貫文」負担(54)、足利義政の死去に伴う「経一部・香銭十貫文」負担(55)などである。これらの「御礼」や贈与負担は「他の家々と足並みをそろえて保ってゆかねばならな」い大変なもので(56)、中には「窮貧之体、有レ志無レ力」(57)という者まで出てくるほどであった。そもそも、在京しているというだけでもかなりの経済的負担だったのである(58)。

そうした中で、とりわけ足利義教主導の月次連歌会における支出(負担)は大きかったものと思われる。これについて廣木一人は、石橋氏も勤めた月次連歌会の頭役について、「端的に言えば、連歌会席での酒宴代を出すこと、これが頭役の役目」であったとし、頭役の費用である「一献料」は「千疋が標準」であって「この金額は負担が大き」く「月次連歌が定期的に開くことができなくなった理由の一因はここにあった」と結論付ける(59)。つまり、義教からの選抜者だけが参加し得た連歌会への参加は確かに名誉なことではあったのだが、一方でその参加には大きな経済的負担が伴ったのであり、他にその頭役を勤めた細川氏・一色氏・山名氏・京極氏・赤松氏らと比べてみても、石橋氏の所領規模からくるその相対的な負担の大きさは明らかであろう。

以上を要するに、急激に台頭した石橋氏には「都」での活動を裏付ける経済的基盤に弱点があり、それゆえに同氏は「鄙」において公家領押領に奔らざるを得なかったと捉えることができよう(60)。

4　近江国新賀木葉落（現、滋賀県大津市）

最後に、十五世紀後半の近江国の事例を見る。同所は京都北野社領として『北野社家日記』の中に頻出する土地である。場所は「栗太郡」「栗本郡」「勢田」[61]というから南近江である。そうした南近江の北野社領に対して「去年礼部（石橋治義）代号二当知行一申三給奉書二」[62]と、石橋治義（礼部＝治部）は当知行と号し、幕府から奉行人奉書を得るに至ったのであった。

こうしたことが行われたのが「去年」、すなわち、延徳三年（一四九一）であった点に注目すれば、この背景には同年に決行された十代将軍足利義材による近江六角征伐が想定されよう。実際、この征伐には石橋氏も参加しており[63]、幕府側も戦争参加者には寺社本所領を兵粮料所として与え[64]、この頃の北野社領は有名無実化していたらしい[65]。なお、先代将軍足利義尚も六角征伐では側近らに寺社本所領を与えていた[66]。かくして石橋氏も現地南近江で寺社領を獲得したのであろう。

だが、北野社も黙ってはいなかった。「就二江州新賀木葉落一、石橋殿種々去年雖レ被レ及二訴論一、依レ無二其理一、如レ此被レ成二奉書一也、社家眉目至也」と、北野社は幕府から同所を「所詮社家弥全二領知一」せよとする奉行人奉書を得たのであった[67]。同所における石橋氏の姿はこれ以後確認できないことから、将軍による六角征伐の終了とともに石橋氏も近江から引き上げたのであろう。

なお、石橋氏はこれ以前のある段階からすでに近江とは関係を有していたようで、先述したように応永年間には永源寺（現、滋賀県東近江市）への所領寄進を行い、宝徳二年（一四五〇）には六角氏から「坂田郡大原庄」（現、滋賀県米原市）に対して勢多橋用木を賦課しないよう通達され、それを受け入れている[68]。また、文明三年（一四七一）（カ）

には坐禅院や桂林坊など比叡山勢力とともに将軍から六角亀寿征伐の命を受け[69]、文明年間には勢多橋の東岸に位置する北野社領[70]「大萱」（現、滋賀県大津市）の先代官常徳院庄主善監寺から「卅貫文」を借用している[71]。このような近江との関係を足掛かりに石橋氏は同所においてさらなる所領拡充を図ったのであろう。

本節では、石橋氏の「鄙」における散在所領・関係地域を見てきた。ちなみに、こうした所領に対する上部からの税等の賦課であるが、石橋氏は綾部郷については「諸役免除御教書[72]」を獲得し、『康正二年造内裏段銭幷国役引付』では「石橋殿御領」の段銭は守護を介さず京済とされる[73]など、かなりの特権が認められていたようである。それは当然同氏が御一家という身分・階層として中世後期の武家儀礼秩序において足利氏に次ぐ地位・権威を誇っていたからに他ならない。このように、御一家として様々な特権を付与され、「都」では多様な公家や寺社との間に広く交流を展開した石橋氏であったが、そのためにかかる費用も多大であり、自らの経済的基盤に問題も抱えていたと想定されるがゆえに、「鄙」では寺社本所領の押領によって所領の集積を行わざるを得ないという都鄙間で相当矛盾に満ちた（だが実は一貫した）行動をとっていたのであった。

おわりに

本章では御一家のケーススタディーとして石橋氏の都鄙における動向を追ってきた。結論は各節でまとめたので繰り返さないが、最後に同じ御一家である吉良氏との比較やその後の石橋氏を眺めつつ、本章を閉じていくことにしたい。

吉良氏も石橋氏と同じく「都」にて多彩な交流を展開し、特に公家では近衛家、寺家では東福寺（臨済宗聖一派）

との間に深い関係を有したが、石橋氏とは異なり、斯波氏との緊密な関係は維持した。御一家として儀礼的には斯波氏と緊張関係にあったものの政治的には協調関係にあった吉良氏、あるいは、渋川氏とは異なり、石橋氏が斯波氏と儀礼的にも政治的にも緊張・対抗関係にあったことは、出自や家格・儀礼の面などでは立場を同じくする御一家三氏にも微妙な政治的立場の差が存在したことが窺えて興味深い。

だがその後、そうした政治的立場を主張する場は訪れることのないまま、石橋氏は明応の政変に続く京都政界の混乱を経て在京を停止し、尾張在国の途を選ぶ。その後も京都との関係は一定程度続いていたようだが、(74)その頃には圧倒的に在地において本願寺勢力との関係を深めていった結果、最終的には十六世紀中葉、織田信長によって尾張から追放されるに至る。同じ頃、吉良氏も今川氏によって三河から駿河へと護送され全ての所領を失っており、中央でも三好氏、そして、織田氏が足利氏（将軍）を上意としない体制を構築しはじめている。こうした「足利」時代の終焉を告げる動きはこれまでになく新しい潮流と捉えられるため本書第Ⅱ部で論じたい。(75)

なおその後、吉良氏が礼法を守ったことなどによって近世になって高家として復権し得たのとは対照的に、石橋氏は礼法（弓法）を所持していながらも、畿内においてキリスト教と出逢い、「サンチョ」という洗礼名を得、「死に至るまでつねに変ることなく真のキリシタンとして生き抜」き、滅んでいった。(76)石橋氏は、以上のような僅かな記録と、「石橋」名字を名乗る家やその末裔・関係を語る家の系譜や由緒・伝承の中に「かつての名門」という記憶だけを残して滅んだのである。(77)

註

（1）拙稿「足利氏御一家考」（本書第Ⅰ部第五章）参照。

（2）拙稿「御一家石橋氏歴代当主考」（『古文書研究』七四、二〇一二年）参照。なお、本章における石橋氏に関する人名や生没年などの比定は全てこの論文による。

（3）前掲註(1)。なお、石橋氏は康永元年（一三四二）頃まで「足利」と呼ばれていた（『師守記』同年六月三日条）。同日条につき、刊本では『史料纂集』が「初芝左衛門佐和義」、『大日本史料』が「和足左衛門佐和義」とそれぞれ翻刻しているが、国立国会図書館で原本を確認したところ、「利足左衛門佐和義」と読み得ることが分かった。なお、『師守記』が足利を「利足」と書いてしまうことは、貞治元年十月一日条に「件義種利足修理大夫入道□□〔道朝〕子也」とあることからも明らかである。

（4）『足利一門守護発展史の研究』（吉川弘文館、一九八〇年）九～一〇頁。近年は小原茉莉子（「奥州管領期の大崎氏」『岩手史学研究』九二、二〇一一年、一七～四〇頁）や大薮海（「南北朝期の興福寺強訴と戒重西阿」『大美和』一三四、二〇一八年、二〇～二六頁）らの研究もある。

（5）「足利義教邸月次連歌会について」（『九州史学』一二二、一九九九年）一八頁。

（6）「寄合の文化」（歴史学研究会・日本史研究会編『中世社会の構造』東京大学出版会、二〇〇四年）二六二頁。

（7）家永遵嗣「斯波本宗家と奥州」（同『室町幕府将軍権力の研究』東京大学日本史学研究室、一九九五年）二四一頁。この点、杉山一弥「篠川公方と室町幕府」（同『室町幕府の東国政策』思文閣出版、二〇一四年）一一一～一一二頁も参照。

（8）『御内書案』（『続群書類従』二三下、二九九頁）。

（9）『群書解題』三、四二三～四二四頁。

（10）『群書類従』八、三五八頁。

（11）実際、御一家は正月五日・毎月二日・十二月晦日の各日に幕府へ出仕することが求められていたが、永享十年には石橋氏にその徴証が見られる（『大染金剛院記』同年正月五日条）。

（12）なお、石橋氏は実名の二文字目に「当時諸人輙不ㇾ付ㇾ之也」（『薩戒記』応永三十二年十一月二十日条）とされた「義」の一字を使用し続けることが許されており、将軍からの一字偏諱も「満博」以降特に受けていない。こうした点も石橋氏の尊貴性を物語るものとして理解できよう。ちなみに、斯波義将の「絹直綴」の話は『鹿苑院殿薨葬記』（『大日本史料』七―一〇、一五頁）などにも見えている。

（13）三角前掲註(5)論文、四頁。

（14）木下聡「東山御文庫所蔵「叙位部類記」所収の二条家の日記について」（『東京大学史料編纂所研究紀要』二二、二〇一二年）一四五・一四六・一五三・一五六頁。

(15)　石橋氏はこの件に関してこの年何度か姿が見える（『建内記』同月十五日・十二月三日条）。
(16)　『群書類従』二二、三四八頁。
(17)　『後法興院記』応仁元年五月八日条。
(18)　『後法成寺関白記』永正三年二月十五日・同四年三月二十二日条。
(19)　『山科家礼記』応仁二年十二月八日・文明二年十一月二十二日・同月二十三日・十二月十七日条。
(20)　『兼顕卿記』文明九年七月四日条。
(21)　『高倉永豊卿記』文安二年四月三日条。
(22)　『蔭凉軒日録』同年十月二十五日条。
(23)　『蔭凉軒日録』延徳二年十月二十日条。
(24)　玉村竹二『五山禅林宗派図』（思文閣出版、一九八五年）一九〇～一九一頁。
(25)　『蔭凉軒日録』同年五月五日・同月六日・同月十一日条。具体的には高山氏・小串氏である。他にこの前後の時期に確認できる石橋氏家臣としては、隠岐氏・内海氏（上村喜久子「『自性院縁起』」同『尾張の荘園・国衙領と熱田社』岩田書院、二〇一二年、初出一九九二年、五四四～五四五頁）・弓削氏（結城白川氏朝上洛進物次第「結城家文書」『白河市史』五、四〇五頁）・服部氏（石橋祐親遵行状案『大原観音寺文書』一、一九八～一九九頁。この史料については註(68)参照）などがいる。
(26)　『五山文学全集』四、一六五頁。
(27)　なお、文明三年（一四七一）（カ）には「石橋尾張守」（石橋治義カ）が将軍から軍勢催促を受けている（『大館記』『御内書案』『ビブリア』八〇、六〇頁）。また、永享十二年（一四四〇）、日蓮宗の僧日親が京都で投獄された際、「石橋殿」（石橋信乗カ）が反日親として見え、種々動いていたようだが（埴谷抄『本法寺文書』一、一二三～一二四頁）、詳細は不明である。
(28)　前掲註(25)論文、五二五頁。
(29)　『和長卿記』同年七月二十八日条。
(30)　『後法成寺関白記』同年二月十五日条。
(31)　なお、石橋氏は京都嵯峨に山荘も持っていたらしい（『草根集』享徳元年三月二十日条）。

(32)「永源寺文書」『大日本史料』七―二〇、三四九頁。
(33)道閑置文(「永源寺文書」『大日本史料』六―二一、一三九頁)。
(34)『大日本史料』六―一二、八五三頁。「宣義」は「宗義」=「棟義」の誤記。
(35)斯波直持巻数請取状(「明通寺文書」『大日本史料』六―一六、六二二～六二三頁)。
(36)斯波直持奉加状(「塩釜神社文書」『大日本史料』六―二〇、三四八頁)。
(37)足利義詮感状写(「古証文」『大日本史料』六―一六、三九四～三九五頁)。
(38)『建内記』文安四年九月十八日条。
(39)同前。
(40)同前。
(41)『建内記』同年二月十二日条。
(42)『賦引付』(桑山浩然校訂『室町幕府引付史料集成』下、一六頁)。
(43)『建内記』正長元年五月十四日条。
(44)『岡山県の地名』(平凡社、一九八八年)二〇五～二〇六頁。
(45)新田英治「室町時代の公家領における代官請負に関する一考察」(寶月圭吾先生還暦記念会編『日本社会経済史研究』中世編、吉川弘文館、一九六七年)一八一・一八五頁。
(46)下村信博「戦国期尾張の動向」(内堀信雄・鈴木正貴・仁木宏・三宅唯美編『守護所と戦国城下町』高志書院、二〇〇六年)一一九頁。
(47)拙稿「室町期在京領主吉良氏と遠江国浜松庄」(『日本研究』五四、二〇一七年)参照。
(48)上村前掲註(25)論文、五四〇頁。
(49)ただし、吉良氏―鴨江寺の関係と同様、石橋氏―成願寺が対立関係にあったわけではない。
(50)その上、富田庄のある海東郡のいわゆる「分郡守護」状況も十五世紀中葉以降には解消され尾張守護(斯波氏)の支配下に入る(鳥居和之「織田信秀の尾張支配」『名古屋市博物館研究紀要』一九、一九九六年、二頁、鎌原恒「室町時代における尾張国守護代織田氏の系譜に関する考察」『中央史学』二七、二〇〇四年、五九頁)。なお、最近は「分郡守護」という概念自体が再検討されつ

つある（山田徹「『分郡守護』論再考」『年報中世史研究』三八、二〇一三年、二七三〜三〇〇頁）。

(51)『康正二年造内裏段銭并国役引付』（『群書類従』二八、四二七頁）。

(52)『満済准后日記』永享二年正月十九日条。

(53)『蔭凉軒日録』長禄三年十二月十八日条。

(54)『普広院殿三十三年忌仏事銭納下帳』（末柄豊「普広院文書」研究代表者山家浩樹『分散した禅院文書群をもちいた情報復元の研究』平成十九〜二十一年度科学研究費補助金研究成果報告書、二〇一〇年、六二頁）。

(55)東京大学史料編纂所架蔵写真帳『慈照院殿諒闇総簿』。

(56)金子拓「室町殿東寺御成のパースペクティブ」（同『中世武家政権と政治秩序』吉川弘文館、一九九八年）二二八頁。

(57)『建内記』永享十一年六月三日条。

(58)清水克行「荘園制と室町社会」（『歴史学研究』七九四、二〇〇四年）四九〜五八頁。

(59)「月次連歌会考」（同『連歌史試論』新典社、二〇〇四年、初出一九九七年）三八九〜三九二頁。この点、三角範子「足利義教邸における文芸の会の経営構造」（『福岡大学大学院論集』三〇―二、一九九九年）三二一〜三三八頁も参照。

(60)であるがゆえに、押領の被害者である万里小路時房ですら、「於二石階〔橋〕殿替地者一、追可レ有二御計一之為（ママ）由被二仰出一者、何可レ被レ申二子細一哉、仰二有道善政一」（『建内記』文安四年九月十八日条）と、石橋氏を慮る発言をしていた。

(61)『北野社家日記』延徳三年十一月十八日条。なお、新賀木葉落が近江国田上中庄にあること（室町幕府奉行人連署奉書「北野天満宮寄進状壱巻」研究代表者山田雄司『北野天満宮旧蔵文書・古記録の目録作成および研究』平成十六〜十八年度科学研究費補助金研究成果報告書、二〇〇七年、五八頁）、同庄が現、滋賀県大津市にあること、大西稔子・藤岡英礼両氏からご教示を得た。御礼申し上げたい。

(62)『北野社家日記』延徳四年六月三十日条。

(63)『山科家礼記』同年八月二十七日条、『大乗院寺社雑事記』同日・十月一日条。

(64)『後法興院記』延徳四年九月十二日・同月十三日条。

(65)竹内秀雄「中世に於ける北野宮寺領」（『国史学』五六、一九五一年）四九〜五一頁。

(66)三浦周行「応仁乱後の反動運動」（同『日本史の研究』新輯三、岩波書店、一九八二年、初出一九三〇年）一七四〜一七五頁。

(67) 前掲註(62)。
(68) 六角氏奉行人連署奉書案(『大原観音寺文書』一、一九六〜一九七頁。伊藤信吉氏ご教示)、石橋祐親遵行状案(『大原観音寺文書』一、一九八〜一九九頁)。案文のため判断し難いが、後者は石橋祐「義」の可能性が高いか。
(69) 前掲註(27)。
(70) 北野社領目録写(『北野神社文書』二二一頁)。
(71) 前掲註(42)。
(72) 前掲註(41)。
(73) 前掲註(51)。
(74) 『鹿苑日録』天文九年三月一日条。なお、戦国期の京都を描いた『洛中洛外図屏風』(東博模本)には「三条殿」の近くに「石橋殿」が見える(小島道裕『描かれた戦国の京都』吉川弘文館、二〇〇九年、一一一頁)。
(75) 拙稿「足利一門再考」(本書第Ⅱ部第一章)参照。
(76) ルイス・フロイス著・松田毅一・川崎桃太訳『フロイス日本史』三(中央公論新社、一九七八年)一八七〜一八八頁・二九七〜二九八頁、同『フロイス日本史』四(同、一九七八年)三二七〜三二八頁、松田毅一監訳『十六・七世紀イエズス会日本報告集』三―四(同朋舎、一九九八年)三七三頁、村上直次郎訳・渡辺世祐注『耶蘇会士日本通信』下(雄松堂書店、一九六六年、初出一九二八年)三一六〜三一七頁、高瀬弘一郎訳・注『イエズス会と日本』一(岩波書店、一九八一年)、一七三〜一七四頁、新村出『遠西叢考』(楽浪書院、一九三五年)一六九頁、松田毅一『近世初期日本関係南蛮史料の研究』(風間書房、一九六七年)四三八・七九九〜八〇五頁、下村信博「尾張国海東・海西郡と勝幡系織田氏」(『名古屋市博物館研究紀要』二八、二〇〇五年)一〜八頁。
(77) 下村前掲論文、『新修名古屋市史』本文編二(名古屋市、一九九八年)二五七頁、青山幹哉「十八世紀系図家の描く中世像」(『名古屋大学文学部研究論集』史学四五、一九九九年)九〜一一頁、本田佳奈・川久保美紗「石橋家資料について」(『佐賀大学地域学歴史文化研究センター研究紀要』五、二〇一一年)七三〜七四頁、石橋茂兵衛口上覚書(「石橋占太郎文書」『桜井市史』資料編下、四〇八〜四〇九頁)。

第四章　中世後期における御一家渋川氏の動向

はじめに

本章は、中世後期における渋川氏の動向を検討するものである。

渋川氏は、足利氏の御一家（御三家。吉良・石橋・渋川の三氏。以下、御一家と表記）として室町・戦国期の武家社会において足利氏に次ぐ儀礼的地位を占めた武家の名門中の名門で、大きく分けて、九州探題を務める家、在京する家、関東にいる家の三流が存在した。このうち、九州探題渋川氏については、一定の研究蓄積がある。(1)だが、京都渋川氏・関東渋川氏については、戦国末期に至るまでその活動が確認できるにも拘わらず、検証は手薄で、なお追究の余地を大幅に残している。

そこで、本章では渋川氏の中でも京都・関東の一族を中心に整理することとしたい。以下、第一節では渋川氏の来歴を確認し、第二節では京都渋川氏の動向を、第三節では関東渋川氏の動向を、それぞれ分析する。併せて、同じ御一家たる吉良氏や石橋氏との比較にも留意する。これらの作業を通して、中世後期における御一家渋川氏の特徴を浮かび上がらせたい。なお、叙述に際しては、近世成立の伝承等は検討対象から一旦外し、中世成立の史料を軸に論ずることとする。

第一節　渋川氏の来歴

1　兼氏から直頼まで——渋川氏登場の歴史的前提

はじめに、渋川氏が三流に分かれるまでの来歴を確認しておく。

渋川氏は足利泰氏の次男兼氏（顕氏・義顕）を祖とする足利一門の一つで、泰氏の三男頼氏（利氏）＝足利惣領家の「兄」の流れに位置し、鎌倉・南北朝初期には「渋川」名字ではなく「足利」名字を名乗っていた。そして、多数の武士を独自に組織するなど大きな勢力も誇っていた。[2]

その後、兼氏の子義春のときには、二月騒動との関係からか、文永九年（一二七二）、佐渡国に配流されたようであるが、翌年召し返され（『尊卑分脈』三、二五九〜二六〇頁）、以後、義春の子貞頼、および貞頼の子義季のときに鎌倉倒幕そして南北朝動乱を迎える。

このとき、義季自身は建武二年（一三三五）の中先代の乱（武蔵国女影原合戦）に際して、二十二歳という若さで戦死（自害）してしまうのだが（『尊卑分脈』）、当時の渋川氏は女性たちが足利氏や吉良氏などに嫁ぎ、それによって義季の子直頼の成長を待つこととなる。[3]なお、義季は建武元年の北条残党征伐に際して、「大将」[4]「鎌倉大将」（『将軍執権次第』『群書類従』四、二六九頁）として見えているが、この点、関東廂番一番頭人（『建武年間記』『群書類従』二五、四九二頁）としての活動や、「直義一族」[5]（義季の姉妹は足利直義の妻である〈『尊卑分脈』〉。ちなみに、直頼の「直」は直義からの偏諱であろう）としての彼（直義）のもとでの御的小侍所（内閣文庫本『御的日記』）などとともに、渋川氏の存在感を窺わせるものといえる。

その後、直頼は康永四年（一三四五）にはその活動が確認され（山城国天龍寺供養随兵等交名写「東北大学日本史学研究室保管文書」『南北朝遺文』関東編三、四八頁）、観応の擾乱に際しては足利直義派から足利尊氏派へと移行して政治生命をつないだ。(6)この背景としては、直頼の妻が高師直の娘であり、直頼の姉妹が足利義詮の妻であったこと（『尊卑分脈』）などを想定することができる。直頼はその後、延文元年（一三五六）に二十三歳で死去した（『系図纂要』一一、六七～六九頁）。なお、観応三年（一三五二）前後、渋川氏は佐渡国の守護職を持ち（渋川直頼譲状写「賀上家文書」『南北朝遺文』関東編三、二九八～二九九頁）、また、陸奥・出羽・下野・上野・武蔵・相模・越中・加賀・信濃・遠江・但馬・備中・備後などといった国々に所領・所職も有していた（渋川直頼譲状写「賀上家文書」『南北朝遺文』関東編三、二九八～二九九頁、渋川直頼寄進状写・足利尊氏寄進状写「臨川寺重書案文」『静岡県史』資料編六、二三八～二三九・二四一頁、山城国祇園社文書目録『八坂神社記録』『南北朝遺文』関東編五、二八四頁）。こうした場所、特に、上野国渋河・武蔵国蕨・加賀国野代・備後国御調別宮などが戦国期まで渋川氏領としてつながっていくこと(7)（後述）は注目に値する。

2　義行・満頼以降——分流する渋川一族

そのような渋川氏が目に見えて台頭してくるのは、直頼の子義行の時代である。一三六〇年代以降、渋川氏は、中央では幸子（義行の叔母。足利義詮の妻）が斯波氏や吉良氏らと親密な関係を構築し(8)、地方では義行本人が丹後・備中・備後守護そして九州探題を務めた(9)。だが、義行は探題として鎮西に上陸することの叶わないまま(10)、応安三年（一三七〇）に帰京し（『花営三代記』応安三年九月二日条）、永和元年（一三七五）、二十八歳でこの世を去った（『尊卑分脈』）。

しかし、義行の子満頼が摂津・安芸守護に加えて九州探題をも再獲得し、ようやく鎮西への下向を果たす。[11] 以後、満頼の子義俊が、その後は満頼の弟満行の系統が、九州探題を継承していく。[12]

他方、満頼は子義俊を九州に残して自らは上洛し、京都渋川氏の祖となる。[13] ときに、応永三十一年（一四二四）[14]のことであった（『満済准后日記』応永三十一年十一月二十六日条、『海東諸国紀』）。[15] なお、渋川氏は鎮西下向後も京都には自らの拠点を設け続けていたようで、応永十九年には、満頼自身が上京の上、将軍や公家らと都で交流を展開している（『山科家礼記』応永十九年七月二十八日・同年九月九日条、『大日本史料』同年十一月二十一日条）。この系統は義鏡―義堯と続く。ちなみに、『清和源氏系図』（『続群書類従』五上、二八一頁）や東京大学史料編纂所架蔵謄写本『浅羽本系図』は義鏡を満頼の子とするが、『系図纂要』は義鏡を義俊の子としている。この点、義鏡を満頼の子とすると、満頼のもう一人の子で、義鏡の「兄」に当たる俊詮が、その母（満頼の妻）が斯波氏出身であった（『浅羽本系図』。彼女は斯波義将の娘か）にも拘わらず、渋川氏の家督を継承しなかった（継承できなかった）ことにはやや違和感を覚える。つまり、義鏡は満頼の子ではなく、義俊の子であり、満頼―義俊―義鏡と続く系統が渋川氏の嫡流であった蓋然性が高い（他方、俊詮は義俊の弟にして渋川氏の庶流となり、満頼―俊詮―鏡種〈後述〉と続く系統は嫡流から偏諱を受けていた可能性がある。なお、活動時期からすると、年齢的には義鏡は俊詮と近いと思しい）。いずれにせよ、義鏡は京都渋川氏の直系的存在といえるだろう。

さらに、『渋川系図』（『続群書類従』五上、四二一頁）や『浅羽本系図』には満頼の弟（満行の兄か弟）に「義長」なる人物の姿が見えており、「関東在住」との注記も付されているが（『清和源氏系図』では彼は「満持」とされ、満行の弟となっているが）、彼こそが関東渋川氏の祖なのだという。これらの系図（『渋川系図』『浅羽本系図』『清和源氏系図』）

によれば、この系統は義長（満持）―義佐―義継と続くとある。

以上、義行の子満頼の時代以降、渋川氏が九州・京都・関東に分派した様子を確認した。以下では、東西（京都・関東）二つの渋川一族の動きを順番に検討していくこととしたい。

第二節　京都渋川氏の動向

1　義鏡の跳躍――政治的存在化する御一家

まず、京都の渋川氏である。

正長元年（一四二八）、備中国惣社宮造営における上棟に際して、「渋河殿」が第一番の疋馬を務めたことが知られる（『備中国惣社宮造営帳写』「池上家文書」・「総社宮文書」『総社市史』古代・中世史料編、五八二・五九四頁）。この「渋河殿」とは帰京後の渋川満頼のことと考えられる。なお、上棟に際し、疋馬の第二番は「右京大夫殿」＝細川持元（室町幕府管領家・細川京兆家）であり、細川氏を凌ぐ渋川氏の儀礼的地位の高さが窺えるわけであるが、ここで渋川氏が登場した背景としては、同氏がこれ以前、備中国の守護を務めていたことに加えて、これ以後にも「渋河右兵衛佐」が同国内に所領（備中国多気庄・同国国安散在分）を有していたこと（『康正二年造内裏段銭并国役引付』『群書類従』二八、四三八頁）なども指摘することができよう。

ちなみに、「備中国国安散在分」であるが、「国安」との地名は美作国にはあるものの（現、岡山県真庭市田原山上）、備中国には見当たらないため、「国安」ではなく「国衙」だという可能性がある（「安」は「衙」の誤写となる。ただし、字自体は岩瀬文庫本や神宮文庫本〈『新編一宮市史』資料編補遺二、一六一頁〉でも「安」である）。とすると、「備中国国衙散在分」を渋川氏が知行していたことになるが、その場合、室町期の備中国惣社宮造営に同国国衙領・国衙関係者が深く関与していた事実[16]を併せると、惣社宮造営における上棟に際して、「備中国国衙散在分」を管理する渋川氏が第一番の疋馬役として出てくることは、ごく自然に理解できるようになると思われる。

この『康正二年造内裏段銭幷国役引付』に登場する「渋河右兵衛佐」は満頼の後継者渋川義鏡である。彼が当時（康正二年〈一四五六〉）渋川氏歴代の官途である「右兵衛佐」を名乗っていたことは、『草根集』（『私家集大成』五中世三）の宝徳元年（一四四九）～長禄元年（一四五七）に「渋川右兵衛佐義鏡」と頻出することからも裏付けられる（なお、『系図纂要』『渋川系図』によれば、満頼は文安三年〈一四四六〉に死去している）。当時、義鏡は自身の邸宅や大光明寺で清巌正徹や石橋祐義らと交流を展開していたことが『草根集』からは分かるが[17]、この頃前後から渋川氏は、石橋氏・吉良氏とともに京都足利氏の御一家として幕府秩序内部に明確に位置付けられ活動していく[18]。

その活躍の最たる例が、足利政知の補佐役としての関東下向である。長禄元年、京都将軍足利義政は、関東公方足利成氏を掃討すべく自身の御連枝たる政知を東国に向かわせ、義鏡をその「御共〔供〕」とした（『草根集』長禄元年十二月十二日・同月二十二日条、『大乗院寺社雑事記』同月二十五日条、『大膳大夫有盛記』同二年四月七日・同年五月二十五日条）。東下に際し、義鏡は一族も動員しており、「大将治〔渋〕部川伊与守」「大将軍滋〔渋〕部川伊与守」「大都〔将〕渋〔渋〕部川伊与守」（渋川伊予守俊詮。『系図纂要』『清和源氏系図』『浅羽本系図』によれば、義鏡の叔父、もしくは、兄）が武蔵国浅草に陣取り、現地で病没するに至っている（『香蔵院珍祐記録』長禄三年十一月・同年十二月・同四年正月五日条）。さらに、寛正二年（一四六一）には義鏡の子渋川義廉が斯波氏の家督を継承し（『大乗院寺社雑事記』寛正二年九月二日・延徳三年六月三十日条、『執事補任次第』『続群書類従』四上、三六二頁、『系図纂要』一一、一四頁、『浅羽本系図』。ちなみに、『浅羽本系図』

では養子の可能性も示唆されている）、東海地方（遠江・尾張＝守護分国）にある同氏の軍事力も対成氏戦線に投入できることとなった[19]。

だが、そうした奮闘も空しく、寛正三年～同四年頃、義鏡は失脚し、その後、義廉も斯波氏当主の座を失う[20]。以後、斯波氏は内部分裂を誘発し、渋川氏もまた京都からほぼ姿を消すことになる。そのことは、当時の幕府の儀式書に「渋川殿近年ハ無二出仕一」（『殿中申次記』『群書類従』二二、二五三頁）・「渋川殿ハ近年者無二出仕一」（『長禄年中御対面日記』『続群書類従』二三下、一九六頁）とあることや、現実にも当該期の古記録に吉良・石橋・渋川の三氏がセットで出てくること（『師郷記』康正二年五月二十八日条）が少なくなり、それにかわって、吉良・石橋の二氏がセットで見られるようになってくること（『長禄四年記』長禄四年九月二十日条、『高倉永豊卿記』寛正三年十二月二日条、『慈照院殿諒闇総簿』延徳二年二月十五条、『蔭凉軒日録』同年十月二十日・同三年七月二日条、『和長卿記』明応九年〈一五〇〇〉七月二十八日条）などからも裏付けられる。

つまり、渋川氏は十五世紀中葉頃に政治的にも儀礼的にもその活動の最盛期を迎えたのであるが、応仁・文明の乱前後以降、今度は一転して京都からほとんど姿を消すことになってしまったのである。同じ御一家であるところの吉良・石橋両氏が、まがりなりにも応仁・文明の乱以降も中央で政治生命を維持したのとは異なって、渋川氏だけがここで没落してしまったのは、同氏（特に、義鏡）があまりにも政治的存在（軍事的存在）となり過ぎてしまったからではないだろうか。

とはいえ、渋川氏が完全に消滅してしまったわけではない。十五世紀後半頃の儀式書に「渋川中務少輔義種」（『慈照院殿年中行事』『日本庶民生活史料集成』二三、七五二頁）・「渋河治部大輔[21]」として見えているからである。両者はいずれも御一家として吉良・石橋両氏とともに記されており、京都渋川氏の代表者と考えられるわけだが、前者については関係史料がいくつか残されている（後者については虚構の可能性が指摘されており[22]、現実にもかかる官途の人物を確認できていない。あるいは、義廉のことか）。

まず、『系図纂要』や『浅羽本系図』には「渋川中務少輔義種」その人が載せられている（『清和源氏系図』では「渋川中務大輔義種」とある）。彼は先に見た（東下し、浅草で病死した）俊詮（渋川氏庶流）の子で、義鏡にとっては従兄弟、もしくは、甥に当たる人物である。そのような彼が京都渋川氏の惣領的地位についていたのであった。これは、義鏡の養子渋川義堯が関東で長らく転戦した（後述）ため、嫡流の交代が生じた結果ではないだろうか。

もう一点、文明七年（一四七五）、高野山一心院之内寂静院五坊に加賀国河北郡内樫久目領家方を寄進した人物として「渋河中務少輔鏡種」が見えている（「高野山文書」『大日本史料』八―八、二五二～二五三頁）。彼は「渋川中務少輔義種」と同一人物の蓋然性が高い（嫡流化に伴い鏡種から義種へと改名したか）。なお、加賀国河北郡内樫久目領家方であるが、南北朝期の渋川氏領としては現状見えない場所であり、室町期頃に同氏が獲得したものと思しい（ちなみに、同様の土地としては、長禄三年の「渋川殿」〈義鏡〉領丹後国桑田保も挙げられるだろう〈『丹後国惣田数帳』『宮津市史』史料編一、七一三頁〉）。

このように、十五世紀後半頃にも京都渋川氏の姿は確認される。だが、その存在感の低下は否めない。

2　備後国の渋川氏――行動する御一家

京都における渋川氏の動向は、管見の限り、永正五年（一五〇八）前後を終見とする（『長享元年九月十二日常徳院殿様江州御動座当時在陣衆着到』『群書類従』二九、一八二頁の「渋川殿」、『後法興院記』延徳四年〈一四九二〉六月十八日条の「渋河次郎」〈渋川義種の後継者か〉、明応三年〈一四九四〉十一月十四日洛中洛外諸商売幷徳役等条々目録『蜷川家文書』

二、六二頁の「渋川殿」、『梵恕記』永正五年五月十一日条の「渋川殿」・同年七月六日条の「渋河殿」)。では、その後、渋川氏は一体どうなったのか。

ここで、明応三年に発給された室町幕府奉行人連署奉書案(「東京大学文学部所蔵長福寺文書一」[23])を見てみたい。

〔史料一〕

大和三重豊後守行佐申備後国市村・上山村等事、宮下野守先度乍レ令レ調二進渡状一、或号二守護新給一、或称二領主契約一、寄二事於左右一、背二御下知一之条、絶二常篇一者歟、早任二御成敗之旨一、合二力行佐代一、可レ被レ沙二汰-居之一、更不レ可レ有二遅怠一之由、被二仰出一候也、仍執達如レ件、

明応三

六月廿三日　　（清）元定判
　　　　　　　（諏訪）貞通判

大和杉原一族中
河田駿河守殿
陶山備中守殿
渋川殿代
下見次郎左衛門尉殿
和智筑前守殿
小田上野介殿
小早河中務少輔殿

小早河美作守殿

ここでは、大和三重豊後守行佐が宮下野守に備後国の所領を押領され、それに対して、幕府が行佐の領地回復を命じているわけだが、この受命者の一人に渋川氏の姿が見えている。他の者はいずれも備後国内外で現実に力を持つ者たちであり、本件は備後国の所領回復が期待されているわけであるから、この渋川氏もまた備後国に勢力を有する人物であったと考えられる。加えて、渋川氏に対してだけは、斯波・細川・畠山・山名・一色各氏などと同じ「代」宛てで、また、吉良氏と同等の官途不記入（『細川家書札抄』『群書類従』九、六三八頁）という厚礼な態度（書札礼）がとられていることも注目される。すなわち、この渋川氏は並記・並列される他氏よりも格上であることから、御一家渋川氏ではないかと考えられるのである。なお、この前後、同氏は京都で見えていることから、渋川氏自身は備後国に勢力を持ちつつも在京していた蓋然性が高いであろう。(24)

こうした備後国における渋川氏は、十六世紀に入ると本格的に見られるようになってくる。具体的には、義陸（渋川武衛蓬雲軒等祇）―義正（渋川武衛義正）―義満と系譜的に続いていくことや、宮氏・小早川氏・毛利氏といった近隣諸勢力との間に姻戚関係を構築したことなどがすでに指摘されているのである。(25)

この備後渋川氏のルーツについては、九州探題渋川氏出身説と京都渋川氏出身説との二説がある。かつては前者の説が有力視（事実上当然視）されていたのであるが、近年は（京都渋川氏の存在が明確化されるとともに）後者の可能性がクローズアップされてきている。(26)(27)

確かに、官途（「武衛」＝右兵衛佐）や実名（「義」字）、仮名（次郎。『後法興院記』延徳四年六月十八日条「渋河次郎」、『天文日記』天文十七年〈一五四八〉八月十五日条「渋川次郎」＝義満カ）、さらには、幕府から「御礼」（挨拶・出仕）すべき存在と見做されていることや、加賀国野代の支配（後述）、渋川義鏡の妻が備後守護山名氏の一族であったと思しいこと（『文正記』『群書類従』二〇、三五〇〜三五一頁。備後国の守護―領主という面でも関係構築か）などから考えると、後者の蓋然性は相当高い（その場合、『後法興院記』の「渋河次郎」＝義陸という可能性までもが想定される）。

ただ、備後国は九州探題渋川氏とつながりが深い地域でもある。例えば、永享二年（一四三〇）、探題渋川満直は「備後所領事」を幕府に申し入れている（『満済准后日記』永享二年閏十一月三日条）。また、満直は「御調三郎満直」「御調殿満直」といわれており（宗像社家文書惣目録『宗像大社文書』二本編、二七一〜二七五頁）、満直の父渋川満行もまた「御調」を号したといい（『渋川氏系図』）[28]、満直の従兄弟（渋川満頼の子）渋川満家は「吉和」を号したというが（『渋川系図』）、これらはいずれも備後国（御調郡）に見える地名である。さらに、毛利氏は渋川氏を「いまたんたい」（今探題）と呼んでおり（毛利輝元書状写『萩藩閥閲録』二、七三〇頁）、また、『沼田小早川家系図』（『小早川家文書』二、四八三頁）も「探題」と書いているが[29]、これは九州探題を想起させる呼び方・書き方である。このような九州探題渋川氏と備後国との密接なつながりからは、なお追究すべき課題もあるように感じられる。とはいえ、鎮西から帰京した満頼以降、京都渋川氏に備後国所領の支配権が移行したとしてもおかしくはない（探題呼称は、九州探題渋川氏が衰滅し、大友氏が探題職を獲得したことに伴う、毛利氏の対抗的な意味合いもあったか）。

いずれにせよ、備後渋川氏は、十六世紀、中国地方を中心に活動を展開した。ただ、備後国にいる武士たちは周囲の巨大勢力の動向に左右されることが多く、渋川氏もまた例外ではなかったようである。そのことは、『天文日記』（『真宗史料集成』三）をはじめとする本願寺関係史料などに詳しく書かれている[30]。

具体的に見ていくと、永正年間（一五〇四〜一五二一）頃、備後国では毛利氏が影響力を拡大させる。すると、渋川氏は毛利氏との関係を深めた。毛利氏にとっても宮氏や小早川氏などとのつながりを有する渋川氏は貴重な存在であった[31]。その後、天文年間（一五三二〜一五五五）頃に入ると、今度は尼子氏が備後国で強大化する。すると、渋川氏は一転して尼子氏への接近を図る。そして、尼子氏―大坂本願寺を取り次ぐ役割を果たした。他方、本願寺には加賀国野代の知行地確保を保証してもらっている。(32) 加賀国野代は、先述したように、南北朝期には渋川氏領として見える土地である。永正十四年の段階でも同所は同氏領として見えているが（賀陽院大光明寺領諸国所々目録案「田中教忠氏旧蔵文書」『広島県史』古代中世資料編五、八〇四〜八〇五頁）、かかる遠隔地所領を戦国期、他国に在国する領主となってもなお確保しようとし、まがりなりにも押さえることに成功した姿には「したたかさ」と「しぶとさ」を覚える。

だが、加賀国野代の実効支配は困難の連続であった。

まずは、幕府による御料所化である。当時、渋川氏はすでに幕府への「御礼」をやめており（この点、同氏が近年「無二出仕一」であるとの先述した儀式書の記事とも整合的である）、これに対する幕府の制裁措置（「無二御許容一」）がそれ（御料所化）であった（『天文日記』天文五年十月七日・同月九日・同年閏十月七日条、『賀州本家領謂付日記』『真宗史料集成』三、九六八・九七一頁）。本願寺は昵懇ゆえに渋川氏を支持し続けたが、幕府や大内氏は難色を示している（『天文日記』天文十年十月十五日条）。

加えて、現地での違乱である。加賀超勝寺による妨害事件（『天文日記』天文六年六月二十五日条）をはじめとして、加賀国では押領などの問題が続発しているのである。(33) そうした中、「御同名修理大夫殿御違乱」は注目される（『証如上人書札案』『真宗史料集成』三、九九九頁）。

〔史料二〕

先度者貴札再三拝見候、御懇委細示給候、祝着之至候、御知行之事、涯分申付候、先日入部之由候間、先以珍重候、御同名修理大夫（斯波義信）殿御違乱之儀、難治候、雖レ然猶無二御油断一申下候、聊無二疎意一候、猶光照寺可レ申候、恐々謹言、

同十四日出ㇾ之

十二月十日

(渋川義陸)
蓬雲軒

天文六年、本願寺光教（証如）は義陸（蓬雲軒）に書状を送り、加賀国野代に関し「御同名修理大夫」の違乱が難治であることを記しているが、この「御同名修理大夫」は斯波義信に比定される。別稿で指摘したように、彼は、越前国奪還のため、当時加賀国に在国していた斯波一族である。[34]周知のように、斯波氏は渋川氏と血縁的に近く（右の証如書状には「御同名」とある）、室町期において渋川氏は斯波氏の「扶持」の対象であった（『満済准后日記』永享二年閏十一月三日条）。しかし、戦国期に入るとそのような関係はもはや破綻したようで、斯波氏までもが渋川氏領を「違乱」しているのである。

このような事態も踏まえて、渋川氏は摂津国まで赴いて証如と会見する（『天文日記』天文十一年七月二十四日条、『私心記』同日条）。だが、総じて「不ニ相調ニ」との状況が抜本的に改善することは難しく（『天文日記』天文十一年十一月四日）、渋川氏は徐々に『天文日記』などの本願寺関係史料からは姿を消していく。そして、天文十八年に「渋川方(大内)」として登場するのをほぼ最後として（『天文日記』天文十八年五月六日条）、以降は大内氏の勢力圏に入ったものと思しい。これは、当該期の備後国で尼子氏の影響力が低下したことと軌を一にする動きと考えられる。[35]

以上のように、備後渋川氏の行動は、周囲をとりまく地域の状況に沿う形で展開されており、結果、同氏は同国での政治的生き残りに成功したと評価できる。

のみならず、渋川氏がその高い儀礼的地位を維持していたことも注目すべきである。『証如上人書札案』（『真宗史料集成』三、九八一～一一三〇頁）から当該期の渋川氏の位置を探ると、同氏に対しては、封紙には「裏付」が記され、料紙には「厚様」が用いられ、宛所についても「実名御さがり候はぬ様に」と注意されているが（一〇四六・一一二九頁）、かかる書札礼は当時における武家宛ての証如発給文書としては最厚礼クラスのものであり、尼子氏や大内氏といった渋川氏の周囲に存在する大名よりも上位に位置付けられていたことが分かる。渋川氏は戦国期、儀礼的・血統的優位性も確保し続けていたのである。

3　その後の渋川氏——衰滅する御一家

その後、大内氏は滅びるが、そうした中で渋川氏は再び毛利氏との関係を深めていった(36)。ここで注目されるのは毛利元就・毛利隆元が小早川隆景の雄高山を訪れたときの様子である（『毛利元就父子雄高山行向滞留日記』『毛利家文書』二、六二一～八四頁）。永禄四年（一五六一）三月二十六日、吉田を出発した元就・隆元は、翌日、雄高山に到着し、二十八日、饗応が設けられたが、そのときの座次を見ると、「元就様」「隆元様」が最上位で、その次に「隆景様」「熊谷兵庫頭殿」、その次に「渋川宮内太輔殿」、その次に「保利中務少輔」「福原左近大夫」ときて、以下、敬称の付かない者が一九名ほど続く。

ここから窺えることは、第一に、渋川氏の位置の高さである。空間的にも上座に近く、名称に「殿」が付されている者も他に熊谷氏しかおらず、渋川氏が毛利氏関係者の中で高地位にあったことは疑いない（なお、『小早川家文書』〈二、一〇五～一二四頁〉所収の写しでは福原氏も「殿」付けである）。

しかし、第二に窺えることは、渋川氏が毛利氏・小早川氏のみならず熊谷氏よりも下位にあったという事実である。これについては閏三月二日に開かれた連歌会からも窺える。そこでは、「元就様」「隆元様」「隆景様」が二字台頭で、以下、敬称の付かない「渡辺越中守」「渋川宮内少輔」「桂能登守」「粟屋備前守」と続く。つまり、毛利氏・小早川氏を別格として、渡辺氏の下に渋川氏はいた。

本来、足利氏の御一家であるところの渋川氏が、毛利氏・小早川氏・熊谷氏・渡辺氏といった人々よりも儀礼的に劣位にあることはあり得ず、事実、十六世紀前半には尼子氏や大内氏よりも高地位にあったことはすでに見た通りである。しかし、ここではもはや渋川氏は毛利氏の支配圏に入り、その下に組み込まれ、血統的優位性も失ってしまっているのである。毛利氏が渋川氏の尊貴性を必ずしも絶対視していなかったことは明らかである。このことは、十六世紀後半という時代背景とも関連すると思われる。というのも、十六世紀後半とは、本書第Ⅱ部で論じるように、これまで列島社会を広く覆っていた足利の血統を儀礼的な上位とする「足利的秩序」＝共通価値が大きく崩壊した時期だったからである(37)。つまり、渋川氏の大幅な地位低下の要因は毛利氏の個性のみに還元されるべきものではなく、かかる時代的風潮とも深く関係していたと考えられるのである。

備後渋川氏最後の当主義満は元亀三年（一五七二）、または、翌年に死去したという（『国郡志御用ニ付下しらへ書出帳』『三原市史』四資料編一、六七〇頁、『渋川氏系図』）。以後、「其子新右衛門より、里民となり」といい（『芸藩通志』四、一六六八頁）、近世の分限帳にも「備後御調」に「渋川源次郎」が見えているので(38)、渋川氏のその後は近世史料の伝える通りなのだろう（なお、近世毛利氏のもとには「渋川兵部(39)」・「渋川彦兵衛尉」〈福原広俊外八百十九名連署起請文『毛利家文書』四、一四一頁〉という人物も確認されるが、彼らも御一家渋川氏の一族であろうか）。

とはいえ、ここに一つの気になる史料がある。それは、岐阜県各務原市の手力雄神社の石造狛犬に存在する像身刻銘である(40)。

〔史料三〕

為㆓武運長久・息災延命㆒也　天正九年辛巳五月吉日

奉㆓寄進㆒大明神御宝前　施主備後国渋川出雲守

ここから、天正九年（一五八一）に「備後国渋川出雲守」が狛犬を寄進していたことが分かる。この狛犬が手力雄神社に伝来した経緯は不明とのことである[41]が、天正の段階からすでに現地にあったとすれば、備後渋川氏が当時美濃国を押さえていた織田氏との間に友好関係を取り結ぼうとしたことを意味するのであろうか。しかし、渋川氏の背後にいたはずの毛利氏は当該期には織田氏と交戦中であり、その可能性はいささか考え難い。狛犬（笏谷石製[42]）の伝来や「備後国渋川出雲守」の系譜も含め、備後渋川氏が意外な時代に姿を現した史料として、引き続き今後の検討課題としておきたい。

以上、京都渋川氏（および備後渋川氏）の動向を確認した。

第三節　関東渋川氏の動向

1　十五世紀の渋川氏——京都渋川氏との関係

次に、関東の渋川氏である。

関東に渋川氏がいつからいたのかは不明であるが、『鎌倉大草紙』（『新編埼玉県史』資料編八中世四記録二、一一八頁）は「左衛門佐義行（渋川）ハ久しく武州の国司にてあり、其時より足立郡に蕨と云所を取立居城にして、今に至る迄此所を知行しけれバ」との話を伝えている。この点、先に述べたように、系図（『渋川系図』『浅羽本系図』『清和源氏系図』）も渋川義行の子義長（満持）を関東渋川氏の祖としており、話としては符号している。また、これも先述したように、同氏が十四世紀の段階で陸奥・出羽・下野・上野（渋河）・武蔵（蕨）・相模などといった東国の国々に所領・所職を有していたことも事実である。さらに、実際に室町期の関東に渋川氏が存在したことも疑いない（『鎌倉年中行事』『日本庶民生活史料集成』二三、七八三頁、『旦那名字注文』「米良文書」『熊野那智大社文書』三、一五八頁）。したがって、ここでは義行の頃前後に関東渋川氏が成立したものとひとまずは見做しておくことにしたい。

こうした関東渋川氏は、京都渋川氏の場合と同じく、関東足利氏の御一家として位置付けられ、吉良氏や岩松氏（関東に石橋氏はおらず、かわりに岩松氏が御一家を形成した）と並ぶ極めて高い儀礼的地位を（戦国末期に至るまで）得ていた[43]。他方、渋川氏が鎌倉府内部の政治や軍事の舞台・場面で姿を見せることは基本的になかったが、これこそ、御一家の本来的な在り方と考えられるものである[44]。

その後、享徳の乱が勃発し、東国が戦乱状況に陥ると、京都渋川義鏡が関東に下向してきたことはすでに見た通りだが、十五世紀後半、今度は「渋河左衛門佐」が東国の各地を転戦したとある（太田道灌書状写「松平文庫所蔵文書」『新編埼玉県史』資料編五中世一古文書一、六四三〜六四四頁）。この「渋河左衛門佐」は渋川左衛門佐義堯のことである。その義堯だが、『系図纂要』は彼を義鏡の実子とするが、『清和源氏系図』や『浅羽本系図』は義堯を義鏡の養子として、彼の実父を関東渋川義佐とする。義佐は、先に見たように、関東渋川氏の祖義長（満持）の子とされる。となれば、関東渋川義堯は京都渋川義鏡の養子となったということになる。その場合、彼の入嗣時期が問題となるわけだが、文正元年（一四六六）には「京城渋河源朝臣義堯」とあって（『海東諸国紀』）、翌年には「源（渋川）義堯」が左衛門佐となっているから（『歴名土代』一八六頁）、その時期は文正元年以前であろう。これに義鏡の活動・失脚時期も勘案すると、義堯の入嗣時期は義鏡の東下直後の長禄年間（一四五七〜一四六〇）頃とするのが妥当ではないだろうか。いずれにせよ、京都・関東両渋川氏のつながりの一齣である[45]。

義堯は、先述したように、十五世紀後半、関東各地で京都方として戦ったが、「御名字地」たる「渋河庄」は「于レ今令二相違一」との状況に陥り（太田道灌書状写）、以後、彼の姿を確認することはできなくなる。他方、義鏡は当時、武蔵国浅草で暮らした可能性も指摘されている。(46) つまり、関東には一時的に、東下した義鏡―義堯流と、本来的な義長―義佐流との二つの渋川氏が存在したことになる。だが、その後、渋川氏は武蔵国蕨の領主として見えてくる（後述）ので、二流の系統は一本化したものと考えられる。

2　十六世紀の渋川氏――東国諸勢力との関係

十六世紀前後、関東公方足利政氏の時代には、渋川相模守・渋川源五郎・渋川六郎の姿が見えている（足利政氏書状「小俣文書」『戦国遺文』古河公方編、一一一頁）。

〔史料四〕

相模守為二代官一六郎出仕之事、当座之儀迄候、其方事、於二以後一者、不レ可レ有二相違一候、恐々謹言、

三月十四日　　政氏（足利）（花押）

渋河源五郎殿

本文書は、渋川相模守の代官として渋川六郎が足利政氏のもとに出仕したが、それは一時的なことであるとして、今後は渋川源五郎の出仕を承認したものである。ここから、当時、足利氏のもとに渋川氏が出仕していた様子が窺えるのであるが、より注目すべきはその書札礼であって、書止文書＝「恐々謹言」、差出＝「実名＋花押」とのそれは、東国武家宛ての公方発給文書としては極めて厚礼である。試みに、『足利政氏書札礼』（「喜連川文書四」『戦国遺文』古河公方編、一三一～一三二頁）を確認してみると、

〔史料五〕

種々到来、喜悦之至候、恐々謹言、

九月　日　　日下

吉良殿　名字ヲ不レ被レ侵候、

渋川殿　コレハ心得マテニ名字ハカリ書候、

御一家ヘハ何も恐々謹言、但家督計ヘ如レ此被レ成候、自余ヘハ謹言已也、

と見える。つまり、吉良氏や渋川氏など御一家に対しての公方書札礼は、書止文言＝「恐々謹言」、差出＝「日下」（実名＋花押）なのであった。ここに、本文書が御一家宛ての公方発給文書であることが明瞭に窺え、渋川相模守が御一家渋川氏の家督であったことが判明する。(47)

そうした渋川氏は、十六世紀前半頃、「武蔵之渋河殿」「自二管領一渋河殿へ　蕨御宿所与遊候」として見えていることから、(48)当時、武蔵国蕨にいたことが明確化する。こうした中、大永年間（一五二一～一五二八）、蕨は後北条・扇谷上杉両氏の激戦地と化し、最終的に同地は後北条氏の傘下へと移る。(49)だが、後北条氏のもとに渋川氏の姿を確認することはできない。これは、公方足利氏(50)や同じ御一家吉良氏(51)が後北条氏のもとでその高い儀礼的地位を保持しつつも地域的領主化していったのとは異なって、渋川氏の場合には存在そのものが全く見えないのである。このことは、渋川氏が後北条氏の支配圏から脱したことを意味するのではないだろうか。

これを示唆するのが、天正八年（一五八〇）の里見義頼書状である（「稲子正治家文書」『勝浦市史』資料編中世、一一六～一一七頁。なお、翻刻は掲載されている写真によって一部改めた）。

〔史料六〕

急度申届候、仍年来正木大膳亮（憲時）無沙汰之儀連続、剰数代令二扶助一岡本之地ニ指置候渋川相模守方一類へ種々致二計略一、愚佐城ニ住居之砌、去晦日夜中、迎を指越引移、其上大膳亮拘之地催レ備企二逆儀一候之条、不レ及二是非一候、因レ茲可レ加二退治一逼塞ニ候、定貴国被レ及二聞召一無二心許一可二思召一候間、令レ啓候、家中之事候得者、静謐不レ可レ有レ程候、殊甲州筋之様子無二御心元一候、若人衆就二御用一者、可レ承候、一勢可レ立二進之一候、此等之趣宜二馳走任入一候、恐々謹言、

七月五日　　　　　義頼（里見）（花押）

松田尾張守（憲秀）殿

ここには、義頼に反旗を翻した正木憲時の行動が描かれている。里見氏は渋川氏（渋川相模守とその一族）を数代扶助し、安房岡本城に置いていたのだが、正木氏はその渋川氏に対し様々な計略を仕掛け、里見氏が上総佐貫城にいるとき（六月晦日の夜中）、迎えをよこして自身のもとに引き移したというのである。

ここから窺えることは、渋川氏が代々にわたって里見氏から援助を受けていたこと、そして、その渋川氏が相模守の官途を名乗っていたということである。後者は、先に見た足利政氏書状（「小俣文書」）に登場した渋川相模守と同一官途であり、両者の系譜関係が想定される。他方、前者は、渋川氏が後北条氏の支配圏から見えなくなったこととの相関関係が思料される。すなわち、渋川氏は後北条氏の武蔵国制圧の前後以降、房総（里見氏のもと）へと移り、数代にわたり庇護されたと考えられるのである。

さらに、本文書からは、天正年間に至ってもなお渋川氏が（里見氏から）厚遇されていた事実や（正木氏から）奉迎すべき対象として認識されていた様子[52]なども窺えるわけであるが、この点、当該期における関東公方足利義氏の書札礼書[53]からは、同氏が（足利氏から）東国武家宛ての公方発給文書として最厚礼クラスの書札礼を適用されていた状況

も確認することができる。[54] ここに、渋川氏の貴種性＝血統的権威が戦国末期においても関東では相当程度有効に機能し続けていた様相を知ることができるのである。

3　その後の渋川氏——相模守と中務大輔との関係

正木憲時の乱は天正九年に鎮圧される。では、その後、渋川氏は一体どうなったのか。天正十二年、下野国小俣の鶏足寺に銅造釈迦如来坐像が安置された。その背面陰刻銘には、

〔史料七〕

大檀那源義昌（渋川）幷御閨、殊者義勝為二子孫繁昌・武運長久一也

仁王百八代

仏手山

奉二鋳立一釈迦牟尼仏尊像、尽未来際不壊金剛・久遠繁栄・当地安全・乱入消除・諸人快楽

鶏足寺

下野国小俣

学頭金剛院法印俊円　本願賢□

王　弟子尊賢

天正十二年甲申八月廿一日　作者大田近江守忠定

とある。[55] ここに、鶏足寺の大檀那として源義昌の存在を確認できる（義勝なる者も見えるが、義昌の子という[56]）わけだが、ここで、『鶏足寺世代血脈』（『群馬県史』資料編七、四三〇〜四三一頁）を紐解いてみると、同寺の「檀那」「檀方」

として、「源義昌」「渋川中務大輔義昌」の姿を見出すことができる。要するに、鶏足寺に右の仏像を安置したのは渋川義昌であった。この義昌は、「義」字といい、中務大輔の官途といい（関東渋川義佐は中務大輔と見える〈『清和源氏系図』『浅羽本系図』〉）、御一家渋川氏に相応しい（ちなみに、天正十二年の義昌官途状〈「福田昇造氏所蔵文書」『古河市史』資料中世編、四八〇頁〉を渋川義昌に比定する説もあるが[57]、彼の花押を現状他に確認できず、その可否を判断できない）。

ただ、義昌は『鶏足寺世代血脈』の記述を信ずれば、上杉輝虎の時代（天正六年以前）には下野国にいたようであるから、房総から移ってきたとはいささか考え難い。つまり、当時の関東には、武蔵国から房総へと移った一派（正木憲時の乱で衰滅したか）と、下野国に移った一派（近世に成立した『新田老談記』〈『続群書類従』二一上、一一六頁〉によれば、最後の当主渋川義勝は小田原合戦に際して没落し、その後は秋元氏に仕えたとある[58]）との二つの渋川氏があったと考えられるのである。とはいえ、これについてはなお追究すべき余地があり、引き続き今後の検討課題としておきたい（ちなみに、上野岩松氏のもとにも渋川氏はいるが[59]、彼らが御一家渋川氏の一族かどうかはなお判然としない）。

以上、関東渋川氏の動向を確認した。

おわりに

以上、中世後期における渋川氏の動向を検討した。以下、結論をまとめる。

第一節では、渋川氏の来歴を確認し、同氏登場の歴史的前提を整理するとともに、義行・満頼期以降、渋川氏が九州・京都・関東に分派した様子を眺めた。

第二節では、京都渋川氏の動向を検討した。まず、義鏡期、同氏は政治的にも儀礼的にも活動の最盛期を迎えた。

一方、このことは、本来非政治的存在であるはずの御一家渋川氏が、あまりにも政治的存在（軍事的存在）となり過ぎてしまったことを意味した。結果、政治的失脚によって、応仁・文明の乱前後以降、今度は一転して京都からは大きく姿を消すことになってしまったこと、そして、義鏡流から義種流へと嫡流の交代も生じたことを指摘した。続けて、京都渋川氏の流れを継承したと思しい戦国期備後渋川氏について考察を進めた。はじめにそのルーツを検証した上で、同氏は周囲をとりまく地域の状況（巨大勢力の動向）に沿う形で、しぶとく、したたかに活動を展開した結果、備後国での生き残りに成功し、高い儀礼的地位も確保した。しかし、十六世紀後半、毛利氏の支配圏に組み込まれると、渋川氏は儀礼的優位性を大幅に失ったことを述べ、その背景として、当該期における「足利的秩序」の崩壊を想定した。

第三節では、関東渋川氏の動向を検討した。まず、室町期、渋川氏は東国においても極めて高い儀礼的地位を得た。だが、同氏が政治や軍事の舞台・場面で姿を見せることは基本的になかった。しかし、これこそ、御一家本来の在り方とした。続けて、戦国期、京都から義鏡が関東に下向すると、東西両渋川氏は深い関係を築き、本来的な関東渋川氏の系統と、東下した京都渋川氏の系統という二つの渋川氏が東国では一時的に併存し、その後、武蔵国蕨の渋川氏として一本化したとした。その上で、蕨陥落の前後以降、同氏は後北条氏の支配圏から脱し、房総や下野国に移ったと見通した。しかし、戦国末期に至るまで渋川氏は儀礼的に高地位にあり続けたことも指摘した。

以上、結論を整理した。以下、論点と課題とを示しつつ、擱筆していきたい。

論点としては、十六世紀後半における東西両渋川氏の儀礼的待遇の差異がある。関東渋川氏は足利氏・里見氏・正木氏などから厚遇され続けた一方、備後渋川氏は毛利氏から一定の制限を加えられたのである（なお、当該期、九州探題渋川氏は衰滅している）。この点、同じ御一家吉良氏も当時同じような状況にあった。すなわち、関東吉良氏は足利氏や後北条氏などから儀礼的に厚遇され続けた一方、三河吉良氏は今川氏によって滅亡させられたのである（なお、尾張石橋氏も織田氏によって壊滅させられたが、関東に石橋氏は不在のため比較できない）。かかる事態の背景には、足利氏中心の社会が東国（関東）では維持され続けた一方、西国では崩壊したことが想定されるのではないだろうか。つまり、本書第Ⅱ部で論じるように、京都足利氏は血統主義から実力主義へと舵を切って、「足利的秩序」を自壊させた[60]一方、関東足利氏は秩序の保全にこそ力を注いだ[61]ことが、東西の結果の差異を生み出したのではなかったかと考えるのである。とはいえ、容易には答えの出ない問いであり、議論を深めていくことが必要であろう。

もう一点、渋川氏と斯波氏との関係がある。渋川氏の叙述に際しては、陰に陽に斯波氏の影がちらつくように感じられるのである。例えば、渋川氏は斯波氏の「縁者」で（国立公文書館所蔵内閣文庫本『難太平記』）、「扶持」の対象であった（『満済准后日記』永享二年〈一四三〇〉閏十一月三日条）。幕府は「斯波右兵衛佐弁渋川武衛」と認知し（『幕府番帳案』『蜷川家文書』一、六五・八四頁）、寺社も斯波氏（持種）を「渋河修理大夫」と誤認し（『蔭凉軒日録』寛正六年〈一四六五〉五月二十二日条）、社会もまた渋川義廉の斯波氏入嗣をスムーズに受容した。斯波氏と渋川氏とは「御同名」の関係にあると記され（『証如上人書札案』『真宗史料集成』三、九九九頁）、斯波・渋川・足利の三氏については「御さうそふ〔曾祖父〕ハ兄弟三人也、斯波・渋谷〔川〕・足利也、斯波ハ京都武衛の御事、しふ川〔渋〕ハ今ニ御座候、あしかゝ〔足利〕ハ三番めニて京都公方様の御事候」と描かれた（『奥州余目記録』『仙台市史』資料編一古代中世、二三六頁）。このように、我々が想像・想定している以上に、当時の人々は渋川―斯波両者の関係を密接なものと考えていたのではないか（義廉の入嗣以後、かかる認識は加速した蓋然性があろう）。

ここから考えるに、足利政知の補佐役に渋川義鏡が抜擢された背景には、斯波氏の代理という可能性があったのではないだろうか。斯波氏は、永享の乱時や結城合戦時には、斯波持種が幼少の当主斯波義健にかわって「惣大将」

「大将」「大将軍」として東下したと見えている（『東寺執行日記』永享十二年四月十日条、国立国会図書館所蔵『斯波家譜』）が、享徳の乱時には同氏は内紛の最中であり、かくして、斯波氏に近い渋川氏が起用されたのではないか。渋川氏は御一家としての側面と、斯波氏に近い側面（ただし、渋川氏は斯波氏の庶流〈斯波一族〉ではない。あくまでも自立した家同士の同族性・親近性である。この点で渋川氏は斯波一族たる大崎氏や最上氏などとは異なる）とを具有する両義的存在ではなかったか。

課題としては、事実関係の再検討がある。渋川氏は、斯波氏はいうまでもなく、同じ御一家の吉良氏はおろか、石橋氏と比較してみても、関連史料が極端に少なく、しかもその多くが史実確定への決定打を欠いているため、実像を探究していくことは現状困難を極める。本章はそのような中での一つの作業仮説に過ぎない。史料のさらなる博捜によって、より精緻で豊かな渋川氏像が構築されることが求められよう。

以上、論点と課題とを提起した。

註

（1）　川添昭二「九州探題渋川満頼・義俊と日朝交渉」（同『対外関係の史的展開』文献出版、一九九六年、初出一九七七年）一八三～二一七頁、同「渋川満頼の博多支配及び筑前・肥前経営」（竹内理三博士古稀記念会編『続荘園制と武家社会』吉川弘文館、一九七八年）三三五～三五八頁、同「九州探題の衰滅過程」（『九州文化史研究所紀要』二三、一九七八年）八一～一三〇頁、同「鎮西管領斯波氏経・渋川義行」（渡辺澄夫先生古稀記念事業会編『九州中世社会の研究』渡辺澄夫先生古稀記念事業会、一九八一年）一〇九～一四八頁、黒嶋敏「九州探題考」（同『中世の権力と列島』高志書院、二〇一二年、初出二〇〇七年）五七～九四頁。

（2）　拙稿「足利氏御一家考」（本書第Ⅰ部第五章）参照。

（3）　拙稿「足利基氏の妻と子女」（黒田基樹編著『足利基氏とその時代』戎光祥出版、二〇一三年）参照。

（4）　高橋貞一「翻刻・京大本梅松論」（『国語国文』三三―八、一九六四年）二一頁。

（5）　佐伯真一・高木浩明編著『校本保暦間記』（和泉書院、一九九九年）一〇七頁。

(6) 森茂暁「渋川氏」(今谷明・藤枝文忠編『室町幕府守護職家事典』下、新人物往来社、一九八八年)五九頁。
(7) 小要博「『賀上家文書』について」(『埼玉地方史』三一、一九九三年)二九〜三九頁。
(8) 拙稿「室町期在京領主吉良氏と遠江国浜松庄」(『日本研究』五四、二〇一七年)参照。
(9) 佐藤進一『室町幕府守護制度の研究』下(東京大学出版会、一九八八年)一七〜二七・一一二〜一四四頁。
(10) 森前掲註(6)論文、六〇頁。
(11) 同前。
(12) 森前掲註(6)論文、六一頁。
(13) 家永遵嗣「斯波義廉の斯波氏入嗣と堀越公方」(同『室町幕府将軍権力の研究』東京大学日本史学研究室、一九九五年)二四七〜二五三頁。
(14) 黒嶋前掲註(1)論文、六〇頁。
(15) 申叔舟著・田中健夫訳注『海東諸国紀』(岩波書店、一九九一年)三三三頁。
(16) 藤井駿「備中の国衙について」(同『吉備地方史の研究』法蔵館、一九七一年、初出一九五九年)二二六〜二三一頁、小川信「中世備中の国衙機構と惣社造営」(同『中世都市「府中」の展開』思文閣出版、二〇〇一年、初出一九八八年)二三一〜二五四頁、田中修實「備中国における国郡と祭祀」(同『日本中世の法と権威』高科書店、一九九三年、初出一九九〇年)一四七〜一七三頁、末柄豊「細川氏の同族連合体制の解体と畿内領国化」(石井進編『中世の法と政治』吉川弘文館、一九九二年)一五三〜一六二頁、古野貢「庶流守護による分国支配構造」(同『中世後期細川氏の権力構造』吉川弘文館、二〇〇八年、初出二〇〇〇年)二六〜四四頁、大澤泉「備中国国衙領の支配構造と新見荘」(海老澤衷・高橋敏子編『中世荘園の環境・構造と地域社会』勉誠出版、二〇一四年)二五七〜二八〇頁。
(17) 拙稿「都鄙における御一家石橋氏の動向」(本書第Ⅰ部第三章)参照。
(18) 前掲註(2)。
(19) 家永前掲註(13)論文、二六三〜二六八頁。
(20) 家永前掲註(13)論文、二六八〜二七四頁。
(21) 今谷明「『東山殿時代大名外様附』について」(同『室町幕府解体過程の研究』岩波書店、一九八五年、初出一九八〇年)三一六頁。
(22) 今谷前掲註(21)論文、三二六頁。
(23) 石井進編『長福寺文書の研究』(山川出版社、一九九二年)四五五〜四五六頁(傍線引用者、以下同)。
(24) 小泉義博「室町幕府奉行人奉書の充所」(日本古文書学会編『日本古文書学論集』八、吉川弘文館、一九八七年、初出一九七六年)一五三〜一六七頁。
(25) 植田崇文「備後国の渋川氏について」(同『備後国の国人領主渋川氏とその周辺』(私家版、二〇一三年、初出二〇〇三年)一〜三六頁、同「備後国の国人領主渋川氏とその周辺について」(同、初出二〇〇八年)七三〜一〇三頁、同「備後国の渋川領小童城の宝篋印塔について」(同、初出二〇一一年)一〇五〜一一九頁。なお、本章(初出)発表後、木下和司「渋川義陸と備後・安芸国衆ネットワーク」(『備陽史探訪』一九五、二〇一七年)六〜八頁に接した。併せて参照されたい。
(26) 澤井常四郎『御調八幡宮と八幡荘』(私家版、一九二一年)一〇九〜一一二頁、『御調郡誌』(御調郡教育会、一九二五年)二〇二〜二一六頁。
(27) 前掲註(25)。
(28) 前掲註(26)。
(29) 田口義之『備後の山城と戦国武士』(葦陽文庫、一九九七年、初出一九九四年)一五五〜一六五頁。
(30) 前掲註(25)。
(31) 柴原直樹「毛利氏の備後国進出と国人領主」(『史学研究』二〇三、一九九三年)一〜一一頁。
(32) 前掲註(25)。
(33) 同前。
(34) 拙稿「戦国期斯波氏の基礎的考察」(本書第Ⅰ部付論)参照。
(35) 長谷川博史「尼子氏による他国への侵攻」(同『戦国大名尼子氏の研究』吉川弘文館、二〇〇〇年)九三頁。
(36) 前掲註(25)。
(37) 拙稿「足利一門再考」(本書第Ⅱ部第一章)参照。
(38) 岸浩編著『資料毛利氏八箇国御時代分限帳』(マツノ書店、一九八七年)二〇九頁。

(39) 同前。

(40) 久野健編『造像銘記集成』（東京堂出版、一九八〇年）五七二頁。

(41) 片山清「美濃国手力雄神社の石造狛犬」（『史迹と美術』三二一、一九六二年）二四～三〇頁。

(42) 『石をめぐる歴史と文化』（福井県立博物館、一九八九年）二六～二九頁。

(43) 前掲註(2)。

(44) 拙稿「関東足利氏の御一家（一）」（黒田基樹編著『足利氏満とその時代』戎光祥出版、二〇一四年）参照。

(45) 前掲註(13)。

(46) 同前。ただし、これには異論もあり、なお検討を要する。ちなみに、渋川庄は当時、東国禁裏御料所として見えている（『守光公記』永正九年〈一五一二〉閏四月二十一日条・同月二十三日条）。

(47) 『新修蕨市史』資料編一古代・中世（蕨市、一九九一年）五九九～六〇〇頁、丸山雍成「中世後期の武蔵国蕨城主渋川氏の軌跡」（同『封建制下の社会と交通』吉川弘文館、二〇〇一年）一〇七～一〇八頁。

(48) 佐藤博信「『里見家永正元亀中書札留抜書』」（『千葉大学人文研究』一七、一九八八年）一四八頁。

(49) 『新修蕨市史』通史編（蕨市、一九九五年）一九〇～一九一頁。

(50) 市村高男「古河公方の御料所についての一考察」（『古河市史研究』七、一九八二年）一三～三九頁、同「古河公方の権力基盤と領域支配」（『古河市史研究』一一、一九八六年）一九～四八頁、長塚孝「足利義氏政権に関する一考察」（『駒沢大学史学論集』一五、一九八五年）二五～三八頁、同「古河公方足利氏の古河支配権をめぐって」（『史報』八、一九八七年）二三～三五頁、黒田基樹「関東の戦乱と公方領国」（同『古河公方と北条氏』岩田書院、二〇一二年、初出二〇〇七年）五五～七六頁。

(51) 拙稿「武蔵吉良氏の歴史的位置」（本書第Ⅰ部第一章）参照。

(52) 佐藤博信「小弓公方足利氏と房総正木氏の関係について」（同『中世東国政治史論』塙書房、二〇〇六年、初出二〇〇四年）二九四頁。

(53) 佐藤博信「『義氏様御代之中御書案之書留』」（『古河市史研究』八、一九八三年）七五頁。

(54) 田中宏志「関東公方発給文書の書札礼についての再検討」（佐藤博信編『中世東国の社会と文化』岩田書院、二〇一六年）二〇三～二三六頁。

(55)　久野前掲註(40)書、五七三頁。
(56)　周東隆一「小俣城主渋川氏の系譜について」(『群馬文化』七八・七九、一九六五年)一四～一八頁、同「再び小俣渋川氏の系譜について」(『群馬文化』九〇、一九六七年)五～一三頁。
(57)　市村高男「内海論から見た中世の東国」(茨城県立歴史館編『中世東国の内海世界』高志書院、二〇〇七年)一九頁。
(58)　前掲註(49)書、一六七～一六八頁、前掲註(56)。
(59)　前掲註(44)。
(60)　前掲註(37)。
(61)　和氣俊行「『足利政氏書札礼』の歴史的性格をめぐって」(荒川善夫・佐藤博信・松本一夫編『中世下野の権力と社会』岩田書院、二〇〇九年)一〇七～一三八頁。

第五章　足利氏御一家考

はじめに

中世後期の日本には、京都将軍・関東公方をそれぞれの頂点とする東西二つの武家の礼的秩序が存在した。現在、その各階層についての研究が盛んに進められている。だが、そうした中にあって「足利氏御一家（足利御三家。以下、御一家と表記）」という存在についてはいまだ専論がなく、その実態は不明のままである。しかし、御一家とは中世後期の武家儀礼秩序において、足利氏（京都将軍家、関東公方家、およびその御連枝）に次ぐ権威を有した存在であったのであって、決して等閑視して済まされるような存在ではあり得ない。御一家に関する基礎的考察、および独自の位置と役割の解明が求められる所以である。

そこで、本章では、足利氏に次ぐ儀礼的地位にありながらも、これまでほとんど顧みられることのないまま埋もれ続けてきた御一家という存在を、東西両秩序の中にしっかりと位置付ける作業を行う。具体的には、まず、御一家を構成する人々の確定、地位の確認といった基礎的考察を行い（第一節）、次に、特定の人々が御一家として選ばれた理由を中世前期にまで遡って検討し（第二節）、最後に、御一家成立の時期と背景、および御一家の果たした独自の役割について検証する（第三節）。

第一節　御一家の基礎的考察

1　御一家と呼ばれた人々

まずは、御一家を構成する人々の確定作業からはじめる。なお、御一家は京都にも関東にも存在するので、以下、地域を分けて見ていくことにしたい。

まず、京都の方から確認すると、「御一家、吉良殿・渋川殿・石橋殿[1]」「御一族、吉良…石橋…渋川[2]」「御一そく《〔族〕》の御かた《〔方〕》、きら《〔吉良〕》殿・石はし《〔橋〕》殿・しぶ《〔渋〕》川殿[3]」「吉良…渋河…石橋…以上三家、号二下馬衆一[4]」など、京都においては基本的に一貫して吉良氏・石橋氏・渋川氏の三氏が御一家であったことが分かる[5]。なお、「吉良…石堂…渋河…石橋[6]」と、石塔氏が御一家と同列に記されることもあるが、御一家としての徴証は他に見出せず不明である[7]。

次に、関東の方を確認すると、「吉良殿・渋川殿…御一家へハ何も恐々謹言[8]」「御一家中ニモ吉良殿・渋河殿[9]」「於二関東一無二御盃一衆者、於二御一家一吉良・渋河両家計也、然於二今夜一松陰軒依二申請一、新田尚純始而此分也、然者於二関東一無二御盃一御一家、今者三人也[10]」など、やはり関東においても基本的に一貫して吉良氏・渋川氏が御一家であったことが分かる。石橋氏不在の関東においては、吉良氏・渋川氏の二氏が御一家とされたようである。ちなみに、ここに登場した新田岩松氏や山内上杉氏・後北条氏は、ある時点から「御一家化」した存在であるため、御一家と同列には扱えない[11]。なお、「一色…吉良・渋川・新田[12]」と、一色氏が御一家と同列に記されることもあるが、御一家としての徴証は他に見出せず不明である。

以上、御一家を構成する人々について検討した。結果として、御一家は基本的に一貫して、吉良氏・石橋氏・渋川氏の三氏に限られたことが窺えた。よって、以下では一時的・時限的に「御一家化」した存在、あるいは、「広義の御一家」とも仮称すべき存在は検討対象から外し、あくまで「堅い核」たる吉良氏・石橋氏・渋川氏の三氏のみを「（狭義の）御一家」として定義した上で、御一家に関する考察を進めていくことにしたい。[13]

2　御一家の地位

続けて、そのような御一家の東西両秩序上における儀礼的地位について確認する。御一家が高い地位にあったことは周知の事実であるが、ここでは管領家との比較を通して改めて確認する。

まず、京都の方から確認すると、「吉良殿・渋川殿・石橋殿、此御三人大概三職同事、乍レ去吉良殿御賞翫[14]」という記事に代表されるように、御一家は三職（三管領家）と同格で、御一家筆頭の吉良氏は別格であったことが分かる。そして、吉良氏が三職より上位にあったことは、「惣じて吉良殿の御事は、三職よりも猶公儀も御賞翫[15]」「於二御前一殿文字之事、御連枝幷吉良殿御事ハよくきこへ申候様に可レ申也、三職の御衆ハ申けすやうに申也[16]」などからも窺える。

次に、関東の方を確認すると、御一家は関東管領家（山内上杉氏・後北条氏）より上位にあったことが指摘されている。[17]

以上、御一家の地位について検討した。結果として、総じて御一家は管領家と同等以上の存在で、御一家筆頭の吉良氏はそれ以上であったことが窺えた。家格の面からすれば、中世後期の武家社会において吉良氏は足利氏に次ぐ地位にあったといえよう。

では、なぜ数多存在する足利一族の中で吉良氏・石橋氏・渋川氏の三氏は、これほどまでに特別な存在だったのか。

この点について、節を改めて見ていくことにしたい。

第二節　御一家の歴史的前提

1　「足利」と呼ばれた「兄」たち

まず注目されるのが、『見聞諸家紋』の「吉良、義氏之次男義継号㆓東条㆒、三男長氏号㆓西条㆒、渋河、泰氏之次男義顕之孫、石橋、泰氏之嫡流自㆓五世孫和義㆒号㆓石橋㆒」[18]という記事である。ちなみに、この『見聞諸家紋』は応仁末頃から文明初頃までの間に成立した書とされ[19]、当時の理解を知る上で貴重な史料である。記事は、御一家各氏の曩祖を足利義氏の次男・三男、および足利泰氏の長男・次男とするが、この点、彼らの共通点を探っていく上で重要な手掛かりになるものと思われる。よって、以下ではこの点を指標として中世前期にまで遡って、御一家三氏の起原を探究していくことにしたい（図3）。

まず、「義氏之次男義継」「（義氏之）三男長氏」をはじまりとする吉良氏の事例から見ていく[20]。足利義氏の子の義継・長氏であるが、義氏の子には他に足利惣領家を継承した泰氏もいた。ここでまず注目すべきは、泰氏と長氏とでは長氏の方が年長であったという事実である[21]。なお、長氏と義継とでは義継の方が年長であったということが窺える[22]。したがって、義継・長氏は泰氏の「兄」に当たると考えられる。ここでさらに注目すべきは、鎌倉期には兄弟間で呼称が異なるのが通例であったにも拘わらず[23]、長氏（義継は不明）は「吉良」ではなく「足利」と呼ばれていたという事実である[24]。これについてはすでに指摘があるが[25]、十三世紀から十四世紀前半にかけて確認できる長氏・義継とその子孫たちの呼称を、ひとまずまとめておこう（表3）。

次に、「泰氏之嫡流（家氏）」「泰氏之次男（兼氏＝顕氏＝義顕）」をはじまりとする石橋氏・渋川氏の事例を見ていく。家氏・兼氏が足利泰氏の長男・次男で、足利惣領家を継承した頼氏（利氏）の「兄」に当たることはすでに指摘がある。(26)だが、やはり注目すべきは、『吾妻鏡』や『瀧山寺縁起』から、家氏・兼氏も「石橋」「渋川」ではなく「足利」と呼ばれていたという事実である。

以上、中世前期の吉良氏・石橋氏・渋川氏について検討した。結果として、室町期には吉良氏・石橋氏・渋川氏へと分かれていくことになる御一家三氏は、足利惣領家の「兄」の流れに当たり(27)、鎌倉期には「足利」と呼ばれていたことが窺えた。なお、『吾妻鏡』を見ると、仁木氏や畠山氏などの足利一族は、遠くは惣領家の「兄」に当たりながらも、すでに「足利」とは呼ばれておらず、ここからも御一家三氏の特殊性が窺える。ただし、そうした中にあって御一家三氏以外に、明確に「足利」と呼ばれた人々が存在した。それが、「（足利）家氏次男」＝「足利（石橋）義利の弟」である宗家(28)をはじまりとする斯波氏であった(29)。

図3　足利一門関係系図（『尊卑分脈』より作成）

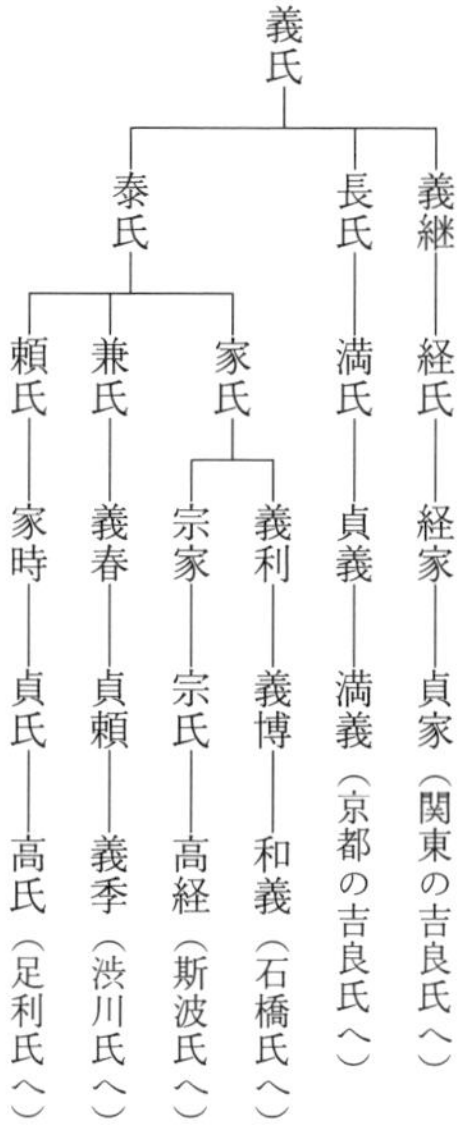

よって、以下では御一家三氏に比較検討のため斯波氏も加えた計四氏について、考察を行っていくことにしたい。では、当時、惣領家以外に「足利」と呼ばれた「兄」たちの庶子家は、どのような存在だったのか。この点について、鎌倉期足利氏・足利一門の動向を特に惣領家との関係という観点から迫っていきたい。

表3　13世紀〜14世紀前半の「足利」と呼ばれる吉良氏

年　月　日	西暦	人　　名	比定	出　　典
安貞 2.10.15	1228	足利五郎長氏	長氏	吾妻鑑
寛喜元. 9.17	1229	足利五郎長氏	長氏	吾妻鑑
寛喜元.12.10	1229	足利五郎長氏	長氏	吾妻鑑
嘉禎元. 6.29	1235	足利五郎長氏	長氏	吾妻鑑
嘉禎 3. 6.23	1237	足利五郎長氏	長氏	吾妻鑑
嘉禎 4. 2.28	1238	足利五郎長氏	長氏	吾妻鑑
嘉禎 4. 6. 5	1238	足利五郎長氏	長氏	吾妻鑑
建長 6.正. 1	1254	足利上総三郎満氏	満氏	吾妻鑑
建長 8.正.11	1256	足利上総三郎満氏	満氏	吾妻鑑
建長 8. 8.15	1256	足利上総三郎満氏	満氏	吾妻鑑
正嘉 2.正. 2	1258	足利上総三郎満氏	満氏	吾妻鑑
弘長元. 8.15	1261	足利上総三郎満氏	満氏	吾妻鑑
弘長 3. 8. 9	1263	足利上総三郎満氏	満氏	吾妻鑑
文永 8.12.	1271	足利源総州満氏	満氏	聖一国師年譜
文永11. 5. 3	1274	あしかゞの上総介源満氏	満氏	文机談
建治元.	1275	足利上総守	満氏	梵網戒本疏日珠鈔裏文書
弘安 8.11.17	1285	足利上総三郎	貞氏	鎌倉年代記裏書
元応元. 8. 3	1319	足利上総前司	貞義	宮城図
元亨 3.12.27	1323	足利上総前司	貞義	北条貞時十三年忌供養記
元弘元.	1331	足利上総三郎	満義	光明寺残篇
元弘元.	1331	足利宮内大輔	貞家	光明寺残篇
建武 2. 3. 5	1335	足利上総前司入道省観	貞義	雑訴決断所牒案
建武 2. 3.25	1335	足利上総入道省観	貞義	加賀国宣案
建武 2. 6.19	1335	足利上総入道	貞義	良信請文案
建武 3. 6.	1336	足利上総宮内大輔	貞家	本間有佐軍忠状
康永元. 9. 3〜	1342	足利上総入道	貞義	忽那一族軍忠次第
貞和元. 8.29	1345	吉良上総三郎	満貞	師守記
貞和 2. 5.18	1346	吉良	満義	源泰秀譲状案
貞和 3. 5.26	1347	吉良左京大夫	満義	師守記
貞和 3. 6. 8	1347	吉良左京大夫満義	満義	師守記
貞和 3. 7.	1347	吉良上総入道	貞義	東福寺領諸荘園文書目録
貞和 3.12.19	1347	吉良左京大夫満義	満義	建武三年以来記
貞和 4.11. 1	1348	吉良左京大夫	満義	恵鎮書状
貞和 5. 3.	1349	吉良	満義	源季有年貢結解状
貞和 5.閏6.2	1349	岐良左京大夫	満義	園太暦
観応元.正.13	1350	吉良三郎	満貞	祇園執行日記
観応元. 2.11	1350	吉良三郎	満貞	祇園執行日記
観応元. 4.12	1350	吉良三郎	満貞	祇園執行日記
観応元. 6.11	1350	吉良三郎	満貞	祇園執行日記
観応元.10.20	1350	木良	満貞	祇園執行日記
観応元.11.23	1350	吉良三郎	満貞	園太暦

註　『聖一国師年譜』（石山幸喜編著『聖一国師年譜』羽衣出版，2002 年，60 頁），『文机談』（岩佐美代子『文机談全注釈』笠間書院，2007 年，85 頁．細川重男・鈴木由美両氏ご教示），「梵網戒本疏日珠鈔裏文書」（佐藤進一『増訂鎌倉幕府守護制度の研究』東京大学出版会，1971 年，初出 1955 年，103～113 頁），『鎌倉年代記裏書』（『続史料大成』51，55 頁），『宮城図』（陽明文庫編『宮城図』思文閣出版，1996 年，48 頁），『北条貞時十三年忌供養記』（「円覚寺文書」『鎌倉市史』史料編 2，122 頁），『光明寺残篇』（『群書類従』25，481 頁），雑訴決断所牒案・加賀国宣案・良信請文案（「菊大路家文書」『石清水文書』6，495～497 頁），本間有佐軍忠状（「本間文書」『岐阜県史』史料編古代中世補遺，729 頁），忽那一族軍忠次第（「忽那家文書」『愛媛県史』資料編古代中世，558 頁），源泰秀譲状案・源季有年貢結解状（「夷本間文書」『新潟県史』資料編 5 中世 3 文書編 3，346～347 頁），東福寺領諸荘園文書目録（「東福寺文書」『大日本史料』6—11，142 頁），恵鎮書状（「宝戒寺文書」『大日本史料』6—12，59 頁）．その他は全て同日条．なお，『虎関紀年録』康永 2 年 2 月 16 日条（『大日本史料』6—7，565 頁）には「吉良左京兆源公」（吉良満義）とあるが，同書の成立は後代．ちなみに，吉良氏に関する出来事がこの表で網羅されているというわけではない．なお，忽那一族軍忠次第の年次比定や源泰秀譲状案・源季有年貢結解状の人名比定については拙稿「足利氏御一家補考三題」（『十六世紀史論叢』2，2013 年）参照．

2　足利惣領家と足利庶子家

ここからは、惣庶関係に注目しながら、鎌倉期足利氏・足利一門の動向を時系列に沿って眺めていく[30]。なお、庶子家は惣領家に比して研究が少ないので、ここでは少し丁寧に見ていくことにしたい。

鎌倉前期、足利氏・足利一門は義氏のもとで鎌倉幕府に出仕し、北条氏との血縁関係や協力関係を強化させて最盛期を迎えた。しかし、鎌倉中期になると惣領家には陰りが見えはじめてくる。まず、建長三年（一二五一）、泰氏が突如出家し幕政から姿を消す。その後、同六年には義氏が、弘長二年（一二六二）には頼氏が、相次いでこの世を去っていく。

こうした惣領家の衰微にかわって足利氏・足利一門の活動を担ったのが、庶子家であった。特に、足利（石橋・斯波）家氏の活動が顕著であったことは、すでに指摘されている通りである[31]。

ただし、足利（吉良）長氏の一流もまた活発に動いていることは、注目されてよい。とりわけ、惣領家泰氏の娘を妻とした満氏[32]が、建治元年（一二七五）の異国征伐計画の中で唯一の足利勢として登場したこと[33]や、妹を土御門顕方の妻とし[34]、文永八年（一二七一）に聖一国師を招聘して三河実相寺を建立するなど[35]、公家や寺家との間に独自の関係を構築したことは特筆に値しよう[36]。以上のように、石橋流・斯波流のみならず、吉良流もまた当時独自の大きな勢力を有していた。総じて、庶子家は惣領家に劣らない足利の有力者たちであった、と捉えられよう。

しかし、鎌倉後期になると、庶子家にも陰りが見えはじめてくる。まず、弘安七年（一二八四）、北条時宗が出家・死去したのと時を同じくして足利（吉良）満氏が出家した[37]。その直後には安達泰盛と深い関係を有した北条（佐介）時国が殺害され、惣領家家時が自殺するという事件が起こったが、これは霜月騒動の前哨戦と見做せるという[38]。そして、ここに登場した時国の妻こそが満氏の娘であったのであり[39]、果たして翌八年の霜月騒動では満氏の子の貞氏が誅戮された[40]。

その後、十三世紀末頃には足利氏・足利一門の公的動向は全体としてほぼ不明となるが、十四世紀初頃には再び史料上に見え出す。元亨三年（一三二三）の北条貞時の十三回忌では惣領家貞氏・足利（吉良）貞義・足利（斯波）高経が見え[41]、足利各家の回復が確認できる。また、幕府滅亡前夜には惣領家高氏の他、足利（吉良）満義・足利（吉良）貞家が反幕府軍討伐部隊の一員として見える[42]。

そして、元弘三年（一三三三）、高氏が幕府に叛逆するか否か逡巡した際、彼が最初に相談を持ち掛けた相手が足利（吉良）貞義であって、それに対する貞義の返答は「今までをそくこそ存候つれ、尤可二目出一」であった[43]。かくして足利氏・足利一門は叛逆を決行し、間もなく幕府は瓦解する。

以上、惣庶関係に注目しながら、鎌倉期足利氏・足利一門の動向について検討した。結果として、鎌倉期足利氏・足利一門全体の中で惣領家は筆頭ではあるが、絶対的優位には立っておらず、庶子家もまた大きな勢力を誇っており、彼らの存在は決して無視し得ないものがあったことが窺えた[44]。

では、惣領家以外に「足利」と呼ばれた「兄」たち有力庶子家は、その後いかなる運命を迎えたのか。この点について、次に検討しよう。

3 「足利」名字のゆくえ

ここからは、南北朝期足利氏・足利一門の動向を追っていく。まずは、「足利」名字をめぐる問題から見ていく。はじめに、この点について逸早く述べた、佐藤進一の見解を紹介しよう。「この（庶子家の、譜代の家来とは出自・血統を異にする家柄であるという）意識は、「当家も足利である以上、将軍になりうる資格がある。将軍足利氏を尊氏の系統に限る理由はない」という反逆思想にたやすく転化しうる。当然足利氏としては上位の一門のこういう意識を極力うちくだかなければならない。（中略）なお、（A）斯波・吉良両氏が足利と名のるのはこのころまでであって、その後はその形跡がないことも、（B）足利氏から禁ぜられた結果ではないかと思われる」(45)（アルファベット・括弧内引用者）。大変興味深い見解であろう。ただし、具体的な検証は行われていない。そこで、以下ではこの見解に対する検証を行いたい。

まず、（A）から検討する。先ほどの表3を見ると、吉良流は一三四〇年前後に「足利」から「吉良」へと名字を変化させたことが分かる。この点、石橋流・渋川流は史料的制約から検証が困難であるが、彼らも同時期、あるいは、その前後の時期にそれぞれ名字を変化させたもの、とひとまず考えておきたい。実際、十四世紀後半に成立した『太平記』を見ると、十四世紀後半には吉良氏・石橋氏・渋川氏は、すでに「足利」名字ではなくなっていることが確認できるのである。だが、同書からは、斯波氏（東国に下向した一派は除く）のみ十四世紀後半になっても依然「足利」名字が用いられるか、名字が示されないかのいずれかであったということも判明する。その後、彼らに広く「斯波」

名字が用いられはじめるのは、応永末頃という[46]（この点、後述）から、（A）は若干の修正を要しよう[47]。

次に、（B）を検討する。この見解が成立するには、中世の他の事例からも同様の事態が窺えるのか確認する必要がある。そこで、名字をめぐる政治の問題に関して、直接言及のある史料を左に掲げる。

〔史料一〕　足利義詮御判御教書写（「大友家文書録」『南北朝遺文』九州編四、一四三頁）

大友名字事、豊前々司能直以来為二惣領号一之処、庶子等自称之条甚無レ謂、早止二自由之儀一、宜レ任二先例一之状如レ件、

延文四年十月廿三日　　御判（足利義詮）

大友刑部大輔（氏時）殿

本史料は延文四年（一三五九）に足利義詮が大友氏時に与えたもので、その内容は「大友」名字は惣領に限るとして、庶子にその使用を禁止したものである。発給の経緯は詫磨・志賀・田原などの「大友」を名乗る有力庶子家に対する、惣領家の対応策だという[48]。ここからは、当時、名字をめぐる鋭い政治的対立が存在したことが分かる。このような事態は、豊後大友氏の他、常陸佐竹氏・下野小山氏・下野宇都宮氏など多数の家からも窺えるため[49]、中世において名字は即政治の問題へと転化し得ることが判明する。したがって、（B）は妥当と判断できる。

以上、「足利」名字をめぐる問題について検討した。結果として、一三四〇年前後に惣領家は庶子家に対して、「足利」名字の使用を禁止したことが窺えた。

では、なぜその時期にそうした禁止は実行されたのか。また、それは惣庶関係にいかなる局面をもたらしたのか。これらの点について、次に検討しよう。

4　絶対観念形成の果てに

ここでは、足利惣領家と足利庶子家との関係が、いかなる変容を遂げたのかについて見ていく。

まず、庶子家に対して「足利」名字の使用が禁じられた背景から確認しよう。この点、佐藤進一は「足利一門に対する将軍家の別格化」「足利絶対観念形成の一部」と断じている。[50]大変鋭い指摘といえ、この見解は多くの観点から支持されている。[51]

次に、庶子家に対する抑圧を、右に見たイデオロギー的行為以外からも検討しておこう。この点、庶子家は、暦応年間（一三三八～一三四二）以降、分国の喪失や軍事的活動の低下が顕著だということが指摘されている。[52]最後に、そうした惣領家（具体的には足利尊氏）の動きに対する、庶子家の反応を窺ってみよう。その点、「一門とくに上層の一門がこれに対して強い抵抗を示したであろう」[53]とは佐藤進一の推断するところであるが、その抵抗の手段こそが足利直義への接近であった。[54]

以上、足利惣領家と足利庶子家との関係の転回について検討した。結果として、足利尊氏による絶対観念形成の過程で生じた庶子家に対する「足利」名字の剝奪、および権力中枢からの冷遇的態度は、庶子家に足利直義への接近を促したことが窺えた。かくして観応の擾乱が勃発すると（それぞれ温度差を抱えつつも）、彼らは直義に与して参戦し、尊氏と対決の秋を迎えていくことになるのである。

これまで、「佐藤氏の呈示した見通しを実証的に細かく確認する」[55]作業を通して、御一家三氏（正確には斯波氏も含めた四氏）の来歴を問うてきた。彼らの共通点とは、①足利惣領家の「兄」の流れであること、鎌倉期、②惣領家以外に「足利」と呼ばれたこと、③足利の有力庶子家として独自の勢力を誇ったこと、以上の三点であった。その中で

②・③は南北朝期に大きく否定された。だが、①は否定されずに残った。そして、尊氏との対決を経て幕府に帰参した後も、あるいは重要な役割を与えられ、あるいは相互に姻戚関係を構築して巨大な勢力を形成するなど、彼らは決して没落することなく政治生命を維持した。[56] かくして足利氏（将軍家）の「兄」という血統、および政治生命を脈々とつなぎ続けた結果、「当家《(斯波氏)》ニ彼職ニ居スル事此ノ家ノ瑕瑾也」[57]といわれた管領を引き受け、「足利」名字の使用が許された斯波氏（先述）が足利氏に次ぐ地位を占めることとなった。だが、ある時期から、先述したように、三氏は一つの衆として御一家と呼ばれ、その筆頭の吉良氏は足利氏に次ぐ地位を占めることとなった。つまり、吉良・斯波両者の地位は逆転したのであった。

では、その「ある時期」、すなわち、御一家成立の時期とはいつか。また、その背景や役割とは何だったのか。これらの点について、節を改めて見ていくことにしたい。

第三節　御一家の歴史的意義

1　御一家の成立

まずは、御一家成立の時期から見ていく。

まず、京都の方から確認すると、御一家三氏の初見は、管見の限り、『師郷記』康正二年（一四五六）五月二十八日条「吉良・石橋・渋川三人」である。ここから、三氏を一つの衆とする視座が、十五世紀中葉には誕生していたことが分かる。また、この頃には特定の日の吉良氏の幕府への出仕も確認され、[58] 同氏が御一家という身分・家格として可視化・序列化されている様子も窺える。さらに、三氏が一つの衆として御一家と呼ばれ、吉良氏が足利氏に次ぐ家格として登場するのは、管見の限り、全て十五世紀中葉以降の史料である。以上から、御一家は十五世紀中葉には成立していたことが分かる。

では、その成立はいつ頃まで遡り得るか。この点、吉良氏が御一家と呼ばれはじめた時期、および吉良・斯波両者の地位逆転の時期に注目したい。まず、十四世紀後半には、①「足利」名字（先述）、②「当時諸人輙不レ付レ之也」(59)とされた「義」字使用（斯波氏は義将・義重、吉良氏は満貞・俊氏）、③極官（斯波氏は兵衛督・衛門督、吉良氏は兵衛佐）、④役職（斯波氏は管領、吉良氏は引付頭人）と、全ての点で斯波氏は吉良氏より上位にあった。だが、十五世紀前半の応永末頃には、①斯波氏の「斯波」名字開始（先述）、②吉良氏も「義」字使用開始（義尚・義真）、③応永二十五年（一四一八）の斯波義重没後、両者は左兵衛佐で並立、④引付停止で吉良氏は役職から自由になるなど、両者の地位はほぼ拮抗する。(60)ただし、足利氏家督の継承者候補という点で、斯波氏は依然上位と見做された（後述）。しかし、永享年間から嘉吉初頃には、①嘉吉元年（一四四一）、吉良氏が「御一族」(61)として登場（「足利御三家」を意味するかと思われるものとして、管見の限り、初見）、②永享五年（一四三三）、斯波氏が「義」字使用をめぐり動揺(62)、嘉吉元年、③「故義重卿斯波之外無レ例」(63)とされた三位を吉良氏が申請、④「吉良・管領・山名已下定可レ申歟」(64)と吉良氏が管領より先に記されるなど、御一家と呼ばれた吉良氏は斯波氏・管領を凌駕し得るに至った。(65)

以上から、御一家の成立は永享頃まで遡らせてよかろう。(66)なお、御一家成立の背景であるが、永享頃（足利義教の時代）は身分や役割に基づく「衆」として「御相伴衆」「外様衆」などが成立し、儀礼的秩序の整備拡充が進んだ時期とされる。(67)したがって、「御一家（衆）」の成立も同じ文脈から捉えられる。ただし、御一家の成立が、「奉公衆」の成立した足利義満の時代(68)（儀礼的秩序の形成期）や「御供衆」の成立した足利義政の時代(69)（儀礼的秩序の確立期）ではなく、なぜ「永享」頃だったのかという疑問は依然残る。この点、御一家の役割を踏まえた上で後述したい。

次に、関東の方を確認すると、御一家二氏の初見は、管見の限り、『鎌倉年中行事』である。この『鎌倉年中行事』は応永後半の状況に関する記録や伝承をもとに、その前後の状況も併せて享徳年間（一四五二〜一四五五）に成立した書とされる。[70]この点、関東の御一家の成立が京都に先駆けていたとは考え難く、関東は永享頃（足利持氏の時代）に京都の政体を模倣して三管領を創出したという指摘があること[71]なども勘案すれば、関東の御一家の成立も永享頃と考えてよかろう。

以上、御一家の成立について検討した。結果として、永享頃に御一家が成立したことが窺えた。では、御一家の役割とは何だったのか。この点について、次に検討しよう。

2　御一家の役割

ここでは、御一家の果たした独自の役割について検討する。なお、検討に当たっては、応永末頃以前には足利氏に次ぐ地位にあった斯波氏も含めることとする。

まず、十五世紀前半（応永末頃）の京都の事例から見る。まだ御一家が成立しておらず、斯波氏の「血」が足利氏のそれに次いで尊貴なものであった頃の話であるが、応永三十二年に、五代将軍足利義量が死んだ。すると、幕府は「室町殿於レ于レ今無二一子一、将軍人体忽欠如」[72]という事態に陥り、俄に後継者問題が発生した。義量の父足利義持は新たな男子の誕生を願い[73]、関東足利氏の足利持氏は「室町殿無二御息一之間、為二御猶子一令二上洛一可レ致二奉公一」[74]と、父祖の果たせなかった京都将軍への夢を抱いた。そうした中で、伏見宮貞成親王は「正月中種々怪異風聞巷説、雖レ難二信用一、聊記レ之」として、以下のような世にも奇妙かつ頗る興味深い記録を残した。

〔史料二〕『看聞御記』応永三十二年二月二十八日条（アルファベット引用者）

（A）正月一日、早朝大雨雷鳴、其時分勘解由小路武衛（斯波義淳）前管領屋形棟上ニ甲降下、銘将軍ト書云々此事大ニ不審、定虚説歟、武衛堅隠密云々

（B）其後月日不レ聞、甲斐宿所へ僧一人、太刀持参申云、八幡参籠之時、此太刀是へ可二持参一之由蒙二霊夢一了、夢覚太刀現形不思議之間、持参之由申、甲斐若党比興イタカ之由申、太刀不二請取一追返了、然而不思儀之間、又彼僧召返、太刀ヲ請取、事子細猶欲二相尋一之処、カキ消之様逐電、如何ニ尋とも行方不レ知、件太刀武衛先祖七条入道（斯波高経）太刀也、八幡ニ奉納太刀也云々、此事実説云々、猶不審々々、

（A）からは、十五世紀前半の京都で人々が、将軍の後継者に斯波氏を思い浮かべた様子が窺える。また、（B）には、斯波義淳の曾祖父の足利（斯波）高経と太刀の話が見えるが、これは、「末々の源氏等の持へき物にあらす」[75]として、高経が足利尊氏と競ったと伝わる太刀の話を前提としているのではないか。だとすれば、（B）も斯波氏が源氏の嫡流に相応しいことを暗示する話と読める。[76]

次に、十六世紀中葉（御一家が成立し、吉良氏が足利氏に次ぐ地位を占めた時代）の関東の事例を見る。関東では、当時、関東管領の後北条氏が公方に足利氏（古河公方）を擁立する「公方―管領体制」のもと、関東支配を進めていた。だが、一時期、後北条氏は足利氏と敵対する状況に陥り、公方として掲げるべき足利氏を失った。まさにその時期、同氏は足利氏の代替として吉良氏を臨時的に公方に擁立したと見られるということは、別稿で指摘した通りである。[77]

以上、御一家（および斯波氏）の果たした役割について検討した。結果として、彼らが足利氏の後継・代替として認識され得たことが窺えた。従来、「幕政上における役割は判然としない」[78]といわれてきた御一家だが、その役割は、足利氏が断絶した場合、足利氏に次ぐ貴種としてその家督を継承することにあったのではないか。[79]

そのような家はその家督継承も注目されたようで、十六世紀中葉の東海では「吉良殿御一家」[80]の今川氏（駿河今川

氏）が「縦雖レ成二御家督之競望一、不レ可レ及二他之褒貶一候哉、新御堂殿（吉良長氏）十一代末孫、国氏（今川）一流之外、此儀更不レ可レ有二異論一歟」[81]と、吉良氏家督の継承を主張している。このときにはそれは「雖レ然聊於二非儀一者、義元（今川）不レ可レ及二其企一」と、実現はしなかったものの、同時期の関東では今川氏（遠江今川氏）が吉良氏家督を現実に継承した。このような事例を目の当たりにすると、『今川記』に見える「室町殿の御子孫たへなは吉良につかせ、吉良もたへは今川につかせよ」[82]という言葉の実態も、実際に中世に存在したのではないか、とさえ思われてくる。

では、このように御一家を「足利氏の血のスペア」と認めた場合、先ほどの問題（永享頃に京都の御一家は成立したのはなぜか）はいかに解決されるのか。この点について、最後に検討しよう。

まず、先の問題は、以下のように言い換え得る。すなわち、永享頃に京都足利氏が「血のスペア」を必要としたのはなぜか、と。そこで、当時の同氏の状況を確認してみると、果たしてその直前の応永末頃には、先述したように、足利義量が夭折して「御代可レ尽」「将軍代欲レ尽、諸神已捨給了」[83]との噂が流れ、その上、父の足利義持が他に子を残さないまま死去するなど、同氏は直系断絶を迎えていたことに気付くのである。このときは「幸ニ」[84]僧となっていた義持の弟（御連枝）がいた。だが、不幸にも御連枝がいない場合はどうするのか。かくしてそのような危機に備えるべく、「血のスペア」が設立されたのではないか、ひとまずそのように考えておきたい。

そして、そのような御一家の誕生はある人々に、少なからぬ影響を与えることとなった。その一人が斯波氏、もう一人が関東足利氏である。先述したように、両者は京都将軍・足利氏家督の継承者候補と目されていた[85]。だが、両者は京都足利氏の御連枝からの新将軍の嗣立、および京都足利氏の御一家の成立によって、前者は足利氏に次ぐ地位を吉良氏に奪われ、後者は継承者候補から外されることになったのであった。だとすれば、京都の御一家の創設には両者を足利氏家督・京都将軍の座から遠ざける意図も含まれていたのではないか[86]。ゆえに関東足利氏も御一家を創出して、京都側に対抗したのではないか。永享年間に関東足利氏（足利持氏）が、京都足利氏（足利義教）を「呪詛怨敵」[87]とまで言い切ったのも、以上のような経緯も含まれてのことだったのかもしれない。[88]

おわりに

以上、御一家に関する基礎的考察を踏まえて、その歴史的前提、および歴史的意義について検討した。以下、結論をまとめておこう。

第一節では、御一家とは吉良氏・石橋氏・渋川氏の三氏に限られ、その地位は管領と同等以上であったことを見た。続く第二節では、上記の三氏のみが別格たり得た背景を、彼らが足利氏の「兄」の流れに当たり、鎌倉期には惣領家以外に「足利」と呼ばれた有力な庶子家であった点に求めた。だが、南北朝期には「足利」名字と権力の自立性は、足利尊氏による絶対観念形成過程で否定されたことを見た。最後の第三節では、しかし、将軍家の「兄」の血統と政治生命を維持した彼らは、永享頃に御一家として位置付けられ、「足利氏の血のスペア」という役割を担ったことなどを見通した。

もとより粗描に過ぎないが、ひとまず本章を閉じる。

註

（1）『常徳院殿様江州御動座当時在陣衆着到』（『群書類従』二九、一八二頁）。
（2）『慈照院殿年中行事』（『日本庶民生活史料集成』二三、七五二頁）。
（3）『北条幻庵覚書』（『世田谷区史料』二、一三九頁）。
（4）『見聞諸家紋』（『群書類従』二三、四〇九頁）。『見聞諸家紋』については岩瀬文庫本や宮内庁書陵部本（新人物往来社、一九七六年）なども参照した。

（5）御一家は「御一族」「下馬衆」とも呼ばれたが、本章では御一家と表記する。なお、『幕府番帳案』は渋川氏を「諸大名御相伴衆」（『蜷川家文書』一、六五・八四頁）とするが、これには御一家の記載がなく、同氏は他では全て御一家として見えるので、誤記であろう。また、『室町幕府重職注文』は「公方様の御一家、記〔吉〕良殿・大澤〔崎カ〕殿・石橋殿」（『蜷川家文書』四、二五六頁）、『奥州余目記録』は「御一家三人、吉良殿・吉見殿・今河殿」（『仙台市史』資料編一古代中世、二四九頁）、『三議一統大双紙』は「一家…吉良・志〔斯〕波・畠山」（『続群書類従』二四上、二三六頁）とするが、今川氏は「吉良氏御一家」（後述）、大崎氏・吉見氏・斯波氏・畠山氏は「足利一門」である。この点、拙稿「足利一門再考」（本書第Ⅱ部第一章）、および「今川氏と『足利一門』『吉良一門』」（大石泰史編『今川氏年表』高志書院、二〇一七年）参照。

（6）今谷明「『東山殿時代大名外様附』について」（同『室町幕府解体過程の研究』岩波書店、一九八五年、初出一九八〇年）三一六頁。

（7）ちなみに、「三職」の他、土岐氏・六角氏・伊勢仁木氏・四条上杉氏なども御一家と同列に記されることがあるが、彼らは「国持衆」「外様衆」であり、御一家ではない。

（8）『足利政氏書札礼』（「喜連川文書四」『戦国遺文』古河公方編、一三一～一三二頁）。

（9）『鎌倉年中行事』（『日本庶民生活史料集成』二三、七八三頁）。

（10）『松陰私語』（『群馬県史』資料編五、八三五頁）。

（11）しかも、山内上杉氏の「御一家化」は足利御連枝の入嗣時に限られたといい（和氣俊行「山内上杉顕実・憲寛の関東管領職継承をめぐって」戦国史研究会発表レジュメ、二〇一〇年）、山内上杉氏・後北条氏は書札礼で吉良氏・渋川氏より下位にあった（田中宏志「関東公方発給文書の書札礼についての再検討」佐藤博信編『中世東国の社会と文化』岩田書院、二〇一六年、二〇三～二三六頁）。

（12）佐藤博信「『義氏様御代之中御書案之書留』」（『古河市史研究』八、一九八三年）七五頁。

（13）畠山氏・桃井氏・今川氏・斯波氏・石塔氏・一色氏・上野氏・小俣氏・加子氏・新田氏・山名氏・里見氏・仁木氏・細川氏・大館氏・大井田氏・大島氏・竹林氏・牛沢氏・鳥山氏・堀口氏・一井氏・得川氏・世良田氏・江田氏・荒川氏・田中氏・戸賀崎氏・岩松氏・吉見氏なども足利一族とされた。関東の「其外」（前掲註（9））の御一家とはこのような人々を指す。ただし、彼らは書札礼で吉良氏・石橋氏・渋川氏より下位にあった（後述）。同じ足利一族でも、身分は異なる。したがって、血縁としての足利一族（多数）を「広義の御一家」、身分としての御一家（衆）（三氏）を「（狭義の）御一家」と定義する（この点、黒田基樹「上野由良氏の発展と展開」同『戦国期東国の大名と国衆』岩田書院、二〇〇一年、初出一九九六年、二七六〜二七七頁も参照）。これについては拙稿「足利一門再考」（本書第Ⅱ部第一章）で本格的に検討した。

(14) 足利義政代幕府重職注文（『島津家文書』三、三六頁）。

(15) 『家中竹馬記』（『群書類従』二三、二三九頁）。

(16) 『伊勢貞助雑記』（『続群書類従』二四下、八三〜八四頁）。『殿中申次記』（『群書類従』二二、二七三頁）も同様。

(17) 田中前掲註(11)論文。なお、路次で出会った場合、管領は奉公衆相手に下馬するが、御一家は奉公衆相手に下馬しない（『鎌倉年中行事』『日本庶民生活史料集成』二三、七八二頁）。

(18) 『群書類従』二三、四〇九頁。

(19) 小泉宜右「『見聞諸家紋』について」（岩橋小弥太博士頌寿記念会編『日本史籍論集』下、吉川弘文館、一九六九年）三一六頁。

(20) なお、「義氏之次男義継号二東条一」とは関東の吉良氏（奥州・武蔵吉良氏）か、京都の吉良氏の庶流（三河東条吉良氏）か決し難い。関東吉良氏は「東条」ではなく、東条吉良氏は「義継」からはじまるわけではないからである。本章ではひとまず前者と見做しておく。

(21) 『近代足利市史』一（足利市、一九七七年）一六〇〜一六一頁、小谷俊彦「鎌倉期足利氏の族的関係について」（『史学』五〇、一九八〇年）一六二頁。なお、『今川記』も「泰氏惣領を継き嫡流の家督なり、長氏は兄なから庶家になりて」（『続群書類従』二一上、二二二頁）とする。

(22) 『尊卑分脈』三、二六三〜二六四頁。義継は四郎、長氏は五郎である。

(23) 加藤晃「日本の姓氏」（井上光貞・西嶋定生・甘粕健・武田幸男編『東アジアにおける社会と習俗』学生社、一九八四年）一一三頁。

(24) なお、義継は『瀧山寺縁起』には「号二ス長瀬四郎殿ト一」（「瀧山寺文書」『新編岡崎市史』六、八六九頁）とあるが、彼の子孫は「足利」と呼ばれている（表3）ので、義継の一流も「足利」と呼ばれていたものと考える。

(25) 佐藤進一『南北朝の動乱』（中央公論社、一九六五年）三四一〜三四二頁。

(26)『近代足利市史』一（足利市、一九七七年）、一六〇〜一六一頁、小谷前掲註(21)論文、一六二頁。なお、「兄」の流れ（「兄のなかれ」）の重要性については『難太平記』に詳しい。

(27)中でも吉良氏が別格だったのは、同氏が最も「兄」だったことによるか。なお、石橋氏と渋川氏の序列は「未落居」（山口県立山口図書館所蔵『大和家蔵書』、木下聡「史料紹介　「大和家蔵書」所収「大館伊予守尚氏入道常興筆記」」『東京大学日本史学研究室紀要』二二、二〇一八年、三九一頁）とされた。ちなみに、「兄」にも拘わらず彼らが庶子家となったのは、母親の出自によるとされる（小川信『足利一門守護発展史の研究』吉川弘文館、一九八〇年、三六二・三七〇頁）。

(28)『見聞諸家紋』（『群書類従』二三、四一〇頁）、『尊卑分脈』三、二五七〜二五八頁。

(29)関東下知状案（「朽木文書」『鎌倉遺文』四一、一二七〜一二九・一四四〜一四五頁）、『北条貞時十三年忌供養記』（「円覚寺文書」『鎌倉市史』史料編二、一二四頁）。

(30)惣領家については多数の研究があるが、主に『近代足利市史』一（足利市、一九七七年）、一五六〜一八三頁、小谷前掲註(21)論文、一五五〜一七二頁による。

(31)小川前掲註(27)書、三六四〜三六六頁。

(32)『尊卑分脈』三、二六三頁。

(33)佐藤進一『増訂鎌倉幕府守護制度の研究』（東京大学出版会、一九七一年、初出一九五五年）一〇三〜一一三頁、村井章介「蒙古襲来と鎮西探題の成立」（同『アジアのなかの中世日本』校倉書房、一九八八年、初出一九七八年）一九〇〜一九九頁。

(34)『尊卑分脈』三、二六五頁、飛鳥井雅縁譲状（東京大学史料編纂所編『室町武家関係文芸集』八木書店、二〇〇八年、一八頁）。

(35)石山幸喜編著『聖一国師年譜』（羽衣出版、二〇〇二年）六〇頁。

(36)十四世紀前半には清拙正澄・天境霊致と関係を結び（『無規矩』『五山文学新集』三、一八一頁）、鎌倉で頼円に『宮城図』を書写させている（陽明文庫編『宮城図』思文閣出版、一九九六年、四八頁）。

(37)『尊卑分脈』三、二六四頁。

(38)細川重男「北条氏の家格秩序」（同『鎌倉政権得宗専制論』吉川弘文館、二〇〇〇年）四九〜五〇頁、本郷和人「霜月騒動再考」（『史学雑誌』一一二―一二、二〇〇三年）二六〜二七頁。

(39)『尊卑分脈』三、二六五頁。

(40)『鎌倉年代記裏書』(『続史料大成』五一、五五頁)。貞氏は貞義の兄と見られる(吉井功兒「改定鎌倉後期の足利氏家督」同『中世政治史残篇』トーキ、二〇〇〇年、初出一九九一年、二〇〜二一頁)。

(41)『北条貞時十三年忌供養記』(「円覚寺文書」『鎌倉市史』史料編二、一一九・一二三・一二四頁)。

(42)『光明寺残篇』(『群書類従』二五、四八一頁)。

(43)国立公文書館所蔵内閣文庫本『難太平記』。

(44)なお、渋川流も文永九年(一二七二)に義春が二月騒動との関連からか佐渡に配流され(『尊卑分脈』三、二五九頁)、十四世紀前半には多数の武士を独自に組織する(福田豊彦「室町幕府の御家人と御家人制」同『室町幕府と国人一揆』吉川弘文館、一九九五年、初出一九八一年、一四九頁)など大きな勢力を誇っていた。

(45)前掲註(25)書、三四一〜三四二頁。

(46)遠藤巌は応永二十九年(一四二二)(「斯波氏」今谷明・藤枝文忠編『室町幕府守護職家事典』下、新人物往来社、一九八八年、三八頁)、吉井功兒は翌三十年(「遠江国守護沿革小稿」『駿河の今川氏』八、一九八五年、三六〜三七頁)を指摘する。この点、木下聡「斯波氏の動向と系譜」(同編著『管領斯波氏』戎光祥出版、二〇一五年)一二頁も参照。

(47)なお、佐藤進一は「斯波・吉良・畠山などが前代から幕府開創期にかけて足利を称しているのに、間もなくそう称しなくなる」(「室町幕府論」同『日本中世史論集』岩波書店、一九九〇年、初出一九六三年、一六四頁)ともするが、先述したように、畠山氏は鎌倉期、「畠山」と呼ばれた。

(48)外山幹夫「守護大名前期の大友氏」(同『大名領国形成過程の研究』雄山閣出版、一九八三年)一五〇〜一五六頁。

(49)豊田武「苗字の歴史」(同『豊田武著作集』六、吉川弘文館、一九八二年、初出一九七一年)四七二〜四八二頁、市村高男「戦国期常陸佐竹氏の領域支配とその特質」(同『戦国期東国の都市と権力』思文閣出版、一九九四年、初出一九七九年)一五七〜一五八頁、佐藤博信「室町・戦国期の下野小山氏に関する一考察」(同編『中世東国の政治構造』岩田書院、二〇〇七年)一六〇頁、松本一夫「鎌倉末〜室町期の宇都宮一族」(同『下野中世史の世界』岩田書院、二〇一〇年、初出二〇〇九年)一四二〜一四五頁。

(50)前掲註(47)論文、一五二頁。

(51)川合康「武家の天皇観」(同『鎌倉幕府成立史の研究』校倉書房、二〇〇四年、初出一九九五年)二六二〜二六六頁、市沢哲「南北朝内乱期における天皇と諸勢力」(同『日本中世公家政治史の研究』校倉書房、二〇一一年、初出一九九六年)三〇三〜三〇

四頁、同「『梅松論』における建武三年足利尊氏西走の位置」（『神戸大学史学年報』一六、二〇〇一年）一一〇～一一一頁、同「『難太平記』二つの歴史的射程」（同前掲書、初出二〇〇二年）三一六～三三三頁、本郷和人「『源威集』を読む」（『茨城県史研究』八〇、一九九八年）三九～四六頁、豊永聡美「後光厳天皇と音楽」（同『中世の天皇と音楽』吉川弘文館、二〇〇六年、初出一九九八年）一四〇～一四一頁、石橋一展「室町前期の東国における内乱の再検討」（『千葉史学』四七、二〇〇五年）二九頁、山田貴司「南北朝期における足利氏への贈位・贈官」（同『中世後期武家官位論』戎光祥出版、二〇一五年、初出二〇〇七年）九二～一〇一頁。この点、山家浩樹『足利尊氏と足利直義』（山川出版社、二〇一八年）も参照。

(52)　小川前掲註(27)書、九～一〇・三九〇～三九二頁、北原正夫「室町期三河吉良氏の一研究」（『歴史研究』二七・二八合併号、一九八三年）三四頁。なお、渋川氏は中先代の乱に伴う義季の戦死以後、活動自体がほぼ見られない（拙稿「中世後期における御一家渋川氏の動向」〈本書第Ⅰ部第四章〉参照）。

(53)　前掲註(50)。

(54)　小川前掲註(27)書、九～一〇・三九〇～三九二頁、北原前掲註(52)論文、三四頁、井原今朝男「公家史料にみる外記・官史の宣旨発給と吉良満義の信州発向」（同『室町廷臣社会論』塙書房、二〇一四年、初出二〇〇九年）四七五～四八五頁。ただし、井原論文の内容については、なお検討を要する。

(55)　今谷前掲註(6)書、九頁。

(56)　拙稿「室町期在京領主吉良氏と遠江国浜松庄」（『日本研究』五四、二〇一七年）参照。

(57)　『塵添壒嚢鈔』（『大日本史料』六―二四、三四七頁）。同書は十六世紀の成立だが、佐藤進一はこの「ことばに見られるような家門意識をもっていたことは、じゅうぶん想像することができる」（同前掲註(25)書、三四一頁）とする。なお、応永二十七年（一四二〇）に訪日した宋希璟も「武衛《(斯波氏)》其王《(足利氏)》之次人」と、当該期の斯波氏を足利氏に次ぐ存在と見ていたようである（村井章介校注『老松堂日本行録』岩波書店、一九八七年、二一六頁）。また、『門葉記』（冥道供五）も斯波氏を「家僕之専一、管領之器用」としている。

(58)　『高倉永豊卿記』寛正三年十二月二日条、『蔭涼軒日録』同四年閏六月二日・同五年三月二日・文正元年三月一日・同年六月二日条など。

(59)　『薩戒記』応永三十二年十一月二十日条。

(60) 吉良義尚は応永二十二年（一四一五）から同三十四年までの間に花押を改めたが、これも一連の動きと関係するか。

(61) 『建内記』嘉吉元年六月二十三日条。

(62) 『満済准后日記』永享五年十一月三十日条。この頃、同氏は武家儀礼秩序上での特権的地位を失うという（小久保嘉紀「斯波氏と室町幕府儀礼秩序」『愛知県史研究』一四、二〇一〇年、六～七頁）。

(63) 『薩戒記』嘉吉元年八月三日条。木下聡氏ご教示。

(64) 『建内記』嘉吉元年十二月二十七日条。なお、本史料から吉良氏を将軍代理と見る説もある（北原前掲註(52)論文、三九～四〇頁）が、ここからそれがいえるか、なお検討を要する。

(65) ただし、両者の地位はその後も微妙な問題であり続けたようで、元服の様体は斯波氏だけが特別で「吉良殿・石橋殿なども如レ此ハなし」（『雑事覚悟事』『ビブリア』四六、二八五頁）とされ、また、斯波氏は、しばしば「将軍の御名代を御さた候上ハとて、吉良殿・石橋殿・渋川殿なとの下をハ御さた候ましき」、御一家の「下ニ出仕等之儀不レ可レ有レ之」（『大和家蔵書』、木下聡「史料紹介「大和家蔵書」所収「大館陸奥守晴光筆記」・「安富勘解由左衛門尉筆記」」『東京大学日本史学研究室紀要』二三、二〇一九年、七八頁）などと吉良氏に対抗し、戦国期に会見した際には「一方には武衛様、一方には吉良殿、床木に腰をかけ、御位のあらそい」（奥野高廣・岩沢愿彦校注『信長公記』角川書店、一九六九年、七一頁）をしたという。

(66) ただし、御一家体制の確立は十五世紀中葉かと思われる。

(67) 福田豊彦「室町幕府の奉公衆（一）」（同前掲註(44)書、初出一九七一年）四〇頁、二木謙一「室町幕府御相伴衆」（同『中世武家儀礼の研究』吉川弘文館、一九八五年、初出一九七九年）三〇五～三〇八頁、木下聡「室町幕府外様衆の基礎的研究」（同『室町幕府の外様衆と奉公衆』同成社、二〇一八年、初出二〇一一年）一〇五～一〇六頁、西島太郎「室町幕府奉公方と将軍家」（『日本史研究』五八三、二〇一一年）四二頁。

(68) 家永遵嗣「室町幕府奉公衆体制と『室町殿家司』」（同『室町幕府将軍権力の研究』東京大学日本史学研究室、一九九五年、初出一九九〇年）一六一～一六四頁、森幸夫「室町幕府奉公衆の成立時期について」（同『中世の武家官僚と奉行人』同成社、二〇一六年、初出一九九三年）二一八頁、山田徹「室町領主社会の形成と武家勢力」（『ヒストリア』二二三、二〇一〇年）一二五頁、木下聡「室町幕府奉公衆の成立と変遷」（同前掲註(67)書）一三五頁。

(69) 二木謙一「室町幕府御供衆」（同前掲註(67)書、初出一九八三年）三三三頁。

(70) 佐藤博信「『殿中以下年中行事』に関する一考察」（同『中世東国足利・北条氏の研究』岩田書院、二〇〇六年、初出一九七二年）八〜一一頁、田辺久子「年中行事にみる鎌倉府」（『神奈川県史研究』四九、一九八二年）二頁、二木謙一「『鎌倉年中行事』にみる鎌倉府の儀礼」（同『武家儀礼格式の研究』吉川弘文館、二〇〇三年、初出二〇〇二年）一九四〜一九五頁、長塚孝「『鎌倉年中行事』と海老名季高」（『鎌倉』一〇八、二〇〇九年）四頁、木下聡「鎌倉府の年中行事」（黒田基樹編著『足利満兼とその時代』戎光祥出版、二〇一五年）一八六〜一八七・二〇三〜二〇四頁。
(71) 木下聡「衛門・兵衛督」（同『中世武家官位の研究』吉川弘文館、二〇一一年、初出二〇〇六年）六一〜六二頁。
(72) 『看聞御記』応永三十二年二月二十八日条。
(73) 伊藤喜良『足利義持』（吉川弘文館、二〇〇八年）一五七〜一六二頁。
(74) 『看聞御記』応永三十二年十一月三十日条。この頃には花押も改め、「有二叛逆之企一」（『看聞御記』同年閏六月十七日条）とまでいわれた。
(75) 長谷川端・加美宏・大森北義・長坂成行編『神宮徴古館本太平記』（和泉書院、一九九四年）九六三頁。
(76) この点、「斯波氏筆頭被官たる甲斐氏が斯波氏の地位を継承する」（河村昭一「管領斯波義淳の就任・上表をめぐって」『兵庫教育大学研究紀要』一八、一九九八年、七七頁）との解釈や、「天下の軍事指揮権を八幡大菩薩が斯波氏に委ねた」（西山克「媒介者たちの中世」中世都市研究会編『都市と職能民』新人物往来社、二〇〇一年、一〇四〜一〇五頁、同「怪異学研究序説」『関西学院史学』二九、二〇〇二年、五四〜五七頁、同「再論・室町将軍の死と怪異」『人文論究』五九—四、二〇一〇年、三〇〜三六頁）との解釈もある。
(77) 拙稿「武蔵吉良氏の歴史的位置」（本書第Ⅰ部第一章）参照。
(78) 新行紀一・北原正夫「吉良氏」（今谷明・藤枝文忠編『室町幕府守護職家事典』上、新人物往来社、一九八八年）四二七頁。
(79) 他氏の御一家も同様の存在であったこと（千葉氏御一家は「当主の家督を継承することができる分身にあたる存在」〈黒田基樹「戦国期の千葉氏御一家」『千葉いまむかし』二四、二〇一一年、三九頁〉とされ、赤松氏御一家は赤松氏家督を継承した〈赤松氏御一家については渡邊大門「赤松上野家と美作国弓削荘」同『戦国・織豊期赤松氏の権力構造』岩田書院、二〇一四年、初出二〇一二年、一三九〜一七〇頁〉、足利氏御一家は足利御連枝に准じる立場であったこと（「御連枝幷吉良殿」〈『伊勢貞助雑記』『続群書類従』二四下、八三〜八四頁〉・「総而吉良殿・石橋殿御兄弟者御連枝同事也」〈『蔭凉軒日録』延徳二年十月二十日条〉）などはその傍証となろうか。なお、前掲註(65)の斯波氏の主張に対する御一家の反論「有二子細一為レ家間、上をさたあるへき」（『大和家蔵書』、木下前掲註(65)論文、七八頁）とはこのことを指すか。ちなみに、『大和家蔵書』には、人々は斯波氏らよりも吉良氏らを上と見たとある（「猶以三職よりハ、吉良殿・石橋殿・渋川殿をは一段敬被レ申由候」）。

(80)『文安年中御番帳』（『群書類従』二九、一七四頁）。

(81)駿遠軍中衆矢文写（「島原松平文庫所蔵士林証文」『戦国遺文』今川氏編二、四九〜五〇頁）。偽文書といわれる本史料に検討を加えた小林輝久彦は「当文書が偽文書ではなく、資料の極端に少ない戦国期の吉良氏の動向を探る好古《ママ》の古文書であるという結論を得た」（「駿遠軍中衆矢文写について」『静岡県地域史研究会報』一三〇、二〇〇二年、二頁）とする。

(82)『続群書類従』二一上、二四二頁。同様の記述は『甲陽軍鑑』にも見える（酒井憲二編著『甲陽軍鑑大成』一本文篇上、汲古書院、一九九四年、二三四・四九二頁）。

(83)『看聞御記』応永三十二年二月二十八日条。

(84)『満済准后日記』応永三十五年正月十七日条。

(85)義持没後、持氏には「自二仙洞一関東へ征夷将軍院宣被二成遣一」（『満済准后日記』正長元年十月十六日条）との噂も流れ、「可二上洛一之由被二相企一」（『建内記』同年五月二十五日条）とまでいわれた。

(86)この点、『奥州余目記録』に「武衛日本二番の御人ニてわたらせ給ふ程ニ、将軍の望御座有へく候とて、畠山徳本《持国》のさたヲもつて、前々ニ畠山殿・細川殿両官領職ニ御座候を、三職にかうし、武衛を官領ニス、さて将軍の御のそみ御座なく候也」（『仙台市史』資料編一古代中世、二三六〜二三七頁）とあるのは事実関係の誤認を超えて興味深いものがある。なお、斯波氏が御一家に入らなかった、あるいは、入れなかったのは、すでに「三職」であったこと、複数の守護を務め強大な権力を有したことなどによるか。

(87)足利持氏願文（「鶴岡八幡宮文書」『神奈川県史』資料編三上、九七八頁）。なお、同願文はこれまで血書とされてきたが、近世史料には朱書と見えており、検討すべき余地がある。今後の課題としたい。

(88)御一家の誕生によって影響を受けたもう一人が徳川氏だったのではないか。問うべきは足利氏御一家と徳川御三家との関係如何である。両者が、将軍家の「血」に近い三者が将軍家に次ぐ家格を占め将軍家を支持するという点で共通・酷似することは先学も言及する（佐藤前掲註(25)書、三四二頁、福田豊彦「室町幕府の奉公衆（二）」同前掲註(44)書、初出一九七一年、七四頁）。だが、江戸幕府が室町幕府の儀礼・身分格式を色濃く継承したとの指摘（二木前掲註(67)書、四七〇〜四七六頁）をも踏まえるならば、徳川御三家は足利氏御一家の在り方を参照して創られたとさえ見做し得るのではないか。従来、徳川氏の御三家構想は「中国に由来する天地人三才の思想」を根底にしたといわれてきた（林董一『御三家』の格式とその成立」『史学雑誌』六九—一二、一九六〇年、四三頁）。だが、これには「中国の思想にこだわる必然性はあるのだろうか」（永井博「『御三家』の家格形成過程」『茨城県立歴史館報』二九、二〇〇二年、四九頁）との疑問も出されており、再検討の余地がある。むしろ今まで見てきたことを勘案すれば、中世に生まれた徳川氏は、中世武家社会の根幹を成した儀礼的秩序においてその頂点に君臨する将軍家と、それを支える「足利御三家」ともいうべき三人の御一家という在り方をこそ、徳川御三家構想の根底にしたと見做し得るのではないか。これについては拙稿「足利一門再考」（本書第Ⅱ部第一章）で触れる。併せて、「足利氏御一家補考三題」（『十六世紀史論叢』二、二〇一三年）も参照。なお、本章の書評で小森正明は、「歴史的には三氏から室町幕府将軍を出したという実態はなく、むしろ三氏の役割については、より政治的な側面から考えられるのではないか」とコメントした（「書評と紹介　佐藤博信編『関東足利氏と東国社会』」『日本歴史』七八一、二〇一三年、一一二頁）。いうまでもなく京都御一家から京都将軍になった事実はないが、それは歴史的な結果に過ぎない（徳川御三家から徳川将軍となったのも、結果論である）。本章で示したように、関東御一家は一時的に関東公方となった蓋然性があり、御一家成立以前には京都斯波氏が京都将軍を狙い得ると思われるなど、様々な可能性があったものと考える。なお、御一家の「政治的な側面」も貴重な指摘ではあるが、本書第Ⅰ部の検討からは、基本的・本質的には御一家は儀礼的な存在であって、史料的にもそれは動かないものと思料する。

付論　戦国期斯波氏の基礎的考察

はじめに

中世後期の室町幕府政治史を見ていく上で、政務・政局の中心に位置した管領の動向を検討していくことは必要で、その管領の筆頭（「三職之随一」[1]）を務めた斯波氏の動きを追究していくこともまた不可欠である。そのため同氏に注目した研究の数は非常に多く、鎌倉期から室町期にかけての斯波氏についてはかなりの程度明らかになっているといってよい。

だが、応仁・文明の乱などによって同氏は没落したと考えられてきたからであろうか（もちろん、その認識は大きくは誤っていないし、事実、当時の人々も「今武衛（斯波）・畠山皆亡、此次細川御番也」[2]と、そのように考えていたようでもあるが）、それ以降、すなわち、戦国期の斯波氏の動きについては前代に比して言及の数自体が極めて少なくなり、正面から論じ切られたこともこれまでなかった。

しかし、同氏の姿は戦国期においてもなお史料上かなりの程度確認される。しかも、その内容を精査すると、幕政上大変重要な役割を果たしていたり、また、京都・東海・北陸をはじめ東国各地において広域的に相当興味深い活動を展開していたりと、無視し得ない動きをしていたことに否応なく気付かされる。つまり、戦国期においても斯波氏の存在は軽視されるべきではない。

そこで、本付論では関係史料を可能な限り収集し分析することで、まずは、従来ほとんど明らかにされてこなかった戦国期斯波氏の姿を時系列に沿って丁寧に整理・復元することを試みる。そして、その上で、そうした作業を通して明らかとなった同氏の興味深い特徴複数点を抽出・指摘することによって、当該期研究一般の深化にも寄与し得ればと考えている。

第一節　現状と課題

まず、先行研究の成果から確認する。

戦国期の斯波氏を正面から扱ったもの（専論）としては小泉義博「斯波氏三代考」（『一乗谷史学』六、一九七四年）、小和田哲男「斯波氏」（山本大・小和田哲男編『戦国大名系譜人名事典』東国編、新人物往来社、一九八五年）、遠藤巌「斯波氏」（今谷明・藤枝文忠編『室町幕府守護職家事典』下、新人物往来社、一九八八年）、佐藤圭「守護斯波氏の凋落と朝倉氏・織田氏の台頭」（『応仁の乱』学研、一九九四年）、吉井功兒「尾張斯波氏」（同『中世政治史残篇』トーキ、二〇〇〇年、初出一九九七年）などがある。いずれも「事典」（あるいは、事典的なもの）として斯波氏に関する事歴を、主として政治的に低迷していく様を中心に、当主ごとに簡潔にまとめたもので有益である。しかし、小和田・遠藤・吉井のものは事典的な性格のため、網羅的・悉皆的記述とまではなっておらず、他方、小泉・佐藤のものは確かに詳細な叙述とはなっているが、それが斯波義敏・義寛の時代（十五世紀後半。内容的にもほぼ越前関係）で終わってしまっているという点に課題を残している。

また、近年の研究成果に小久保嘉紀「斯波氏と室町幕府儀礼秩序」（『愛知県史研究』一四、二〇一〇年）がある。そこでは戦国期斯波氏の儀礼的序列とその漸次後退が指摘され貴重である。ただ、儀礼中心の分析であるため、政治的動向の解明についてはなお検討の余地を残している。

他に、旧斯波氏分国たる越前・遠江・尾張の各地域史や、そこに勢力を確立した朝倉氏・今川氏・織田氏の各研究史などでも斯波氏はしばしば触れられている。例えば、越前・朝倉関係では、『福井県史』通史編二（福井県、一九九四年）、松原信之『越前朝倉氏の研究』（吉川弘文館、二〇〇八年）、遠江・今川関係では、秋本太二「今川氏親の遠江経略」（『信濃』二六―一、一九七四年）、家永遵嗣「足利義高・細川政元政権と今川氏親・伊勢宗瑞」（同『室町幕府将軍権力の研究』東京大学日本史学研究室、一九九五年）、『静岡県史』通史編二（静岡県、一九九七年）、森田香司「今川氏親と文亀・永正の争乱」（静岡県地域史研究会編『戦国期静岡の研究』清文堂出版、

図4　戦国期斯波氏関係系図（『尊卑分脈』をもとにその他各種『斯波系図』類等も参照して作成）

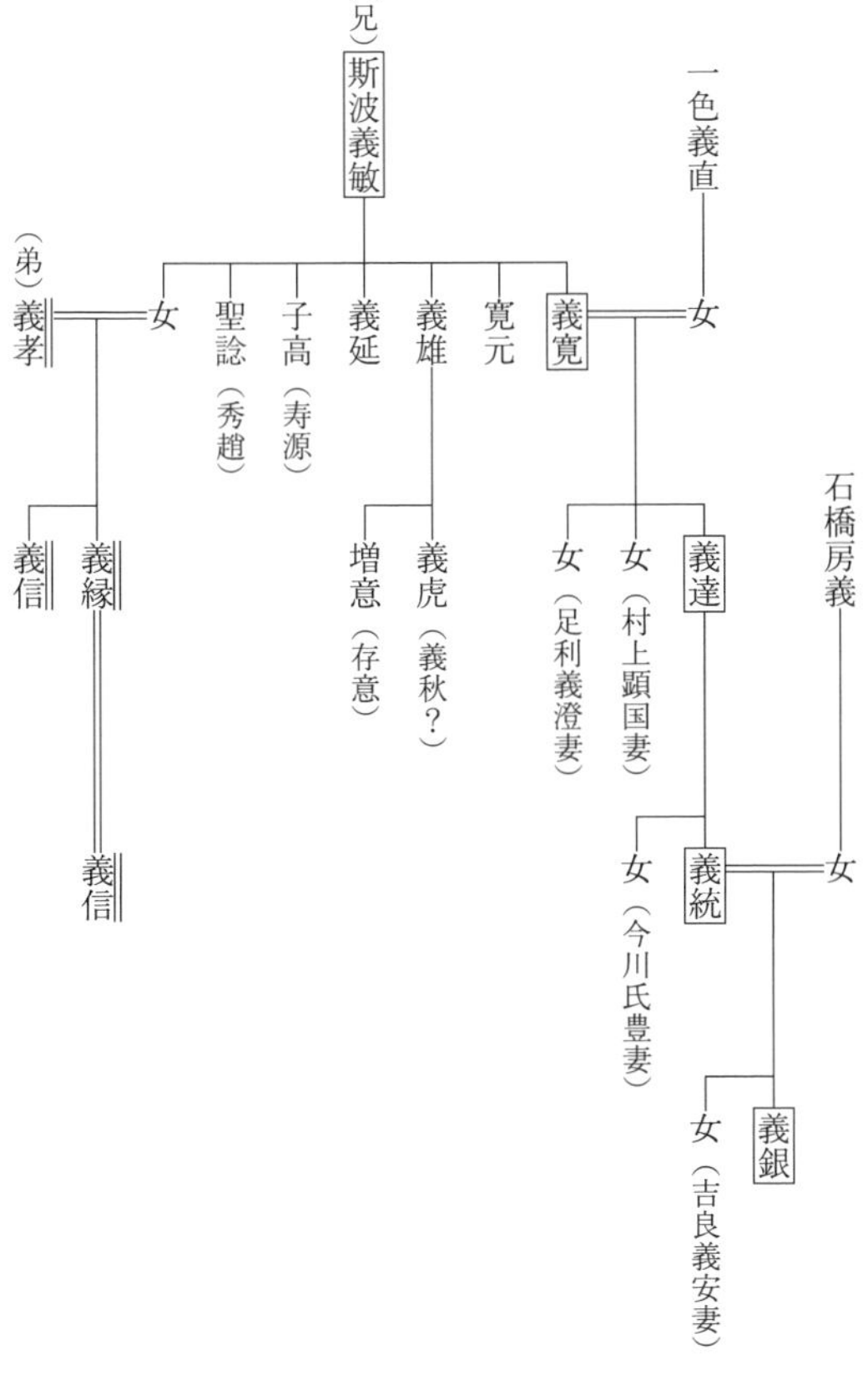

（3）

二〇〇一年)、尾張・織田関係では、『新修名古屋市史』本文編二(名古屋市、一九九八年)、下村信博「戦国期尾張の動向」(内堀信雄・鈴木正貴・仁木宏・三宅唯美編『守護所と戦国城下町』高志書院、二〇〇六年)、柴裕之編『尾張織田氏』(岩田書院、二〇一一年)などである。いずれも重要なものばかりであるが、斯波氏の研究という観点からすれば、断片的な言及にとどまっており、総体的な追究が課題となっている。

要するに、戦国期の斯波氏については政治的動向を中心に総合的・体系的な検討が図られる必要があるというのが現状であり、総じて、同氏は十五世紀中葉に没落したと考えられてきたが、果たしてその理解は妥当なのか、根本的・実証的に再検討される余地があるというのが実情なのである。

そこで、本付論では以下の二つの課題を設定する。

まず、研究史上の欠を補うべく、当該期の斯波氏関係史料を可能な限り網羅的・悉皆的に収集・分析し、時系列に沿って戦国期の同氏の動向を整理・闡明する、これが課題の一つ目である。それによって、戦国期に入り斯波氏が単純・一直線に没落していったわけでは決してないこと、また、同氏が復権へ向けてしぶとく、したたかに蠢動していたことなどを浮かび上がらせたい。

そして、その上で斯波氏の検討結果を当該期研究一般にも資すべく、近年注目されつつある中世後期武家の(在京—在国)一族分業論・遠隔地間広域的同族ネットワーク論などとも接続することを企図する、これが課題の二つ目である。それによって、戦国期の斯波氏が一族分業を通して活動を展開していたこと、また、従来京都・東海・北陸・奥羽などといった広域的な地域の同族間での通交・ネットワークの存在が指摘されてきた斯波氏であったが(4)、さらなる実例が史料から窺えることなどを明らかにしていきたいと考えている。以上の点を踏まえ、以下早速本論に移っていこう。

第二節　斯波義敏・義寛の時代

斯波義敏と斯波義廉とが東西に分かれて戦うという斯波氏にとっては「一家之相論最中也」(5)であった応仁・文明の乱がひとまずは前者の勝利で終結すると、越前・遠江・尾張の三国守護職、および佐渡国の一部は義敏とその子斯波義寛（義良ともいうが、義寛で統一）のものとして再確定した。(6)

その後、永正五年（一五〇八）に義敏、(7)同十年に義寛が(8)それぞれ死去するまで、両者は斯波氏の舵取りを担い、分裂・弱体化した家の再興を図るべく動いていたものと思われるが、依然未解明の部分も非常に多い。そこで本節では、当該期の同氏の動向を時系列に沿って整理・検討していく。(9)

1　越前・朝倉独立化への対応——尾張・加賀からの攻撃

まずは越前・朝倉氏の自立化をめぐる動きから見ていく。応仁・文明の乱中、斯波氏の分国越前では家臣の朝倉氏と甲斐氏とが激しく対立していたが、朝倉氏が甲斐氏に勝利し一国の実権を掌握することに成功すると、敗れた甲斐氏は隣国加賀を拠点にそれ以降もなお執拗に対朝倉戦を繰り返していくこととなる。(10)そうした中、朝倉氏が次第に主君斯波氏に対して反抗的な態度をとりはじめるようになると、文明八年（一四七六）、「近日為レ退二治朝倉一発二向越前一云々」(11)と、斯波氏は朝倉征伐を構想し出したようで、同十一年、遂に斯波義敏・斯波義寛・斯波義孝（義敏の弟）らは家臣団を引き連れて尾張に下向し、その後越前へと進撃、加賀からは甲斐氏が越前に出撃した。だが、朝倉氏は斯波義廉の子を擁立して抵抗し、そのため斯波氏は加賀を拠点に戦闘を継続するも勝てず、同十五年、尾張へと撤収した（ちなみに、同十三年、斯波氏は陣中において『斯波家譜』を執筆している。[12] 同書は高経以来の斯波氏の系譜をまとめたものであるが、その執筆の背景には、朝倉氏が推戴した義廉系統に対して、自らの系統の正統性を主張する意図があったのではないか）。斯波氏の撤収に続き、朝倉―甲斐両氏も一旦は和睦するも、翌十六年には早速「甲斐方為二合力一ニ加州一キ〔揆〕可二入国一云々」[13] と、本願寺勢力と結んで加賀から越前を窺う甲斐氏の姿が見て取れる。

以上のように、自立せんとする朝倉氏を屈服させ越前の回復を図ろうとする斯波氏と、加賀から出撃する甲斐氏という構図が浮かび上がる。従来、斯波氏の加賀での動きは軽視されがちであったが、以下見ていくように、かなりの長きにわたって同国は同氏にとって対朝倉攻撃のための重要な戦略拠点として存在し続けていくのであるから、斯波氏と加賀との関係は銘肝しておく必要がある。

2　京都における斯波一族の動向――在京・在国一族分業

続けて京都での動きを見ていく。越前から撤収した後、斯波義寛は尾張に在国したようで、従来はその点（京都からの没落と尾張下国化）が強調されてきた。だが、そうした評価は一面的である。なぜなら、それによって斯波氏が中央との回路を閉ざされたわけではないからであり、事実、当時の史料からは義寛自身が何度も都鄙を往来していた様子が看取されるし、京都に常駐する斯波一族がいたことも分かるからである。そうした存在を正当に評価し、明確に位置付け直していく必要がある。

この点、近年川岡勉は、京都からの離脱が強調されがちな戦国期の守護につき、それでもなお「守護が京都と結びつく様々な回路を引き続き保持していた点を軽視することはできない」[14] とし、上田浩介も、守護の在京的性格自体、（応仁・文明の乱ではなく）明応の政変までは基本的に維持されていたとする。[15] また、呉座勇一は、中世後期（室町・戦国期）の武家が一族内部で在京―在国などの分業体制（役割分担）をとっていたことを整理・闡明し、当主の叔父・兄弟・子息たちの存在・重要性にも目を向けるように注意を促しており[16]、この点、弓倉弘年[17]・笹木康平[18]・西島太郎[19]・吉永隆記[20]は、管領畠山・若狭守護武田・近江奉公衆朽木・備中国人新見などの各氏の事例から、戦国期における一族の在京―在国分業状況・様相を具体的に明らかにしている。

そこで、当該期の斯波氏について見てみると、その頃主に在京していたのは当時「在京人」[21]と呼ばれた斯波義敏であったことが分かる（彼の在京活動は当該期の古記録類に文字通り頻出する）。同時に、義敏とともに史料上繰り返し登場する斯波一族も複数確認される。その一例を左に挙げる。

〔史料一〕『蔭凉軒日録』明応元年正月二十五日条（傍線引用者、以下同）

午後武衛公来降面レ之、晩来持二大柳三荷・折五合・押物三合一、謁二武衛屋形一、先詣二三位殿一伸レ賀、依二不例一無二対面一、武衛公依二所々盃一沈酔、以レ故対面耳、御北向・又次郎殿・民部少輔殿、対面勧レ盃帰、

ここには「武衛公」、すなわち、義寛の姿も確認されるが、それはこの二日前に「武衛今日御上洛」[22]と、彼が上洛していたためである。さて、ここには義寛、そして、「三位殿」、すなわち、義敏の他に、「御北向」「又次郎」「民部少輔」の三名の姿が看取される。それでは一体彼らは何者か。

○御北向……まず、「御北向」だが、彼女は「御北向御方左兵衛佐殿義寛御母儀」[23]とある如く、義寛の母（義敏の妻）である。

○又次郎……次に、「又次郎」だが、各種系図を見ると、斯波義雄（義寛の弟）の子斯波義虎が「又二郎」とあるので、年齢的に考えて、彼はその父義雄に比定される（この点、後述）。

○民部少輔……最後に、「民部少輔」だが、彼は各種系図から、斯波義孝（義敏の弟）と分かる。なお、斯波民部少輔（修理大夫）家（下屋形殿）は初代義種（義将の弟）以降、満種―（満理―）持種―義敏と続く斯波氏の庶流

で、義敏の斯波本宗家（上屋形殿）継承後は弟義孝がその家督を継いでいた。義孝・義寛は叔父・甥の関係だが、その実、両者の年齢は僅か三歳しか離れておらず、(24) 当該期の古記録類からは義孝が義寛らと一緒に登場している姿が散見され、その上、各種系図によれば、義孝の妻は義寛の姉妹がなっているなど、義孝（下屋形殿）が義寛（上屋形殿）と一体的関係となって活動・行動していた様子が窺える（なお、斯波両屋形の唇歯輔車な関係は次節で再度確認することとなる）。

このように、義敏以下多くの斯波一族が当時在京していた。そして、彼らは立花や蹴鞠、和歌や連歌といった諸道や物品の贈答を通して天皇以下の幅広い公家・武家と交流を展開し中央での人脈形成に勤しんでいた。義寛が諸国で活動している間、彼ら一族（父義敏・庶流下屋形殿など）が京都との関係を維持していたのである。別言すれば、十五世紀中葉から後半、斯波氏は家の分裂・弱体化という危機を迎えていたが、その中にあって同氏は、同族を結集することでそれを乗り越え、協調して分業体制をとることによって家の復活を図ろうとしていたものと考えられるのである。

なお、そうした活動は俗人だけが担ったわけではない。ここでは僧籍に入った者の姿をみたい。

○聖諗……まず、各種系図には義寛の弟として東福寺僧聖諗なる人物が見えるが、彼は同時代史料からも確認することができる。『鹿苑日録』明応八年八月四日条に「法幢院聖諗喝食」「少年則武衛公之父三位入道殿之季子」とあるのがそれである。なお、彼は東福寺の住持を務めた「東帰和尚」（東帰光松）とともに登場しているため、東福寺の僧であったことも窺える。ちなみに、『実隆公記』文亀二年七月三日条には「楞厳頭沙弥義敏三位息也云々」ともある。彼は東福寺大慈庵の「了庵和尚」（了庵桂悟）とともに登場していることから、聖諗その人である可能性がある。

○子高……他にも、各種系図には義寛の弟として天龍寺僧子高なる人物が見えるが、彼も『蔭凉軒日録』延徳元年正月二十五日条に「武衛三位殿息源公子高少年」とあって、その実在が確認される。

これらから、各種系図の記事内容が同時代史料から裏付けられ得ることが判明する。[25] 以上から、斯波氏が子弟を中央の大寺院に僧として送り込んでいた様子が窺える。同様に、一族の女子たちについては尼寺の景愛寺や本光院に尼として入れていたことも分かる。[26] 改めて、多くの一族を在京させ、彼らに中央各界との人脈構築を行わせようとしていた斯波氏の姿がはっきりとしよう。

3　近江六角征伐と斯波氏——復権する斯波氏

（1）　斯波義寛と管領・総大将

そうした中、長享元年（一四八七）に九代将軍足利義尚が六角征伐を開始させると、斯波義寛は尾張から軍勢を率いて近江へと向かった。その際義寛は「今度惣大将武衛」[27]とあり、総大将であったらしい。同時に、「越前へハ甲斐可二打入一、御出陣ト同時云々」[28]「北国甲斐可二打入一旨、及二其沙汰一之由両使注進在レ之歟之由風聞」[29]と、義寛は加賀にいる甲斐氏に越前への侵攻をも図らせていたようである。そうした動きに対して将軍は、「越前国へハ甲斐方不レ可レ入之由御成敗」[30]と、義寛に対して甲斐氏による朝倉攻撃を禁じさせている。そのような中、翌二年、尾張で混乱が勃発すると義寛は帰国、翌三年には将軍自身が陣中で病没し、ひとまず六角征伐は中断される。

延徳三年（一四九一）、新将軍となった足利義材が六角征伐を再開させると、義寛は再び上洛、対六角戦の「先チン〔陣〕」[31]「一番勢」[32]を拝命するとともに、将軍から朝倉征伐のお墨付きも得た。[33] その頃世間では「越前州御動座」[34]「相公為二越前一、可レ有二御動座一之由、有二其聞一云々」[35]と、将軍越前親征の噂や、「越前国事者、浦上・織田申合、朝倉者退国而、屋形（斯波）如レ元可二入国一分治定由、口遊云々」[36]と、朝倉没落の風聞まで広がっていた。かくして、翌明応元年（一四九二）、義寛は「代二将軍一為二総大将一」[37]「為二総大将一」[38]「為二惣大将一」[39]「為二柳営御代一」[40]と、総大将として近江に出撃した。同年には「武衛乎畠山殿乎管領相定」と、細川政元にかわる次期管領候補にまで挙げられている[41]。なお、同時期、甲斐氏は「甲斐可二入国之支度一之故也、物忩尤也」[42]と、越前攻撃を企てていたようだが、それについては斯波氏の朝倉征伐ともども果たされずに終わったようである。

ここで注目されるのは、斯波氏が管領（候補）や総大将として見えることである。つまり、同氏はこの時期、幕府の政治・軍事において重職を受け得る立場と見做されていたのである。戦国期の史料には、斯波氏が「将軍の御名代」との自負を持っていたとあり[43]、また、対六角戦争時の義寛を「副将軍武衛義寛」「常徳院殿御代副将軍」（常徳院殿は足利義尚）などと記すものもあるが[44]、実際に義寛が将軍の政治的・軍事的代理人として確認され得る[45]のは興味深い[46]。従来、こうした事実はほとんど無視されてきたように思われるが、応仁・文明の乱後、斯波氏は幕府の内部で確かな存在感を発揮・回復するまでに至っていたのであり、戦国期の同氏を単に没落する一方の存在とのみ捉えてきたこれまでの理解には再考の余地があるのである。

（2）　斯波義敏と笙・官位

他方、この時期父斯波義敏にも瞠目すべき動きが見られるのだが、これについても従来未検討であったのでここで確認しておく。それは、笙に関することである。具体的には、義敏は長享二年に笙始を行い[47]、延徳三年八月十九日には笙血脈にその名を書き入れ[48]、同二十五日には豊原統秋に笙の名器達智門を持参させていたのである[49]。

笙については近年三島暁子[50]・石原比伊呂[51]が精力的に研究を進めている。両氏によれば、新将軍義材は六角征伐直前の延徳三年七月に笙始を行い、翌月には豊原統秋に達智門を持参させたという。かくして、当該期の足利氏にとって、笙始とは武家の長たることを表象する儀式であり、達智門とは将軍家の象徴（レガリア）だったというのである。

だが、それは当時、足利氏にとどまらず、斯波氏（義敏）も行っていたのである。それをいかに説明するか。この点、三島も言及するように、斯波義将・斯波義種兄弟がかつて笙を学んでいた事実・経験があったようなので、そのことも踏まえると、一連の笙に関する事象には、両氏の後裔たる義敏が、六角征伐での子義寛の総大将就任や管領候補化と併せ、斯波氏の権威復活を大々的に喧伝しようとしたとの意図が込められていたのではないかと思料される。

なお、これ以前の文明十七年（一四八五）、義敏は左兵衛督、および三位の官位も得ている。(52)それは並み居る諸大名にとってはいうまでもなく、斯波氏自身にとっても容易には揃え難き家の極官・極位であった。そうした官位を纏い得たことも、同氏の威勢・栄光を示すのには十分であったろう。

以上をまとめると、従来、戦国期に入ると斯波氏は政治的にも儀礼的にも徐々に後退していったと考えられてきた。先述したように、この認識はおおむね誤ってはいない。だが、同氏はそうした状態に甘んじていたわけではなく、同族を結集させることでその状況を打開せんとしていた。かくして十五世紀末頃には名実ともに復活の兆しすら認められるのであり、そのことを軽視すべきではない（応仁・文明の乱で斯波氏が没落し切ったわけではない）ということになる。(53)

ただし、当該期のこの斯波氏の復権の背景としては、同氏の努力のみならず、将軍家の側の思惑もまた大きかったものと推察される。実はこの時期、将軍は奉公衆の再結集や畠山氏への接近、細川一族の分断など、細川京兆家（政元）勢力を相対化し、自身の権力基盤を再建する方向性を打ち出していた。(54)そうした方針の一環として、斯波氏の将軍与党としての再浮上が図られたという側面も少なからずあったのではないか。斯波氏の動向と将軍家の意向とが合致したからこそ、斯波氏は復活を遂げ得たものと考える。

（3）　一色氏との姻戚関係

当該期における斯波氏の存在感を示すものとしては、一色氏との姻戚関係も挙げられる。これについても従来指摘がほとんどないので、以下時系列に沿いつつ確認しておくこととしたい。

明応元年末、斯波義寛は将軍足利義材とともに近江から撤収した。その際、義材に積極的に帰京を促したのは「一色幷武衛申沙汰云々」[55]と、斯波氏、および一色氏だったという。

この斯波―一色両者は当時姻戚関係を構築していたことが分かる。各種系図によれば、義寛の妻は一色義直の娘とあるが、実はこの点、同時代史料の『鹿苑日録』明応八年八月一日条にも「月印持二細布十巻一来曰、武衛之賢配献レ之、蓋前年和尚授二法名一、故有二此贈一也、武衛公今住二尾張一、而其配則月印之俗従妹也、即一色匠作公（義直）之息女也」とあって、確かに裏が取れるのである。

なお、各種系図からは、義寛の子斯波義達が生まれたのは文明十八年と考えられるから、それよりさほど遡らない時期に斯波―一色両者の姻戚関係が成立したことも判明する。その成立時期をさらに絞り込むと、応仁・文明の乱において斯波氏（義寛）は東軍、一色氏（義直）は西軍であったのであるから、姻戚関係の成立時期は一色氏の東軍帰順以後、すなわち、文明六年頃以降と考えられる。つまり、両者の姻戚関係成立の時期は同六年頃から同十八年頃とひとまずは結論付けられる。

その時期、一色氏は数少ない在京を基本とする幕閣の重鎮であるとともに、地方では三河・伊勢・丹後・若狭などに権益を有する守護級の大名であった[56]。斯波氏としては、在京する有力者である一色氏と結ぶことで中央政治を有利に運ぶことを狙い、一色氏としても、ライバルである武田氏が細川氏と緊密な関係にあった以上、細川氏に比肩する勢力と組むことで対武田戦を有利に展開することを図ったか。いずれにせよ、斯波氏が頼り得る存在と見られていたということは窺えよう。

以上のように、文明末年から明応初年にかけて、斯波氏は確実に復権を遂げつつあったのである。

4 明応の政変と斯波氏――中央での挫折と地方での蠢動

(1) 復権の頓挫と京都からの離脱

明応二年(一四九三)、将軍足利義材は、今度は畠山(基家)征伐を唱えて河内へと出兵し、斯波義寛もまた従軍するが、中央で細川氏によるクーデター(明応の政変)が勃発し、義材が失脚すると、義寛は帰京、新将軍足利義澄のもとへと出仕する。しかし、翌三年には分国遠江に来襲した今川氏への対応からか尾張へと下向している。なお、同年、越前には甲斐氏が朝倉攻撃のため加賀から攻め込むも失敗・撃退されている(57)。明応三年は斯波氏にとって過酷な一年であったことが窺えるが、明応の政変は、松島周一(58)も指摘するように、斯波氏の後援者であった義材を将軍の座から追い出したのみならず、順調に進展していくかのようにも思えた斯波氏の中央での復権を阻む結果・一大画期ともなったようで、それ以降、斯波義敏などの在京徴証は引き続き確認されはするものの、義敏の死後、同氏の在京性は急速に希薄化していき、やがては幕府の構成メンバーリストからも消えてしまうこととなる(59)。つまり、斯波氏の中央における没落の決定的な要因は(従来の見解とは異なり、応仁・文明の乱ではなく)明応の政変にこそあったと見るべきと考える。

（2）遠江戦線における広域的な反今川包囲網の形成と斯波一族のネットワーク

しかし、それ以後もなお、今度は地域において、斯波氏は分国の防衛・回復を図ってしぶとく、積極的に活動を展開していった。その際、とりわけ注目されるのが、明応の政変以後に勃発した対今川・遠江防衛戦争時における斯波氏の対応・動きである。以下具体的に二点確認する。[60]

第一に、広域的な反今川包囲網の形成である。すなわち、斯波義寛は将軍足利義澄[61]をはじめ、京都細川氏・信濃小笠原氏・甲斐武田氏・越後上杉氏・関東山内上杉氏らと連携して今川氏を包囲・挟撃する構えをとったことが先行研究によって明らかにされているのである。[62]明応の政変で中央での復権を挫かれた斯波氏であったが、地方においてはなおも分国防衛のため広域的な同盟関係を模索し実際にそれを遂行・構築し得たのには瞠目せざるを得ない。[63]

第二に、広域的な同族ネットワークの存在、およびその活用である。今見た対今川戦であるが、義寛は兄弟の斯波寛元・斯波義雄を現地遠江へと派遣したことが先行研究によって闡明されている。[64]なお、文亀元年（一五〇一）には「就㆓遠州之儀㆒、為㆓武衛御代㆒、又次郎殿様御在国候」[65]と、在京中の「又次郎」が義寛の代理人として遠江に下国したことが指摘され、その又次郎を『信濃史料』[66]や家永遵嗣は「寛元」としたが、[67]すでに述べたように、各種系図からはむしろ「義雄」に比定される。[68]

だが、対今川戦に従軍した斯波一族は寛元・義雄ばかりではなかったようである。しかし、そうした人々についてはこれまで言及がなかったので、以下具体的に見ておくこととしたい。

○斯波義達……まず、義寛の子斯波義達も早くから遠江戦線に参戦していた可能性がある。というのは、永正元年（一五〇四）に禅僧特芳禅傑が記した大黒賛の中に「武衛大将軍義達公」「祝㆓義達公征伐之凱旋㆒」などとあるからである。[69]先述したように、義達の生年は文明十八年（一四八六）と考えられるから、永正元年以前に彼が出征したのは文亀年間頃の対今川戦以外には想定し難い。すなわち、彼もまた早い段階から叔父たちと同じく対今川戦に従軍していた蓋然性が高い。

それを裏付け得るのが、次の史料である。

〔史料二〕 斯波義達書状写（「長野県立歴史館所蔵佐藤氏古文書・土肥氏古文書」『信州デジくら』）

為㆓遠州御合力㆒、至㆓駿州㆒御発向之儀、尤可㆑為㆓本望㆒之旨、先度管領（山内上杉顕定）江令㆑啓候ツ、此段可㆑然之様、入魂別而憑入候、猶狩野上野介（寛親）可㆓申届㆒候、恐々謹言、

五月七日　　義達（斯波）（花押影）

土肥次郎殿

これは近年黒田基樹によって紹介された史料で、発給者＝斯波義達、年代＝文亀元年と結論付けられたものである[70]。これにより、義達の文亀元年の遠江方面での活動が闡明され、先の大黒賛の記述の如き彼の早期からの遠州在陣の可能性もまた十分にあり得るものになったといえよう。

○斯波義延……続けて、義寛の弟斯波義延である。伊達忠宗軍忠状によれば、永正八年に斯波方の「すゑ（末）野殿御陣所」が放火されたことが分かる[71]。この「すゑ野殿」だが、同軍忠状の中で人名に敬称が付されているのは彼以外斯波氏当主（「武衛様」）しかおらず、他の面々は「井伊次郎」「太田左馬助」などと全て呼び捨てであったことに気付く。したがって、この「すゑ野殿」は斯波氏家臣や遠江国人らとは身分的に異なり、斯波氏当主に近い尊貴な存在であったことが窺える。果たして各種系図を見ると、義寛の弟義延が「続㆓末野之跡㆒」とあった。

その末野氏とは、各種系図の斯波氏経（斯波義将の兄）の注記に「末野自㆑是出」とある如く、氏経の末裔と考えられ、文明十四年の成立と見られる『塵荊鈔』にも「次男民部少輔氏経、其嫡子義高早世、其次宮内少輔義久末野之一

流」とある。[72] そして、永正十一年の成立と見られる『奥州余目記録』には「越前ニハ武衛様御一家、斯波殿・仙北殿・五条殿・末野殿」とあり、[73] 越前に在国する末野氏の姿が窺える。そうした末野の家督を義寛の弟である義延が継承していたのである。

これにつき、義延継承以前の末野氏がわざわざ越前から遠江へと参戦するとはいささか考え難いので、ここはやはり末野殿となった義延が遠州に在陣したと見るべきだろう。すなわち、義寛の弟が越前に在国した斯波一族の名跡を継ぎ、そうした末野氏（義延）が今度は遠江戦線へと従軍していたのである。ここからは、斯波一族の広域的なつながりが窺えるようで興味深い。

そうした斯波一族の同族ネットワークについては、斯波寛元からも窺える可能性がある。すでに見たように、寛元は義寛の弟として遠江にて対今川戦に従軍していたが、文亀元年頃以降、彼は同国から姿を消し、その後、「於二越前国〔坂脱カ〕北郡一討死」と、越前で戦死したと各種系図は伝える。詳細は不明だが、文亀元年頃以降、寛元は斯波氏当主によって遠江から越前へと転戦を命じられ、そこで討死した可能性がある。この点、永正元年や同三年に、加賀の甲斐氏が朝倉氏の反主流派や「越前土一揆〔一向衆〕」と組んで越前・朝倉攻撃を行い敗北していたことは注目される。[74] 寛元は甲斐氏による対朝倉戦を援助すべく斯波氏当主から北陸へと派遣され戦死したのではないだろうか。

以上の諸点を要するに、明応の政変によって、斯波氏は中央での復権を挫かれることとなった。だが、それでもなお同氏は、今度は尾張に在国し、広範囲にわたる反今川包囲網を作り上げたり、広域的な同族ネットワークの存在を駆使したりして分国（遠江・越前）の防衛・回復に努め続けたのであった。しかし、結果的にそれらが実ることは終になかったのである。

その後、斯波義寛は永正十年（一五一三）に死去し、その子斯波義達（義敦ともいうが、義達で統一）が跡を継ぐ。[75]そうした義達期の斯波氏についても従来未整理のままであったので、本節の最後に、次節との橋渡しも兼ねて、以下具体的に確認・検討しておくこととしたい。

5　斯波義達の時代——遠江の喪失と尾張在国化

義達は、先述したように、文亀年間頃から遠江において今川氏との戦闘に臨んでいたものと考えられ、その後の永正八年頃にも遠江へと出陣したが、今川軍に敗れ、同十年、尾張へと帰還する（遠江出兵をめぐって対立したものと思われる）。織田達定を成敗した後の[76]同十三年、再び遠江へ向かうも、完敗を喫し、翌十四年、尾張へと送還され、かくして分国遠江を失うこととなった。[77]

ここから、斯波氏が尾張在国を基本としていた様子が確認でき、その後も天文二年（一五三三）には子斯波義統や斯波又次郎（義虎）らとともに尾張にいたことが分かるので、[78]その頃、斯波一族は全員尾張に在国していたものと考えられる。ただし、義達は永正末年から大永初年には足利義稙と親しく、足利義稙政権崩壊（阿波動座）の後もしばらくはつながりがあり、そのため足利義晴新政権からは「御敵」扱いされたこともあったが、足利義稙の死去前後、大永年間（一五二一〜一五二八）には足利義晴に近い立場へとかわった。また、永正十七年、細川氏と三好氏とが京都において激戦を繰り広げる中で、義達が禁中を警衛していた事実も確認される。そのため、義達は尾張を拠点としつつも、なお部分的には京都—尾張を行き来していたと思われる。[79]

なお、『名古屋合戦記』は義達の娘を今川名古屋氏豊の妻とし、[80]また、各種系図は義達の子斯波義統の妻を石橋房義の娘とする。これらの記事が正しければ、義達は一五三〇年代頃に尾張の有力者である今川名古屋氏や石橋氏との姻戚関係を構築したものと推測され、尾張において地盤を固めんとする彼の意志が感じられることとなるが、こうしたことは十分にあり得たものと思われる。

だが、これによって斯波氏が尾張に逼塞したというわけではなかった。次節では、そのあたりの状況について見ていきたい。

第三節　斯波義統の時代

斯波義達は天文二年（一五三三）を終見とし、同六年にはその子斯波義統が尾張妙興寺に寺領安堵の書下を与えているから(81)、その頃には斯波氏で代替わりが行われたものと考えられる(82)。

その義統で何よりも興味深いのは、越前奪還への執念である。これについては従来簡単な指摘はあっても、本格的な検討はほとんどなかった。そこで本節では、それに関する唯一の専論といえる小泉義博の言及(83)をもとに、氏が示さなかった史料も併せ、以下具体的に見ていくこととしたい。

一五三〇年代、斯波氏が尾張国内の有力者と関係を構築していたらしいことは先述した通りだが、実はその頃、同氏は尾張勢の他、大坂本願寺とも関係を持っていた(84)。そのような中、義統は一通の書状を本願寺証如に送った。

〔史料三〕『天文日記』天文十年七月二十七日条

従㆓尾張斯波㆒以㆓書状㆒、越前入国事可㆓相催㆒之間、加州門下相働候様ニ可㆓申付㆒之由候、取次周防也、使ハ越前之渡辺也、彼斯波之名者、号㆓右兵衛佐㆒云々、

つまり、義統は突如越前奪還を図り、証如に対して加賀門徒の動員・出陣を要請したのである。それに対して、証

如は以下のような返事を出した。

〔史料四〕『証如上人書札案』（『真宗史料集成』三、一〇六五頁）

裏付　本願寺　可レ為二此分一

誠久不レ令レ申候処、御状祝着之至候、抑就二越州御進発之儀一示預候、珍重候、猶周防入道可レ申候、恐々謹言、

四日出レ之

八月二日

右兵衛佐殿《(斯波義統)》進二覧之一候

ここで証如は義統の越前侵攻には触れながらも、肝心の回答の中身については明示していない。だが、ここには「四日出レ之」とあるので、その日の証如の日記を見てみると、次のようにある。

〔史料五〕『天文日記』天文十年八月四日条

尾州武衛へ、返状出レ之、門下事不レ載二書状一、以二口状一、如レ此之段者、雖レ無二等閑一、難二申付一之由、申顕候、

つまり、証如は義統の要請を断ったのである。だが、別の方面では次のような書状が届いていた。(85)

〔史料六〕斯波義信書状（「宝林寺文書」『岐阜県史』史料編古代中世補遺、一七八頁）

《(端裏)》「(切封墨引)」

急度筆染候、仍就二大坂本意之儀一、越前入国之儀、此時節可レ寄レ事覚悟候、就レ其只今丹州御執下民江申上候、然者従二其国一行之儀、可レ為二肝要一候、弥尾州江之儀相調候段専一候、猶此者可レ令レ申候、恐々謹言、

八月十二日　義信《(斯波)》（花押）

西勝寺

これについては関連史料がもう一通残されているので、それも掲げる。

〔史料七〕　斯波義信書状（「安養寺文書」『岐阜県史』史料編古代中世一、九〇三頁）

（端裏）「（切封墨引）」

就㆓越州入国之儀㆒、従㆓尾州㆒被㆓相調㆒子細候、此砌以㆓人数㆒於㆓馳走㆒者、国望之儀堅可㆓申付㆒候、此方儀悉相調候、国之儀条々可ㇾ然子細出来候、時節到来候間、少も無㆓油断㆒可ㇾ有ㇾ行事肝要候、恐々謹言、

九月廿四日　　（斯波）義信（花押）

西勝寺

〔史料六〕は『岐阜県史』『白鳥町史』[86]が元亀三年頃とし、〔史料七〕は『岐阜県史』[87]が天文十三年頃、『愛知県史』[88]が永正三年頃としたものであるが、小泉は〔史料七〕を見出し、それを天文十年とした如く、いずれも天文十年でよい。また、氏は宛所の西勝寺が（同寺の近世の由緒書から）越前（当時は一時的に美濃にあった）真宗の有力寺院最勝寺であることも闡明している。

さて、その内容だが、〔史料六〕〔史料七〕はいずれも「義信」なる者が「越前入国」「越州入国」を企て最勝寺に軍事行動（「行」「馳走」）を求めている点で共通している。その際、「就㆓大坂本意之儀㆒」（〔史料六〕）と、本願寺からの支持も得られたなどとの偽りの情報を流してまで必死に勧誘工作を行っていたことは注目される。他方、最勝寺へは見返りとして、「義信」が「尾州」に連絡・相談し（〔史料六〕）、彼（「尾州」）から「相調」えられた結果、「国望之儀堅可㆓申付㆒候」（〔史料七〕）と、越前の実権を掌握した暁における、同寺の美濃からの越前復帰、および寺領宛行や特権付与などを約束していたようである。小泉は、最勝寺の他、越前真宗寺にも同様の書状が発給されたらしいことを同寺の近世の明細書から明らかにし、しかもそこには「加賀国斯波義信ヨリ書状三通到来」「加州斯波義信之消

息」などと書かれていたことを突き止め[89]、「義信」が「加賀の斯波義信」であったことを（同時に「尾州」が「尾張の斯波義統」であったことも）見事に闡明したのである。

その義信については証如の日記にも見える。

〔史料八〕『天文日記』天文十三年十二月二十七日条

武衛修理大夫義信自二九日之比一、寺内へ被レ来、先年加州錯乱之時忠節之様体共申述、又当分堪忍難レ叶之間、欠所地等可二申請一覚悟無レ之、只此方倉納之内預二扶助一度之由、雖二連々被一レ申、更可二扶持一覚悟依レ無レ之、打過之処、今日者彼修理大夫気色相変、望之儀不レ叶間、失二面目一条、可レ定二身体一様ニ相見へ候て書状共被二書置一間、自然不慮出来候者、外聞如何之由、丹後申候間、一向雖二無レ謂事也一、五拾貫文遣レ之也、即又気色相替、悦喜之体也、事嘆敷次第共也、

ここには「先年加州錯乱」の際の「忠節之様体」（この点、後述）を述べた「武衛修理大夫義信」が登場するが、これが〔史料六〕〔史料七〕で見た加賀の斯波義信であることは明らかだろう。

では、斯波義信とは一体誰か。また、彼と加賀との関係は果たしてどのようになっていたのか。これらに関する小泉の検討はないので、以下考えてみたい。

まず、義信（修理大夫）の位置付けだが、各種系図を見ると、斯波義孝の子に斯波義信がおり、しかも、その官途は修理大夫とある。つまり、彼は義孝の子にして、斯波民部少輔（修理大夫）家（下屋形殿）の当主であったと考えられるのである。なお、父義孝は享徳三年（一四五四）の生まれゆえ（先述）、義信は一四八〇年代頃から一四九〇年代頃の誕生と考えられ、斯波義達と同世代の人物と思料される。ちなみに、各種系図には義信の母が斯波義寛の姉妹とあるので、義信―義統は従兄弟違いの関係にあったことも分かる[90]。

次に、義信と加賀との関係だが、彼の父義孝の同国在国徴証は現状確認されないことから、義信は斯波氏の越前奪還という強烈なる意志の実現のため（甲斐氏がいるなど斯波氏にとって対朝倉攻撃のためのベースキャンプと化していた）加賀へと派遣されたと見るべきだろう。

以上をまとめると、天文十年、従兄弟違いの関係にあった尾張斯波義統（上屋形殿）―加賀（に送り込まれていた）斯波義信（下屋形殿）は連携して旧領越前の回復を図り、本願寺に対しては門徒の動員を依頼した。構想自体はある程度本格化していたようではあるが、本願寺の非協力的な姿勢・態度の前にそれは実現しなかった。越前奪還という悲願は終に達成されなかったのである。

ただ、問題はなぜ斯波氏がこの時期に、このような態度をとったかである。

この点、まず考えられるのが、『新修名古屋市史』(91)が指摘したように、当該期における斯波氏・織田氏（信秀）の勢力拡大志向との関係である。すなわち、天文九年、信秀による三河侵攻が実施され、それによって意気の上がった斯波氏により、越前侵攻もまた企図されたということである。なお、後述するように、同十三年には斯波氏からの支持を得た信秀が美濃にまで攻め込んでおり、織田―斯波両者の緊密な関係が窺える。したがって、天文十年の越前奪還にも（主導者は斯波氏であれ）織田氏からの支持があったものと思料される(92)。

とはいえ、天文十年に突如、斯波氏が越前回復を思い立ったというわけではなかろう。先述してきたように、斯波氏はこれまでに何度も甲斐氏や弟斯波寛元に朝倉攻撃を行わせていたし、その上、この数年前にも同氏が越前を侵す可能性もあったからである。

〔史料九〕『天文日記』天文七年十二月十日条

若狭武田両所山県へ、返状遣レ之候、加州合力事返事には、示給通只今是非返事難二申述一儀候、其故者越前へ武衛など被ニ取入一候者、定彼国牢人加州ニ住居候、其人数可レ催レ之候間、合力にも可ニ相当一儀も可レ有ニ出来一歟之間、更以無ニ等閑一由申ニ遣之一候、

これは天文七年に若狭の武田氏が朝倉攻撃に際して証如に加賀からの出兵を求めたときのものであるが、このとき証如は、加賀門徒の派兵は難しいものの、そのかわり斯波氏が越前に進撃すれば、必ずや同氏は加賀にいる兵力を動員するだろうから、それを黙認するのでそれで勘弁して欲しい、との回答を提示している。ここから、このとき斯波氏が越前に進軍し得る状況が認められること、同氏が加賀に動員可能な勢力を依然保持していたことなどが窺える。つまり、天文七年にも義統が越前に侵攻する可能性はあったのであり、それに伴いその頃には義信も加賀へと送り込まれていた蓋然性が高い[93]。要するに、斯波氏は長い間越前の回復を窺い、その絶好の機会を狙っていたと思われるのである。そこで注目されるのが、天文十年という年である。すなわち、同年とは、小泉や松原信之[94]などが指摘したように、朝倉氏の反主流派（朝倉景高）が若狭武田氏や本願寺勢力を巻き込んで朝倉氏当主（朝倉孝景）に対抗しようとしていた年だったのである。つまり、斯波氏は越前・朝倉氏の内訌（危機）につけこむ形でしたたかに行動を起こしたと考えられるのである。

まとめると、斯波氏は長期的に越前回復を窺っており、中期的（天文年間）には織田氏との連携のもと三河や美濃など周辺各地に派兵を繰り返すという勢力拡大路線にあり、短期的（天文十年）には朝倉氏が内訌という危機を迎えていたのであり、かくして天文十年は斯波氏にとって越前奪還のまたとないチャンスと映ったと結論付けられるのである[95]。

では、斯波氏による越前奪還とは果たして現実的なものたり得ていたのであろうか。この点、同氏が本願寺をかなりの程度頼みとしていたことは根本的な問題であったと考える。なぜなら、「本願寺は原則的に、門徒の蜂起依頼は

謝絶して」〔96〕おり、本願寺が動く可能性は限りなく低かったからである。彼らが動かない以上、斯波氏による越前回復も計画倒れに終わらざるを得ず、事実、このときの同氏の侵攻は確認されない。つまり、越前を奪還するには本願寺勢力の協力が前提・不可欠となってくるが、本願寺側には派兵に応じる気がないので、いかに好機が到来し、攻め込む気運が高まろうとも、斯波氏による越前回復は現実的には極めて困難だったといわざるを得ないのである。

かくして越前奪還に失敗した後、義信は加賀を離れて大坂へと流浪し、本願寺から金銭の扶助に預かっている〔史料八〕を最後に史料から姿を消す。一方、義統は朝倉氏と手打ちをしたものと思われ、天文十三年には朝倉氏、および斯波氏からの支持を得た織田氏が協力・連携して美濃攻めを行っている〔97〕。これにより、斯波氏による越前回復への動きは完全に終息したものと考えられよう。だが、義統の野心・勢力拡大路線はその後も尾張周辺へは向けられ続けたようで、先述したように、天文十三年には織田信秀の美濃攻めを支持し、また、同十八年以前には義統が吉良氏（義安）に娘を嫁がせ同氏を反今川へと傾ける政治工作を行っている〔98〕。しかし、いずれも失敗に終わった。

義統はその後、織田氏らにより尾張で殺される。その際、従兄弟違いの斯波義虎も死んだらしく（『信長公記』も「御一門数十人歴々御腹めされ」たと記す〔99〕）、最後まで密接な斯波一族の様子が窺える。それ以後は斯波義銀が家督を継承するが、義銀も織田信長によって追放され尾張を喪失、かくして斯波氏は分国の全てを失った。だが、同氏＝「越尾遠太守」という意識・記憶だけは近世にまで引き継がれることとなった〔100〕。ここにようやく斯波氏の面目は保たれたというべきであろう。

おわりに

以上、戦国期斯波氏の動向を時系列に沿って述べてきた。

以下、まず、「課題①」（当該期の斯波氏関係史料を可能な限り網羅的・悉皆的に収集・分析し、時系列に沿って戦国期の同氏の動向を整理・闡明する）に応える形で結論をまとめる。

第一節では、斯波氏研究の現状を確認し、政治的動向を中心に総合的・体系的な検討・再検討が図られる必要があることを述べた。

第二節では、主に斯波義敏・義寛の時代につき、以下の点を指摘した。

①十五世紀中葉から後半、家の分裂・弱体化により政治的・儀礼的にその地位・勢力を徐々に低下させるという危機的な状況にあった斯波氏は、同族を結集して、義寛が主に都鄙を往来し、各地を転戦する一方、父義敏や庶流下屋形殿以下が基本的に在京し、中央での貴顕との関係・交流を図るという分業体制をとることによって対応した。

②かくして、文明末年から明応初年にかけては斯波氏側の努力に加え、将軍家側による細川氏勢力の相対化という思惑も相俟って、斯波氏の復権が成し遂げられた。具体的には、幕府の管領候補や対六角戦の総大将、笙儀礼や官位などから、名実ともに復活の兆しが認められた。

③だが、明応の政変によって斯波氏は中央での復権を挫かれることとなった。しかし、今度は尾張に在国し、分国の防衛・回復に努め続けていった。

④例えば、遠江では侵攻する今川氏を迎撃すべく、広範囲にわたる包囲網を作り上げたり、広域的な同族ネットワークの存在を駆使したりして対応した。また、越前では独立路線を模索する朝倉氏を粉砕すべく、尾張、および加賀からの攻撃体制でもって対峙した。

⑤その他、系図の内容を同時代史料から確認する作業を通して、それらが信頼に耐え得るものであること、また、『斯波家譜』が作成された背景について、それが斯波義廉系統への対抗策であった可能性があることなどを指摘した。

⑥その後、斯波義達の時代につき、なお在京徴証を残しつつも、基本的には尾張に在国し地盤を固めていたこと、対今川戦の結果、遠江を失ったことなどを指摘・確認した。

第三節では、斯波義統の時代につき、越前の回復を求めて、本願寺勢力を頼みとして、朝倉氏の内紛というタイミングで同国攻撃を仕掛けようとしていたこと、その際、加賀へと派遣していた一族と連携して朝倉攻撃を図るなど、一族間の唇歯輔車な関係、および広域的な同族ネットワークの存在が改めて窺えること、しかし、本願寺が動かない以上、その実現は困難であったことなどを闡明した。

総じて、戦国期の斯波氏といえば、単に衰退する一方の存在だとこれまで考えられてきたように思われるが、今回、一族結合・分業体制を通した十五世紀末頃の復権、明応の政変での都での没落、同族ネットワークを駆使した鄙での蠢動などが具体的に史料から浮かび上がってきたのは興味深い。

最後に、「課題②」（当該期研究一般にも資すべく、近年注目されつつある中世後期武家の〈在京―在国〉一族分業論・遠隔地間広域的同族ネットワーク論などとも接続することを企図する）に応える形で結論をひろげる。

まず、斯波氏が在京―在国と役割分担を行っていたことは「一族分業」の例として貴重であろう。近年中世前期のみならず、中世後期の武家も一族内で在京―在国など分業体制をとっていたことが指摘・闡明されつつあり、当主の叔父・兄弟・子息などの存在・重要性にも徐々に注目が集まってきているが、その際、斯波氏は格好の分析対象となるといえよう。

そして、斯波氏が広域的なつながりを持っていたことは「同族ネットワーク」の例として重要であろう。近年中世前期のみならず、中世後期の武家も遠隔地間において同族ネットワークを有していたことが徐々に解明されつつある。例えば、京都—越後—関東の上杉、(101) 京都—信濃の諏訪、京都—信濃—若狭—阿波—石見の小笠原、(102) 奥州—常陸の石川・大窪、常陸—下野の小山・岡本、(103) 常陸—美濃の佐竹、(104) 常陸—上総—美濃の土岐、(105) 駿河—尾張の今川、(106) 若狭—安芸の武田、(107) 能登—因幡—石見の吉見、(108) 近江—出雲の尼子、(109) 出雲—石見の佐波・赤穴などであって、(110) 筆者も以前武蔵—三河の吉良、京都—奥州の石橋などのケースからそれらを指摘したことがある。(111) この点、第一節でも述べたように、斯波氏についてはすでに京都・尾張・越前・越後・佐渡・奥羽などの諸地域の同族間、あるいは、大名間において通好・往来を行っていた事実が知られていたが、今回改めて斯波氏のケースにつき事例を補強し得たものと考える。

室町期以前、および尾張追放後の斯波氏についての検討、家臣団、および彼らも含めた斯波家総体の追究、『斯波家譜』の内容的分析など、残された課題も多い。それらはいずれも今後の課題であることを確認して、ひとまず擱筆する。なお、本付論（初出）発表後、木下聡編著『管領斯波氏』（戎光祥出版、二〇一五年）が上梓された。併せて参照されたい。

註

（1）足利義昭御内書案（『古今消息集』『大日本史料』一〇—一、二五三頁）。

（2）『臥雲日件録抜尤』寛正元年閏九月十六日条。

（3）『尊卑分脈』三、二五九頁、『系図纂要』一一、一三〜一四・一七・六三〇頁、『武衛系図』（『続群書類従』五上、三四九〜三五〇頁）、『武衛系図』（東京大学史料編纂所架蔵謄写本。木下聡氏ご教示）、『斯波武衛系図』『当家略系図案』（「九州大学所蔵島本文書」。木下聡氏ご教示）、『大和家蔵書』（山口県立山口図書館所蔵。木下聡氏ご教示）、『浅羽本系図』（東京大学史料編纂所架蔵謄写本）、『斯波家氏以来系譜』（金沢市立玉川図書館所蔵。横山住雄・小林輝久彦両氏ご教示）。以下各種系図とはこれらのことを指

すものとする。なお、四角で囲った者は斯波本宗家（上屋形殿）当主、傍線を付した者は斯波民部少輔（修理大夫）家（下屋形殿）当主である。

（4）佐藤圭「戦国期の越前斯波氏について（上）」（『若越郷土研究』四五―四、二〇〇〇年）四九～五五頁、同「同（下）」（『同』四五―五、二〇〇〇年）六八～七六頁、同「新出の越前国宣と斯波政綿書状の調査」（『武生市史編さんだより』三四、二〇〇三年）一～五頁、田中聡「南北朝・室町期における佐渡守護と本間氏」（『新潟史学』六六、二〇一一年）一～二一頁、同「南北朝・室町時代の佐渡と京都」（『観賞』三三、二〇一二年）一～一五頁。

（5）『大乗院寺社雑事記』文明元年十月二十六日条。

（6）『大乗院寺社雑事記』文明九年十二月三十日条。

（7）『実隆公記』永正五年十一月二十二日条。

（8）小林輝久彦「斯波義寛の生没年について」（『静岡県地域史研究会報』一八六、二〇一三年）一頁。この点、横山住雄『織田信長の系譜』（教育出版文化協会、一九九三年）一一～一四頁も参照。

（9）斯波氏の基礎的な事実関係については、小泉義博「斯波氏三代考」（『一乗谷史学』六、一九七四年）一～一九頁、小和田哲男「斯波氏」（山本大・小和田哲男編『戦国大名系譜人名事典』東国編、新人物往来社、一九八五年）四三八～四四三頁、遠藤巌「斯波氏」（今谷明・藤枝文忠編『室町幕府守護職家事典』下、新人物往来社、一九八八年）三六～五五頁、佐藤圭「守護斯波氏の凋落と朝倉氏・織田氏の台頭」（『応仁の乱』学研、一九九四年）一四九～一五三頁、吉井功兒「尾張斯波氏」（同『中世政治史残篇』トーキ、二〇〇〇年、初出一九九七年）四〇〇～四三四頁などを参照した。なお、煩雑になるため、基本的な史実については註を省略した（以下同）。

（10）越前・朝倉関係の基礎的な事実関係については、『福井県史』通史編二（福井県、一九九四年）、六一二～六四八頁、松原信之『越前朝倉氏の研究』（吉川弘文館、二〇〇八年）三二～六二頁などを参照した。

（11）『親長卿記』文明八年九月十四日条。

（12）国立国会図書館所蔵『斯波家譜』。

（13）『大乗院寺社雑事記』文明十六年十一月七日条。

（14）「室町幕府―守護体制の変質・解体と戦国期社会」（『歴史科学』一九八、二〇〇九年）五頁。

(15)「守護在京解体の画期と幕府求心性についての一考察」（『新潟史学』六九、二〇一三年）三〜二七頁。
(16)「室町期武家の一族分業」（阿部猛編『中世政治史の研究』日本史史料研究会、二〇一〇年）八四七〜八七四頁。
(17)「紀伊守護家畠山氏の家督変遷」（同『中世後期畿内近国守護の研究』清文堂出版、二〇〇六年、初出一九九〇年）二三〜五七頁。
(18)「戦国期畿内政治史と若狭武田氏の在京」（『日本歴史』七六八、二〇一二年）一八〜三三頁。
(19)「室町中・後期における朽木氏の系譜と動向」（同『戦国期室町幕府と在地領主』八木書店、二〇〇六年、初出一九九七年）二八三〜三一三頁。
(20)「国人領主の在京活動」（『史学雑誌』一二二—八、二〇一三年）一〜二九頁。
(21)『大乗院寺社雑事記』延徳三年七月二十七日条。
(22)『山科家礼記』明応元年正月二十三日条。
(23)『親元日記』文明十七年九月三日条。
(24)内宮一禰宜荒木田氏経書状写（「内宮引付」『愛知県史』資料編一〇、一〇九頁）。なお、本史料につき、『愛知県史』は上屋形を義孝、下屋形を義寛とするが、事実は逆であって、上屋形＝義寛、下屋形＝義孝が正しい。また、同書は上屋形・下屋形をそれぞれ尾張の上守護・下守護ともするが、京都の上屋形殿・下屋形殿と解釈するのが妥当であり、明確な誤認といわざるを得ない（ちなみに、ここに見える「両御屋形様御立願」の内容とは、「越前被ㇾ入ㇾ手」〈織田良康添状写「同」『同』同頁〉、あるいは、「入国」〈二宮種数添状写「同」『同』同頁〉などとあるが如く、朝倉征伐の達成祈願のことと解され、時期的にも合致する）。なお、この史料から義孝の生年が享徳三年だと分かり、同年に生まれている「竹王」（『蔭凉軒日録』文正元年八月十二日条）が彼義孝のことだとも判明する。
(25)したがって、同じく各種系図に義寛の弟斯波義雄の子として見える上乗院の僧増意（存意）なる人物もまた実在であった蓋然性が高いだろう。この点、大永三年に三十有余歳であったという三井寺上乗院の僧増意なる人物が見えている（広橋兼秀符案留「広橋真光氏所蔵口宣案留第二」『大日本史料』九—一五、一二〇頁。木下聡氏ご教示）が、年齢的にはやや違和感が残ろうか。
(26)各種系図、および『大乗院寺社雑事記』文明十五年正月十六日・同十七年七月十七日条。
(27)『大乗院寺社雑事記』長享元年十月二十四日条。
(28)『大乗院寺社雑事記』長享元年八月十一日条。

(29)『大乗院寺社雑事記』長享元年八月十日条。
(30)『大乗院寺社雑事記』長享元年十月二十二日条。
(31)『山科家礼記』延徳三年八月二十七日条。
(32)『蔭涼軒日録』延徳三年八月二十七日条。
(33)『蔭涼軒日録』延徳三年十月十一日・同十二日条、『大乗院寺社雑事記』同十六日条。
(34)『蔭涼軒日録』延徳三年十月二十六日条。
(35)『蔭涼軒日録』延徳三年十月十二日条。
(36)『大乗院寺社雑事記』明応元年二月二十一日条。
(37)『蔭涼軒日録』明応元年五月四日条。
(38)『後法興院記』明応元年五月十一日条。
(39)『晴富宿禰記』明応元年五月四日条。
(40)『和長卿記』明応元年五月四日条。
(41)『蔭涼軒日録』明応元年七月二十日条。
(42)『大乗院寺社雑事記』明応元年十月十日条。
(43)山口県立山口図書館所蔵『大和家蔵書』、木下聡「史料紹介　「大和家蔵書」所収「大館陸奥守晴光筆記」・「安富勘解由左衛門尉筆記」」(『東京大学日本史学研究室紀要』二三、二〇一九年)七八頁。
(44)山口県立山口図書館所蔵『大和家蔵書』、木下聡「史料紹介　「大和家蔵書」所収「大和大和守晴完入道宗恕筆記」」(『東京大学日本史学研究室紀要』二一、二〇一七年)一七九頁、『金言和歌集』(『続群書類従』三三下、四二頁)。『金言和歌集』は永正八年頃の成立か(少なくとも大永七年以前)といわれ、その史実・内容もかなり正確と評価されている(森田恭二「『金言和歌集』成立の歴史的背景」『帝塚山学院大学日本文学研究』四〇、二〇〇九年、九頁)。この点、『金言和歌集』には義寛と並んで「軍奉行赤松左京太夫政則」ともあるが、赤松政則がこのとき「師奉行」を務めるということは『蔭涼軒日録』延徳三年九月九日条から確認することができる。したがって、斯波氏がこのとき副将軍であった蓋然性も高いと考える。なお、中世の副将軍については、西島太郎が管領制の終焉から副将軍の思想が生じたとの指摘を行っている(「中世後期の在地領主研究」中世後期研究会編『室町・

戦国期研究を読みなおす』思文閣出版、二〇〇七年、一九六～二〇二頁)。だが、氏は副将軍の事例として織田信長・毛利輝元を挙げ、信長の頃から副将軍という考えが登場してきたとするものの、斯波義寛のケースが検討対象外とされているため、再考の余地があるように感じる。むしろ、斯波氏の事例から窺えることは、戦争における将軍の軍事的代理人（総大将）を務めた者が副将軍と呼ばれた（認識された）ということなのではないか。この点、例えば戦国期の関東では軍事を担った上杉氏が自他ともに副将軍と認識されたというし（木下聡「山内上杉氏における官途と関東管領職の問題」『日本歴史』六八五、二〇〇五年、一八～三一頁）、里見氏も公方足利氏のもとで自らをそのように位置付けていたという（佐藤博信「関東足利氏と房総里見氏」同『中世東国政治史論』塙書房、二〇〇六年、初出一九九一年、二二一～二四六頁、和氣俊行「東国における「公方―管領体制」の止揚時期再考」中野栄夫編『日本中世の政治と社会』吉川弘文館、二〇〇三年、一八六～二一一頁)。なお、今川氏の副将軍自称については拙稿「今川氏と『足利一門』『吉良一門』」（大石泰史編『今川氏年表』高志書院、二〇一七年）参照。

(45) 他方、吉良・石橋・渋川の足利御三家は将軍の儀礼的・血統的代理人であったといえよう（拙稿「足利氏御一家考」〈本書第Ⅰ部第五章〉参照)。

(46) なお、十六世紀中葉、足利義昭は織田信長に管領か副将軍を与えようとしている（奥野高廣・岩沢愿彦校注『信長公記』角川書店、一九六九年、八九頁。以下、頁数のみ表記）が、それはまさしく今見たように斯波氏のポジションであり、事実、義昭は信長に斯波の家督を継がせようとしている（前掲註(1)）。義昭が信長を斯波にかわる存在として位置付けようとしていたことは明らかだろう。この点、本付論（初出）発表後、水野嶺（「幕府儀礼にみる織田信長」『日本史研究』六七六、二〇一八年、二二～四六頁）や石崎建治（「上洛直後の織田信長と足利義昭」『日本歴史』八四六、二〇一八年、一五～三二頁、「永禄十一年上洛直後の織田信長と永禄年間の三好一党に対する栄典授与の比較的考察」『金沢学院大学紀要』一七、二〇一九年、一四～二三頁）らも副将軍などについて検討を加え、それぞれ興味深いのだが、本付論で見た斯波氏のケースが落ちてしまっていることは残念である。

(47) 『山科家礼記』長享二年十一月二十六日条。

(48) 『山科家礼記』延徳三年八月十九日条。

(49) 『山科家礼記』延徳三年八月二十五日条。

(50) 「将軍が笙を学ぶということ」（同『天皇・将軍・地下楽人の室町音楽史』思文閣出版、二〇一二年、初出二〇一〇年）一二三～一五八頁。

(51)「足利家における笙と笙始儀」(『日本歴史』七六六、二〇一二年)一六〜三一頁、「足利義材の笙始儀と豊原統秋」『聖心女子大学論叢』一二八、二〇一七年)三七〜六〇頁、「笙器「達智門」にみる足利義材の近江出陣」(『聖心女子大学論叢』一三二、二〇一八年)五三〜八九頁。

(52)木下聡「衛門・兵衛督」(同『中世武家官位の研究』吉川弘文館、二〇一一年、初出二〇〇六年)六〇頁、同「位階」(同、二〇一一年)一九六頁。

(53)この点、近年明応の政変直前の状況を再検討した松島周一も、当該期将軍と結んだ斯波—織田両氏が朝倉氏、および同氏を支持する細川政元をかなりの程度苦境に追い込んでいたと結論付け、斯波氏の存在などにも目を向けるよう注意を促している(「延徳三・四年の織田敏定と細川政元」『歴史研究』五七、二〇一一年、四一〜六九頁)が、本付論は氏の論を支え得るものと考える。この点、小池辰典「明応の政変における諸大名の動向」(『白山史学』五一、二〇一五年)五七〜八四頁、同「鈎の陣にみる戦国初頭の将軍と諸大名」(『日本歴史』八五一、二〇一九年)一〜一八頁なども参照。

(54)設楽薫「足利義材の没落と将軍直臣団」(『日本史研究』三〇一、一九八七年)四七頁、同「足利義尚政権考」(『史学雑誌』九八—二、一九八九年)八二〜八三頁、末柄豊「細川氏の同族連合体制の解体と畿内領国化」(石井進編『中世の法と政治』吉川弘文館、一九九二年)一八五〜一九二頁、家永遵嗣「明応二年の政変と堀越公方」(同『室町幕府将軍権力の研究』東京大学日本史学研究室、一九九五年)三七四〜三七七頁。

(55)『大乗院寺社雑事記』明応元年十二月十六日条。

(56)『宮津市史』通史編上(宮津市、二〇〇二年)六六三〜六七〇頁。

(57)『大乗院寺社雑事記』明応三年十月十五日・同十一月六日・同九日条、『後慈眼院殿御記』同十二日・同十九日条。

(58)前掲註(53)。

(59)小久保嘉紀「斯波氏と室町幕府儀礼秩序」(『愛知県史研究』一四、二〇一〇年)二頁。

(60)遠江・今川関係の基礎的な事実関係については、秋本太二「今川氏親の遠江経略」(『信濃』二六—一、一九七四年)一八〜三一頁、家永遵嗣「足利義高・細川政元政権と今川氏親・伊勢宗瑞」(同『室町幕府将軍権力の研究』東京大学日本史学研究室、一九九五年)三八二〜四一六頁、『静岡県史』通史編二(静岡県、一九九七年)、六四八〜六六六頁、森田香司「今川氏親と文亀・永正の争乱」(静岡県地域史研究会編『戦国期静岡の研究』清文堂出版、二〇〇一年)八七〜一一四頁などを参照した。

(61) 義寛は明応八年頃までは義材と親しく、それ以降は義澄（および細川政元）と親しかったとされる（家永前掲註(60)論文）。なお、義寛は義澄と姻戚関係を構築していたことも知られる。というのは、『二水記』大永七年七月十三日条に「法住院殿御息武衛腹江州武家御舎弟也」とあることや各種系図に義寛の娘が足利義維の母とあることなどから、義寛の娘が義澄の妻となったことが分かるからである。義維の生年は永正六年頃といわれる（長江正一『三好長慶』吉川弘文館、一九六八年、四一〜四四頁）から、それよりさほど遡らない時期に両者の姻戚関係が成立したことも分かる（ただし、義澄の妻は斯波氏の娘ではなく石橋氏の娘であったという可能性もある。というのは、『糟粕』に義澄の子で義材の養子〈義維〉の母が「石橋殿」（石橋治義カ）と書かれていたことが判明したからである〈今泉淑夫「『糟粕』について」同『日本中世禅籍の研究』吉川弘文館、二〇〇四年、初出二〇〇一年、三一〜三二頁。清水敏之氏ご教示〉。詳細はなお不明だが、一応付記しておきたい）。

(62) 家永前掲註(60)論文、同「甲斐・信濃における「戦国」状況の起点」（『武田氏研究』四八、二〇一三年）六〜三五頁。一方、今川氏も公方足利義材・相模伊勢氏・関東扇谷上杉氏らと連携して対抗を図った（前掲註(60)の諸論文を参照）。

(63) なお、包囲網形成につき、信濃では小笠原氏以外、村上氏とも関係を構築していた可能性がある。というのは、各種系図に義寛の娘が村上義清の母（村上顕国の妻）とあるからである。義清は文亀元年の生まれといわれる（志村平治『村上義清伝』新人物往来社、一九九一年、三二〜三四頁）から、系図が正しいとすると、それよりさほど遡らない時期に斯波—村上両者の姻戚関係は出来上がったことになる。斯波氏としては、小笠原氏（信濃勢力）の背後を固めておく必要から北信までをも視野に入れた反今川包囲網の構築を図ったのではないだろうか。この点、村石正行「室町幕府同名氏族論」（『信濃』六八—一二、二〇一六年）二三〜四〇頁も参照。

(64) 前掲註(60)の諸論文を参照。

(65) 赤沢宗益書状（「勝山小笠原文書」『静岡県史』資料編七、一〇九頁）。

(66) 『信濃史料』一〇、一二六〜一二七頁。

(67) なお、近年村石正行氏は斯波氏ではなく小笠原氏（長朝）ではないかとした（「足利義材政権と小笠原氏」（『信濃』六五—九、二〇一三年、八〜九頁）が、従い難い。

(68) ちなみに、「又次郎」はその後も史料に登場する。『言継卿記』天文二年八月五日条に「武衛一家」の「又次郎」が尾張で山科言継と交流しているのがそれである。この又次郎は十五世紀中葉頃から後半頃に誕生したであろう義雄では年齢的に合わず、したがって、義雄の子斯波義虎（斯波義秋と同一人物か）に比定される。なお、各種系図によれば、彼は天文二十二年に四十四歳で死去したとあるので、永正七年の生まれと分かる。
(69)『特芳和尚西源録』（『妙心寺派語録』一、五五三頁）。
(70)「伊勢宗瑞論」（同編著『伊勢宗瑞』戎光祥出版、二〇一三年）二八～三四頁。この点、大石泰史編『今川氏年表』（高志書院、二〇一七年）二九頁、同『今川氏滅亡』（KADOKAWA、二〇一八年）三七頁なども参照。
(71)伊達忠宗軍忠状（「京都大学総合博物館所蔵駿河伊達文書」『戦国遺文』今川氏編一、一一二～一一四頁）。
(72)市古貞次編『塵荊鈔』下（古典文庫、一九八四年）、一九七頁。
(73)『仙台市史』資料編一古代中世、二四七頁。
(74)『大乗院寺社雑事記』永正元年七月二十二日・同九月二十日条、『宣胤卿記』同三年七月二十一日条。
(75)彼は『清須合戦記』（『続群書類従』二一上、一〇一頁）などの記事からしばしば大永元年に死去したとされてきたが、同時代史料である『言継卿記』天文二年八月十九日条に「武衛義敦」と出てくるため再考を要する。この点、各種系図は義達を永禄十二年に八十四歳で死去したと伝え、逆算すると、彼の生年は文明十八年となるが、彼の父義寛の生年（長禄元年）から見ても矛盾はなく、ひとまずそのように考えておきたい。
(76)柴裕之「戦国期尾張織田氏の動向」（同編『尾張織田氏』岩田書院、二〇一一年）一七頁、小林前掲註(8)論文。
(77)島津忠夫校注『宗長日記』（岩波書店、一九七五年）一〇～一二頁。
(78)『言継卿記』天文二年七月十八日・同八月五日・同十六日・同十八日・同十九日・同十二月四日条。
(79)拙稿「永正末期～大永期の斯波氏」（『静岡県地域史研究』六、二〇一六年）参照。
(80)『続群書類従』二一上、一〇五頁。
(81)斯波義統書下（「妙興寺文書」『愛知県史』資料編一〇、五四一頁）。
(82)なお、彼の生没年だが、各種系図に天文二十二年に四十二歳で死去したと見えるので、その生年は永正九年と推察される。
(83)「橋立真宗寺の成立と発展」（同『越前一向衆の研究』法蔵館、一九九九年、初出一九九五年）一七四～一七五頁、「田野最勝寺の成立と発展」（同、初出一九九六年）二〇一～二〇四頁。
(84)『証如上人書札案』（『真宗史料集成』三、九九六・一〇一一～一〇一二頁）。

(85) 以下の〔史料六〕〔史料七〕については平成二十五年十一月二十五日に現地（岐阜県郡上市白鳥町・同八幡町）において原本調査の機会を得た。調査を許可して下さった宝林寺・安養寺の両寺、および調査に同行して頂いた安藤弥・村岡幹生の両氏に深く感謝したい。調査結果をまとめておくと、いずれも小さな切紙（前者は縦一〇・五センチ×横二二・五センチ、花押は縦二・八センチ×横四・四センチ。後者は縦一一・七センチ×横二八・一センチ、花押は縦計測不能〈欠損のため。この点、虫損などではなく、花押の主要部分だけがなぜか意図的に切り取られているように見えた。ただし、その形状は前者のものと全く同一であった〉×横四・三センチ）で正文と認められ、特に前者は裏打ち・軸装などがなされていないうぶな状態のままで保管され、切封の紙紐部分までが残っており貴重と思われた。翻刻も各自治体史のもので問題はなかった。ただ、両文書で筆跡（右筆）が多少異なるように感じられ、またそもそもなぜ最勝寺宛ての文書が両寺に伝わっているのかなど、伝来過程・背景に問題も残った（この点、小泉は、岐阜県内の真宗文書の在り方から近代の史料調査の際に混乱が生じた可能性を指摘している）。今後の課題としたい。

(86)『白鳥町史』史料編二、五七六頁。

(87)『岐阜県史』史料編古代中世一、四二頁。

(88)『愛知県史』資料編一〇、二九八頁。なお、その後、本付論（初出）発表に伴い、『愛知県史』は資料編一四、八七八頁で天文十年と訂正した。

(89)『越前・若狭一向一揆関係資料集成』六一七・六一九頁。

(90) なお、各種系図からは義信に斯波義縁なる兄がいたこと、義縁こそ本来斯波民部少輔家の嫡流であったこと、義信は彼の養子・後継者となっていたことなどが窺えるが、事実、『永正年中得生院記』永正六年正月十一日条（『大日本史料』九―二、二七八頁。木下聡氏ご教示）には「武衛伊予守母」と見え、この「武衛伊予守」こそ、各種系図に伊予守・伊予介とある義縁で、永正年間頃までは彼が斯波民部少輔家の当主とされていたことが確認できる。義縁はその後死去し、弟義信が養子となって同家督を継承したものと考えられる。ちなみに、「武衛伊予守母」とは斯波義寛の姉妹のことで、彼女の在京、および貴顕との交流もまた窺える。

(91)『新修名古屋市史』本文編二（名古屋市、一九九八年）五八八～五八九頁。

(92) 尾張・織田関係の基礎的な事実関係については、『新修名古屋市史』本文編二（名古屋市、一九九八年）、四七五～六〇八頁、下村信博「戦国期尾張の動向」（内堀信雄・鈴木正貴・仁木宏・三宅唯美編『守護所と戦国城下町』高志書院、二〇〇六年）一一七～一三六頁、柴裕之編『尾張織田氏』（岩田書院、二〇一一年）所収の諸論文などを参照した。

(93) ただし、義信の加賀入国はもう少し遡る可能性がある。まず、永正十六年には、加賀に在国する義信の姿が見て取れる（前掲註(79)）。また、『日野一流系図』（『真宗史料集成』七、五二四～五二五頁）には、加賀真宗の有力寺院松岡寺の兼玄（蓮慶）の娘は「修理大夫源義妾」とあり、この「修理大夫源義」は能登畠山氏の可能性もあるが、斯波義信とすれば、松岡寺が享禄の錯乱によって壊滅する享禄四年（小泉義博「越前における真宗の発展」同前掲註(83)書、初出一九九八年、二六頁）以前にも、彼は加賀にいた可能性が出てくる。この点、義信が本願寺に対して「先年加州錯乱」の際の「忠節之様体」を述べたという〔史料八〕の存在は改めて注目されてくる。この「加州錯乱」での「忠節」については他に史料がなく不明であるが、これが享禄の錯乱のことだとすると、義信は当時加賀にいて証如に味方したということになる（ただし、その場合、彼は錯乱前後、松岡寺方から証如方へと立場をかえたということにもなろうか）。その他、天文六年にも、義信の加賀在国が窺えることは拙稿「中世後期における御一家渋川氏の動向」（本書第Ⅰ部第四章）で見た通りである。いずれにせよ、義信の加賀入国は斯波氏の越前回復の動きと連動していたと考えられ、その入国時期が遡れば遡るほど、斯波氏の越前への執念もまた長期的なものだったということになろう。

(94) 松原前掲註(10)書、二九三～二九七頁。

(95) ただし、斯波氏がこのときここまでの行動に踏み切った（踏み切れた）背景にはもう少し広域的な（単なる局地戦にとどまらない）事情があった可能性もある。というのは、当時中央では細川晴元に対し、細川氏綱・木沢長政・管領畠山氏・出雲尼子氏らが対抗していた状況があったからである（小谷利明「畠山稙長の動向」矢田俊文編『戦国期の権力と文書』高志書院、二〇〇四年、六八～七九頁。水野智之氏ご教示）。なお不明な部分も多いが、今後の課題としたい。

(96) 神田千里「本願寺の行動原理と一向一揆」（同『一向一揆と戦国社会』吉川弘文館、一九九八年）二八五頁。

(97) 横山前掲註(8)書、一一〇～一二一頁。

(98) 駿遠軍中衆矢文写（「島原松平文庫所蔵士林証文」『戦国遺文』今川氏編二、四九～五〇頁）。ただし、これは織田信秀が主導した可能性もあり、斯波氏の主導性についてはなお検討の余地を残す。この点、拙稿「戦国期における三河吉良氏の動向」（本書第Ⅰ部第二章）参照。

(99) 『信長公記』三三頁。

(100) 斯波義近画像（大龍院原蔵。東京大学史料編纂所模写）。ちなみに、義銀の位置付けだが、『東庵法語』（大仙寺所蔵。横山住雄・小林輝久彦両氏ご教示）に収められた元亀二年作成の賛文の中には、義銀の父が「行業院殿」（斯波義達）とある。従来、『信長公記』(三二〜三五頁)などの記事から義銀の父は義統とされてきたが、義銀の父は義達で、義銀と義統とは年の離れた兄弟同士であった(義銀は義統の養子となったか)とも考えられる(小林輝久彦氏ご教示)。

(101) 森田真一「上条上杉定憲と享禄・天文の乱」(『新潟史学』四六、二〇〇一年)一〜二七頁、谷合伸介「八条上杉氏・四条上杉氏の基礎的研究」(『新潟史学』五一、二〇〇四年)四一〜六一頁、片桐昭彦「上杉謙信の家督継承と家格秩序の創出」(『上越市史研究』一〇、二〇〇四年)一〜一七頁、植田真平「都鄙関係と上杉氏」(同『鎌倉府の支配と権力』校倉書房、二〇一八年、初出二〇一三年)三〇三〜三三二頁。

(102) 井原今朝男「室町期の代官請負契約と債務保証」(同『日本中世債務史の研究』東京大学出版会、二〇一一年、初出二〇〇一年)一九九〜二三〇頁、同「中世後期における債務と経済構造」(同『中世日本の信用経済と徳政令』吉川弘文館、二〇一五年、初出二〇〇三年)四五四〜四九二頁、同「蜷川貞相の法楽和歌奉納と領主間ネットワーク」(『日本史研究』五一五、二〇〇五年)一〜二七頁、村石正行「室町幕府奉行人諏訪氏の基礎的考察」(『長野県立歴史館研究紀要』一一、二〇〇五年)二六〜三七頁、同「諏訪社に残された足利義政の願文」(『年報三田中世史研究』一四、二〇〇七年)六四〜八九頁、同「小笠原長時の書状一通」(『長野県立歴史館研究紀要』一四、二〇〇八年)八四〜九〇頁、同「小笠原長時の外交活動と同名氏族間交流」(『史学』八二―一・二、二〇一三年)三九〜五八頁、同「足利義材政権と小笠原氏」(『信濃』六五―九、二〇一三年)一〜二五頁、同「中世後期諏方氏の一族分業と諏訪信仰」(福田晃・徳田和夫・二本松康宏編『諏訪信仰の中世』三弥井書店、二〇一五年)二八七〜三〇二頁、同「室町幕府同名氏族論」(『信濃』六八―一二、二〇一六年)二三〜四〇頁、同「細川氏内衆丹波上原氏と諏訪信仰」(二本松康宏編『諏訪信仰の歴史と伝承』三弥井書店、二〇一九年)六〇〜八一頁。

(103) 今泉徹「幕紋をもらう話」(『戦国史研究』四六、二〇〇三年)三〇〜三一頁。

(104) 多田誠「室町幕府奉公衆美濃佐竹氏について」(『皇學館論叢』二九―六、一九九六年)一〜二七頁。

(105) 『竜ヶ崎市史』中世編(竜ヶ崎市教育委員会、一九九八年)一七一〜一九四頁。

(106) 横山恵峰「那古野城の興亡」(『城』五〇、一九六九年)三五〜三九頁、小和田哲男「今川一門名児耶氏の研究」(同『今川氏家臣団の研究』清文堂出版、二〇〇一年、初出一九九二年)六六〜七五頁、下村信博「近世名古屋城築城以前の尾張那古野について」(『年報中世史研究』二〇、一九九五年)一二七〜一二八頁、同「今川那古野氏再考」(『名古屋市博物館研究紀要』一九、一九九六年)一九〜二八頁。

(107) 河村昭一『安芸武田氏』(戎光祥出版、二〇一〇年、初出一九八四年) 七五～七六頁。
(108) 羽田聡「足利義材の西国廻りと吉見氏」(『学叢』二五、二〇〇三年) 四一～五九頁、呉座勇一「南北朝～室町期の戦争と在地領主」(同『日本中世の領主一揆』思文閣出版、二〇一四年、初出二〇一二年) 三四二～三四三頁。
(109) 西島太郎「京極氏領国における出雲国と尼子氏」(同『松江藩の基礎的研究』岩田書院、二〇一五年、初出二〇一三年) 一二五～一五四頁。
(110) 石井進「家訓・置文・一揆契状」(同『石井進著作集』六、岩波書店、二〇〇五年、初出一九七二年) 二一三～二一四頁。
(111) 拙稿「吉良流礼法とその継承者たち」(『東京大学日本史学研究室紀要』一四、二〇一〇年)、同「都鄙における御一家石橋氏の動向」(本書第Ⅰ部第三章) 参照。

第Ⅱ部　足利的秩序論

第一章　足利一門再考

——「足利的秩序」とその崩壊——

序節　「御一家」の二つの意味から

中世後期の東西（京都・関東）の武家研究は現在、京都将軍・関東公方、その下で地域支配を担った守護・屋形などの勢力、そして、守護らを介さずに上意と直結する奉公衆・直臣層などの勢力と、その検討対象を確実に進化（深化）・多様化させているように見える。

だが、そうした研究状況の中においても依然「御一家」（具体的には吉良・石橋・渋川の三氏）の姿は出てこない。その理由を推量するに、これは単に史料的な問題（あるいは、それに付随する基礎的な研究の欠如）というものにとどまらず、彼らが将軍・公方の直臣ではない（体制外と見做されている）という理論的な要請も関係しているのではないか。

確かに、御一家は直臣とは言い難い存在ではある。例えば、室町期から戦国期にかけての史料には、

「於二御前一殿文字之事、御連枝幷吉良殿御事ハよくきこへ申候様に可レ申也[1]」

「総而吉良殿・石橋殿御兄弟者御連枝同事也[2]」

『『イシバシ殿』と称する城主は、（中略）、公方様の従兄弟でありました(3)」

「渋川左衛門佐義鏡を大将として武蔵国へ被二指下一、是ハ公方の近親にて代々九州探題の家なれバ、諸家も重き事に思ひける(4)」

などとあり、御一家は御連枝（将軍・公方の兄弟たち）に準じる「従兄弟」「近親」（まさしく「御一家」）なのであるから、狭い意味では直臣とは呼び難いというのは事実である。

しかし、すでに山田邦明なども指摘するように、「御一家は大きくみて奉公中に含まれ」「主従関係においては公方に直結する存在(5)」なのであるから、広い意味では直臣とも呼び得るというのもこれまた事実である。したがって、その存在を無視、あるいは、軽視しては武家の総体は描き切れないのであり、彼らを何とかして東西の秩序・体制の中に位置付ける努力が必要であるように思われる。

かくして、筆者は本書第Ⅰ部において吉良・石橋・渋川の三氏について、彼らが「御一家(7)」、そして、「三家(8)」と呼ばれていることから、彼らを「足利御三家」と括って検討を行った（これは近世の「徳川御三家」との比較・連続性を意識した筆者の造語である(9)）。

だが、その後、御一家という言葉が必ずしもこの足利御三家のことだけを指すとは限らないということに気付いた。換言すれば、足利御三家以外の人々が御一家と呼ばれているケースが史料上複数見出されたのである。

例えば、戦国期の土岐氏に関する故実書には以下のようにある。

〔史料一〕『家中竹馬記』（『群書類従』二三、二二三・二三七・二三九頁）

「山名殿・一色殿・細川讃岐殿などは、畠山匠作など同じ事たるべし、皆御一家御相伴衆なり、赤松は佐々木京極と同程なるべし、凡御一家の御相伴衆と其外の諸家とは替る事也」

「公方様の御剣は御供衆にても御一家の持るる也」
「御前のらうそくのさきを取事、公方様御覧ぜらるゝ御通りをば御供衆の中にも御一家の被レ取なり」
「御前にて酒のこぼれたるをのごはるゝ事も、公方様の御近辺へは只の人は不レ参、是も御供衆の御一家沙汰ある也」
「公方様の御先打は御一家のせらるゝ也、畠山将監殿など沙汰有しと也」

ここでは、室町幕府の御相伴衆・御供衆などである山名・一色・細川・畠山らの各氏が御一家と呼ばれていることが分かる。明らかに足利御三家のことではない、広く「足利一門」全体のことが御一家と呼ばれているのである。要するに、御一家という言葉には、以下のような二つの異なる意味合い・使われ方があったのである。すなわち、

①「狭義の御一家」という意味で、「足利御三家」のこと
②「広義の御一家」という意味で、「足利一門」のこと

以上である。これまで筆者も含めて研究者らは主に①の意味で御一家という言葉を使ってきたように思う。だが、御一家（史料によっては御一族などと表記されることもある）という言葉（史料用語）には、異なる二つの意味合い（研究概念）が含まれていたのである。したがって、史料読解中にそのような言葉と遭遇した際には、それが①・②どちらの意味で使われているのか、逐一検討してみる必要があるのである。

この問題について具体的に例を挙げて考えてみよう。先ほどの『家中竹馬記』によれば、戦国期の土岐氏は以下のようなアイデンティティーを持っていたことが分かる。

抑当家（土岐殿）者、満仲の長子頼光の苗孫として、清和源氏の家嫡也、等持院殿（尊氏将軍）の御一家の次、諸家の頭たるべき由、土岐伯耆入道殿（頼貞、法名存孝、号二定林寺殿一）に被二仰定一ける以来、今に至まで其証跡勿論也、[10]

同様に、戦国期の土岐氏に関する故実書である『土岐家聞書』にも、「当方土岐は、御一族の次、諸家の頭たるべき由也(11)」とある。

すなわち、土岐氏は自らのことを「御一家（御一族）の次、諸家の頭」と認識していたのである。ちなみに、この認識が土岐氏による独り善がりなものであったかといえば、実はそうでもなかったらしく、すでに南北朝期には今川了俊が「当御代には土岐伯耆守（頼貞）入道は、侍よりは上、一族よりは下と定られしにや(12)」などと記している。要するに、中世土岐氏＝「御一家（御一族・一族）の次、諸家（侍）の頭」との認識は土岐氏以外からも共有されていたようなのである。

では、この御一家（御一族・一族）とは、果たして、①「足利御三家」・②「足利一門」どちらの意味なのであろうか。そこで、これらの記事が載っている『家中竹馬記』『土岐家聞書』において御一家などという言葉がどのように使われているのかについて調べてみると、例えば先ほどの〔史料一〕からは山名・一色・細川・畠山らの各氏が「御一家」と呼ばれていたことが分かる。その他にも、「管領職は昔は賞翫にはあらず、然に高師直・師泰等謀反の後、御一族管領職にならるゝに依て、其以来賞翫の職となり(13)」と、幕府管領を務める斯波・畠山・細川らの各氏が「御一族」と呼ばれていたことが分かる。

したがって、ここでいう御一家とは①「足利御三家」の意味ではなく、②「足利一門」の意味だということに決定できる。つまり、戦国期の土岐氏は自らのことを「足利一門」の次、諸家の頭だと考えていた（一部他氏からもそう思われていた）のである。

では、こうした「足利一門」とは果たしていかなる人々のことを指していたのであろうか。この点、この言葉は実はこれまでかなり適当・曖昧に使われてきたのではなかったか。

本章では、こうした「足利一門」をめぐる諸問題――①足利一門とは誰のことか、②足利の一門であるとはどういうことか、③足利の一門になるとはどういうことか――などについて根本的に問い直す作業を行い、もって足利時代の崩壊過程についても捉え直すことを試みんとするものである。[14]

第一節　「足利一門」とは誰のことか

1　「足利一門」一覧

先ほども述べたように、足利一門という言葉はこれまで極めて曖昧に使われてきたように思われる。例えば、桃井氏は「足利氏の一族」[15]とよくいわれるのであるが、当時（南北朝期）の史料を見ると、「義貞一流氏族皆打立ケリ、先山名・里見・堀口・大館ヲ先トシテ、岩松・桃井皆一人当千ニ非ズト云コトナシ」（『梅松論』[16]）、あるいは、「新田一族には岩松相模守・世良田大膳大夫・田中弾正大弼・桃井左京大夫・江田丹後守・山名因幡権守・堀口三郎・里見十郎」（『太平記』[17]）などと出てくる。また、山名氏は「新田氏の庶流であり、（中略）、足利一門の有力守護家とは出自が異なる」[18]といわれ、吉見氏は新田流でも足利流でもない「外様」[19]と断じられており、全体としては「史料において、どこまでを足利氏の一門と扱っていたのかを明確に示しているものは確認することができない」[20]とまでいわれている。

では、これらの認識は果たして妥当なのであろうか。この点、実は当時誰が足利一門と見做されていたのかということを明確に示す史料（中世史料）は存在していたのである。だが、それにも拘わらず、そうした史料はこれまであまり注目されてこなかったように思う。そこで、以下ではそれらの史料を実際に掲げつつ、足利一門のメンバーについて具体的に確定させていくという作業からはじめることにしたい。

まずは、京都の方の足利一門のメンバーから確定させていこう。室町期の故実書である『公武大体略記』[21]や戦国期に大館常興が書き残した『大館記』[22]には「御当家《足利氏》の累葉」「当流の累葉」(足利氏の一族)として畠山・桃井・吉良・今川・斯波・石橋・渋川・石塔・一色・上野・小俣・加子・新田・山名・里見・仁木・細川・大館・大島・大井田・竹林・牛沢・鳥山・堀口・一井・得川・世良田・江田・荒川・田中・戸賀崎・岩松・吉見の各氏が特に区別されることなく挙げられている。

同様に、室町期の家紋集である『見聞諸家紋』[23]には足利氏と同じ「二引両」の家紋を持つ「一姓」として吉良・渋川・石橋・斯波・細川・畠山・上野・一色・山名・新田・大館・仁木・今川・桃井・吉見の各氏がこれまた特に区別されることなく挙げられている。

さらに、室町末期以降の小笠原流礼法の故実書といわれる『三議一統大双紙』[24]には「御当家の仁々」として新田・仁木・細川・吉見・明石・山名・里見・畠山・岩松・桃井・吉良・今川・斯波・渋川・石橋・一色・上野・石塔・加子・小俣の各氏がこれまたやはり列挙されている。

すなわち、先に見た桃井・山名・吉見らの各氏は、当時全て足利一門と認識されていたということが、中世史料から確認できるのである。

続けて、関東の方の足利一門のメンバーも確定させていこう。結論からいえば、基本的には京都の方と大きくかわるところはない。例えば、『旦那名字注文』[25]には吉良・石塔・桃井・畠山・渋川・岩松・里見・鳥山・吉見・加子・一色・今川の各氏が、同様に、『里見家永正元亀中書札留抜書』[26]には吉良・渋川・岩松・一色・桃井・鳥山・畠山・

加子・大館・今川の各氏が、さらに、『義氏様御代之中御書案之書留』(27)には吉良・渋川・新田・一色・吉見・桃井・里見・岩松の各氏がそれぞれ足利一門として掲げられている。これらはいずれも室町期から戦国期にかけての史料である(28)。

以上を要するに、中世日本において足利一門とは具体的には以下の人々のことを指していた。すなわち、畠山・桃井・吉良・今川・斯波・石橋・渋川・石塔・一色・上野・小俣・加子・新田・山名・里見・仁木・細川・大館・大島・大井田・竹林・牛沢・鳥山・堀口・一井・得川・世良田・江田・荒川・田中・戸賀崎・岩松・吉見・明石の各氏である（以下、足利一門メンバーリストと呼ぶ(29)）。

なお、『三議一統大双紙』にだけ見える「明石氏」とは琵琶法師明石覚一のことで、彼は「明石殿（足利）義詮ノ子歟」(30)と呼ばれ、近世史料には「足利尊氏の従弟」「尊氏将軍の従母弟」「足利氏支族」「足利家の庶流」などとして登場する(31)。どうやら同氏は足利氏の一族だと思われていたらしい。だが、同氏は「武家」ではないため、本章の検討対象からはひとまず除外することとしたい。

2　新田流のこと

さて、この足利一門メンバーリストを見てまず気付くのは、足利一門に「新田氏の庶流」も含まれているという点（事実）であろう。我々は基本的には新田流のことは足利一門とは見做していないように思われる。だが、当時（中世）の人々は新田流をも足利一門と見做しており、新田流を足利一門から敢えて外すというような意識は特に持ち合せていなかったということがここからははっきりと窺うことができる。

しかし、この点については以下のような疑問・反論を持たれる方があるかもしれない。すなわち、先に見た史料

（『公武大体略記』から『義氏様御代之中御書案之書留』まで）はいずれも全て室町期以降のものであるゆえ、南北朝期には該当しない可能性があるのではないか、換言すれば、新田流はやはりもともとは「非足利一門」なのであって、それがある時点・段階から「足利一門化」したものなのではないか、というものである。以下ではこの疑問・反論に対する再反論を行っていくことにしたい。

（1）再反論(1)

まずは史料を掲げる。

〔史料二〕足利義満御内書案（『蜷川家文書』一、一一～一二頁）

九州にをひての度々忠節と申、去内野かせんの忠たにことに候間、向後もふかくたのミ入て候間、一そくの准に思給候、存知せらるへく候也、

明徳四

十二月十三日　御判（足利義満）

大内左京大夫（義弘）とのへ

この史料は明徳四年（一三九三）に三代将軍足利義満が大内義弘に与えたもので、その内容は九州での忠節（探題今川了俊と鎮西平定に奔走）や内野合戦（明徳の乱）での軍忠に対して義満が義弘を「一そくの准」＝足利一門に准じると思うとしたものである。これについて佐藤進一は「義満がとくに義弘を賞し」たと評価している[32]。だがその後、義弘は義満に反乱を起こして自滅し（応永の乱）、以後、大内氏を足利一門として確認することはできなくなる。

ここから、以下の二点を抽出することができる。すなわち、①「恩賞」として足利一門化するケースがあったとい

うこと、だがその場合、②「罰」として足利一門から外されることがあったということ、以上である。つまり、非足利一門が「恩賞」などという形で途中から足利一門化するということは確かに可能ではあったのである。

これらを踏まえて、今度は新田流の場合について見ていきたい。まず山名氏だが、同氏は大内氏と同じ時期に幕府に帰参し、同じ時期に義満と戦い、そして同じように潰された。だが、それにも拘わらず、山名氏は以後も足利一門として登場し続け、一方で（足利一門化した）大内氏は足利一門から外されたのである。ここに大きな「差」を見ないわけにはいかないであろう（山名氏は②が適用されていない）。

次に先ほど掲げた足利一門メンバーリストの中の大館氏以下の人々を見たい。仮に彼らが途中から足利一門化したとすれば、それは「恩賞」の結果に相違ない。だが、常識的に考えて、彼らが他氏（例えば佐々木氏や赤松氏ら）を上回る破格の「恩賞」を貰えるような状況は果たして想定可能なのであろうか。大館氏以下のような人々であっても足利一門化という「恩賞」を貰えるのならば、彼ら以上に活躍した佐々木氏や赤松氏などもそれを貰えて当然ではないか。だが、現実にはそうはなっておらず、佐々木氏や赤松氏らは足利一門化を果たしてはいない。であればなおさら大館氏以下の人々が足利一門化を果たしたというのは想定し難いであろう。

以上を要するに、山名氏らを「恩賞」として足利一門化した存在と見るのは無理である。

（2）再反論(2)

続けて本家本元の新田氏自身について見てみたい。実は十四世紀の時点で新田氏は以下のように呼ばれていたことが当時の史料から分かる。すなわち、

「東にも上野国に源義貞（新田）と云者あり、高氏（足利）が一族也」（『神皇正統記』[33]）

「尊氏のすゑ《〔末〕》の一ぞう《〔族〕》なる新田小四郎義貞といふもの」（『増鏡』[34]）

「上野国ニ、尊氏一族新田義貞ト云者アリ」「義貞ハ尊氏カ一族也」（『保暦間記』[35]）

などである。驚くべきは、新田義貞と同じ陣営（南朝）に属していたはずの北畠親房までもが新田氏＝足利一門との認識を示していたことである。要するに、南朝の人間であるか北朝の人間であるかを問わず、当時（同時代）の人々は皆はじめから新田氏のことを足利一門と見做していたようなのである[36]。

（1）・（2）をまとめると、新田流は南北朝期以降に足利一門化したわけではなく、むしろ南北朝期にはすでに足利一門と見做されていた。すなわち、彼らは「足利氏の庶流」として位置付けられる存在だったのである。

では、鎌倉期、あるいは、それ以前についてはどうだったのか。この点、田中大喜は、新田流はもともと非足利一門であったが、鎌倉期に「足利氏と婚姻・猶子関係を結」んで「足利一族に準じる存在になった[37]」とする。すなわち、氏は姻戚関係の成立をもって足利一門化の契機と見做しているようなのである（ただし、氏は中世後期の新田流については論じていない）。

だが、姻戚関係の成立が必ずしも足利一門化の契機となるわけではない。というのは、新田流と同じく、熱田大宮司家も鎌倉期に足利氏との姻戚関係を結んだが、特に足利一門化はしていないからである[38]。要するに、姻戚関係の成立によって新田流が足利一門化したとは必ずしもいえない。

では、改めて新田流はいつから足利一門化したのか。また、その契機はどこにあったというのか。だが、ここで一度立ち止まって考えてみるべきなのではないだろうか。この問いかけ自体果たして妥当なのかと。なぜ、我々は足利一門化、あるいは、契機などといって新田流のことを足利一門の〈外部〉（非足利一門）かのように見做してしまうのかと。このことの方がむしろ問題なのではないのかと。

振り返ってみれば、我々は「足利」という「幹」（嫡流）から分かれた「枝」（庶流）のことを足利一門と呼んできた。初期に分かれた者が仁木氏や細川氏などとなり、その次に分かれた者が畠山氏や桃井氏などとなり、といった具合にである。この点、新田氏とて、仁木氏や細川氏などよりも一代前＝〈最初〉に足利という幹から分かれた枝といえるのであって、例外ではない。それにも拘わらず、我々は仁木氏や細川氏などのことは自明の足利一門で、新田氏のことは自明の非足利一門だと認識してしまっているのである。(39) このような新田氏〈だけ〉を特別視してしまう思考様式は、「源家嫡流」(40) などといって新田氏のことを現実以上に持ち上げ、新田―足利を家格的にことさらに対抗・並置させる「フィクション」である『太平記』に主に由来するのではないか。つまり、我々はいまだ『太平記』的なる史観に束縛され、そこから自由ではないのではないか、そのように思料されるのである。(41)

以上を要するに、新田流を足利一門から外して理解する必要はないのであって、むしろ、仁木氏や細川氏などと同じように、はじめから足利一門であったと見做すことに実は何の問題もないと考える。(42) なお、新田氏は足利氏の〈庶流〉ではあるが、〈惣領―庶子〉という関係にはないという点で、（足利氏にとっては）畠山氏などと同じような立ち位置かと考えられる。

3　「足利一門」の定義と唯一残された吉見氏の位置付け

では、改めて新田流をも含み込む足利一門とはいかなる存在と定義すればよいか。また、実は先ほどの足利一門メンバーリストの中には新田流でも足利流でもない者が一人だけ混じっていたのだが、そのことに気付いたであろうか。それは「吉見氏」のことなのだが、(43) では、同氏についてはどのように位置付ければよいか。次にこれらの問題について考えていくことにしたい。(44)

まずは系図（図5）を掲げよう。

ここから、以下のことが分かる。まず、（三男）義国流が基本的に足利一門と見做されていたということである。つまり、本来的な意味での足利一門とはこの「義国流」のことを指すと考えられるのである。この点、近世に「足利一門」の徳川家康が「義国よりの系図を吉良家より被レ渡候」(45)と、吉良氏から「義重」（新田）ではなく「義国」（足利）以来、つまり、足利一門全体の系図を意識して獲得していることは興味深い。

次に、吉見氏だが、同氏は（五男）為義流に位置する。だが、為義流全体が足利一門と見做されていたわけでは決してない。例えば、為義—行家流の新宮氏などは足利一門とは見做されていない。振り返って、吉見氏は「為義—義朝流」というところに位置しており、その流れ〈だけ〉が足利一門と見做されたということが分かる。なお、その為義—義朝流でも吉見氏以外（例えば阿野氏や愛智氏ら）は足利一門としては見えない。だが、この点、図5を見れば、（一男）義宗流・（四男）義忠流らは「無二子孫一」「無二近代相続一」などと、全て滅亡していることに気付く。とすれば、阿野氏や愛智氏らも同様に断絶し、そうであるがゆえに以後登場しないと見ることができよう。

以上を要するに、本来的・第一義的な足利一門とは「義国流」のことであり、足利時代の足利一門とは「義国流」＋「為義—義朝流」のことである、との定義がひとまず可能となろう。

図5　源氏系図(1)（『尊卑分脈』〈三、二一三〜三一一頁〉より作成）

源義家
- （一男）義宗 → 「早世無二子孫一」
- （二男）義親
- （三男）義国 → 「当代源氏正統」……新田（義重流）・足利（義康流）等
- （四男）義忠 → 「有二子孫一但無二近代相続一」
- （五男）為義 → 「当初為二源家当流正統一」……吉見・阿野・愛智（義朝流）等
- （六男）義時 → 「子孫相続」……石川・万力等
- （七男）義隆 → 「子孫相続」……森・若槻等

では、なぜ足利時代になって為義―義朝流（吉見氏）は足利一門となれたのか。この点、吉見氏は鎌倉期に足利氏との姻戚関係などは確認されず、足利という幹から分かれた枝でもないということはいうまでもない。そこで、為義―義朝流について見てみると、彼らは源頼朝の兄弟を曩祖としていることに気付く。すなわち、吉見氏が源範頼、阿野氏が全成、愛智氏が義円といった具合にである。それゆえであろう、吉見氏は鎌倉期、「源氏の貴種とみなされてゐた」といわれている。(46) 要するに、彼らは頼朝の兄弟の子孫たちという「源氏の名門」だったのである。

ここまでくれば、彼らが足利一門となれた意味は自ずと見えてこよう。すなわち、「鎌倉幕府の始祖源頼朝を追慕し、自身を頼朝に比(47)」さんとした足利氏（尊氏）は、頼朝の兄弟の子孫たち〈のみ〉を自らの同族とすることによって、自らもまた頼朝に連なる存在＝「貴種」だと他氏（非足利一門）にアピールし、もって彼らとの間に差異化を図りたかったのではなかったか、ということである。

本節では、足利一門について再考・再定義を行ってきた。ところで、こうした足利一門をトータルで見た先行研究は過去にどのようなものがあったか。この点、まず想起されるのが小川信の研究である。氏はそれを『足利一門守護発展史の研究』（吉川弘文館、一九八〇年）という形でまとめた。その内容であるが、タイトルからも窺えるように、「守護」重視＋「発展」史＝事実上、室町中期以前の三管領中心の研究となっており、現在においてもその成果は計り知れないものがあるといえる。だが、いくつかの問題も残されている。例えば、「非守護」の存在が軽視されていること、(48) 室町中期以後の追究がほぼ未検討であることなどである。ただし、小川以後は、個別具体的な研究の蓄積はあれども、中世全体を通した足利一門総体の考究は途絶してしまったように思われてならない。改めて、足利時代における足利一門トータルの検討が必要なのではないか。

ただし、そのためには足利一門をトータルで捉えることの必要性、換言すれば、武家全体を足利一門とそれ以外

（非足利一門）とに分けて理解することの有効性それ自体について問うてみなければならないだろう。そこで、先ほど検討した土岐氏のアイデンティティーについて再度振り返ってみたい。すでに見たように、戦国期の土岐氏は自らのことを「足利一門の次、諸家の頭」と考えていた（南北朝期にはすでに一部他氏からもそう思われていた）。つまり、足利一門が諸家（非足利一門）の上に立っているとの認識は、南北朝期から戦国期にかけて確かに存在したのである。問題は、その認識が当時どこまで一般的であったかである。次節ではこの問題ついて見ていくことにしたい。

第二節　「足利一門」であるということ

1　「足利一門」と非「足利一門」

本節では、足利一門／非足利一門という区分けの意味・有効性について見ていく。まず、次の『大館記』（戦国期の成立）の記事からはじめたい。

御一家の大名たちの御事をハ御屋形にて申にハ殿文字可レ申候、赤松・土岐・佐々木・大内・上杉なとへハ殿文字をハ不レ申候也、(49)

ここから、足利一門の大名たちと赤松氏ら非足利一門の大名たちとの間には大きな待遇の差があったことが見て取れる。

同じく、『大館記』には以下のような記事も見える。

御紋をもせられ候方と、ひら侍分別あるへき段、勿論哉、(50)

ここでいう「御紋をもせられ候方」、すなわち、御紋衆とは足利一門のことを意味している。(51) つまり、ここでもまた足利一門と非足利一門との間には格差が設けられて当然との意識が改めて確認できる。

他にも、戦国期に伊勢貞陸が書き残した『常照愚草』には、「根本は三職、是も管領職を被レ持候ての事也、其次に御紋の大名、其次御紋せられぬ大名と可二心得一なり」(52)とあり、また、戦国期に赤松則実が書き送った書状にも、「去朔日、官途させられ候、左衛門佐ニ成候、此官途ハ一段之儀候、御紋せられ候方ならてハ不レ被レ成候、御(ママ)能登之守護(畠山氏)・因幡の守護(山名氏)近日被レ成候、別而被二仰付一之由、懇之　上意にて候、我々(赤松氏)事者不入候名字之面目之由、各被レ申候、兵衛佐・左衛門督・右衛門頭〔督〕・左衛門佐是何れも同前之官にて候、殊当方家ニ是か始にて候間、面目之至候」(53)とある。やはり、戦国期においてもなお、足利一門と非足利一門との間には相当の差があり、それを各氏もしっかりと認識していたようなのである。

続けて、旗の使用をめぐる問題について見てみたい。この点についてはすでに杉山一弥の研究がある。すなわち、氏によれば、「武家御旗（公方御旗・御所御旗）を授かることが許されたのは、ほぼ足利氏一門につらなる者に限定されて」いたという。(54) ここからも、やはり足利一門であるかないかが重要な違いとして認識されていたらしいことが窺える。

さらに、道で出会った場合の挨拶の仕方（路頭礼）について見てみたい。関東では道で奉公衆が管領（上杉氏＝非足利一門）、もしくは、足利一門と遭遇した際、「有二管領下馬一也、御一家ハ無二下馬一」(55)と、管領は奉公衆相手に下馬する必要があったが、足利一門は奉公衆相手に下馬する必要はなかった。ここでも、足利一門の優越性が明らかとなる。

以上から、足利一門と非足利一門との間には明確な差があったことが明らかとなった。それは、京都でも関東でも然りであった。では、両者が「衆」として同格の場合はどうか。

まず、御相伴衆から見ていく。再び〔史料一〕を眺めてみると、そこには「凡御一家の御相伴衆と其外の諸家とは替る事也」とあった。この点について二木謙一は、「御相伴衆といえば、山名・一色・阿波細川・能登畠山・赤松・京極・大内の七家の家督に限られていた」ものの「御相伴衆の中でも、赤松・大内・京極の三氏は下位に格付けされていた」とする(56)。すなわち、同じ御相伴衆であっても足利一門と非足利一門との間には明確な差があったのである。

次に、御供衆を見ていく。同じく〔史料一〕を見てみると、そこには「公方様の御近辺へは只の人は不レ参、是も御供衆の御一家沙汰ある也」とあった。ここでは「御供衆の中の御一家（足利一門）」と「只の人（そこには当然御供衆の中の非御一家＝非足利一門も含まれる）」とが対比的に描かれている。この点、戦国期の書札礼書である『大館常興書札抄』(57)も細川・畠山・上野・山名・一色らの各氏を「御紋せられ候御供衆」として、赤松・富樫・伊勢らの非足利一門の各氏とは明確に区別して捉えている。すなわち、やはり同じ御供衆であっても足利一門と非足利一門との間には明確な差があったのである。

最後に、その他の階層全般についてまとめて見ていく。幕府の年中行事に関する故実書である『年中恒例記』には、

　名書の下に、殿文字かくとかゝさるとの事、武家にては御紋候大名・同御供衆・同外様衆・御部屋衆、殿文字在レ之、御紋衆といへ共、番方衆は不レ及二沙汰一候、大名たりと云共、御紋の衆にあらされは、殿文字無レ之、(58)

とある。すなわち、ほぼ全階層にわたって足利一門と非足利一門との間には明確な差異が存在したのである。

以上から、仮に「衆」としては同格となっても、足利一門と非足利一門との間には依然差が存在し続けたことが明確なものとなった。なお、こうした眼で改めて番帳などの各衆のメンバーリストを眺めてみたところ、足利一門が非足利一門よりも先（優先的）に記入されているケースが圧倒的多数であったことも付記しておこう。

要するに、足利時代において足利一門と非足利一門との間の差は明らかだったのである。

ところで、こうした足利一門と非足利一門との間の差という事態がしばしば指摘されてきたのは、南北朝期の軍事制度研究であった。そこでは、十四世紀中葉に足利一門の二分（観応の擾乱）を経験した幕府は「足利一門優遇政策を転換」し「足利一門守護・大将」の「外様守護」に対する「優越的権限」は「漸次解消」したといわれている[59]。確かに、守護などの権限についていえば「同質化」したのであろう。だが、その一方で、それでもなお、両者の儀礼上・血統上の差についてはその後も拭い難く残り続けたのであり、そのことも見失ってはならないだろう。

2　今川氏と武田氏

以上の事実を踏まえた上で、この問題について具体的に例を挙げて考えてみよう。

〔史料三〕　足利義政御内書案（『御内書案』『続群書類従』二三下、三一一頁）

（足利）成氏既武州太田口出張之間、早速可二発向一之旨、度々被レ仰之処、于レ今遅々如何体子細哉、所詮不日令レ進二発下総口一、可レ励二戦功一也、

十二月八日　（足利義政）御判

今川治部大輔殿（義忠）

武田五郎とのへ（信昌）

この史料は寛正六年（一四六五）に八代京都将軍足利義政が五代関東公方足利成氏を討つべく発令したものであるが、ここではその内容ではなく宛所に注目したい。すなわち、今川氏と武田氏との間には「殿」、もしくは、「とのへ」という点で明確な差が見られるのである。では、この差は一体何によるものなのであろうか。

まず、この差は両者の身分の差によるものなのであろうか、ということだが、この点、明確に答えは否である。なぜなら、今川氏と武田氏とは「外様大名衆」[60]に属す「守護」として同格だからである。つまり、身分や階層・役職などは無関係である。

次に、この差は両者の年齢の差によるものなのであろうか（武田氏の方が若いから薄礼だったのか）ということだが、この点も明確に答えは否である。なぜなら、『大館記』所収の細川氏の書札礼[61]には、

・細川政元が武田信昌に宛てる場合、差出書「政元」、宛所「武田刑部大輔殿」

・細川政元が今川氏親に宛てる場合、差出書「右京大夫政元」、宛所「謹上　今河辰五〔王〕殿」

と、今川氏の方が若いにも拘わらず（〔史料三〕と同様に）厚礼となっているからである。つまり、年齢も無関係である。

要するに、両者の差は身分や年齢に由来するものではなかった。となれば、もはやこの差（今川氏と武田氏との差）は足利一門／非足利一門という差に由来すると見る他ないであろう。この点、京都のみならず関東でも然りであった。田中宏志によれば、関東公方が今川・武田両氏に文書を出す際の書止文言「謹言」も、今川＝「楷書」／武田＝「草書」と厳密に区別されていたという[62]。

本節では、足利時代における足利一門と非足利一門との間の差について見てきた。足利一門という認識・思考の枠組みは当時、実際に存在していたのであり、足利一門が非足利一門に優越するという思想・観念も中世後期には一般的であった。このように足利一門と非足利一門との間には厳然たる「壁」（「足利」の「血」で塗り固められた「壁」）が聳え立っていた以上、足利一門か否かという分け方・議論は十分に意味を持つものであるといえよう。では、その「壁」は超えられない壁だったのであろうか。最終的にはその「壁」は崩壊してしまうわけだが、そこに至るまでの

過程は果たしてどうなっていたのか。また、「壁」を壊したのは一体誰か。次節ではそのあたりの問題について見ていくことにしよう。

第三節　「足利一門」になるということ

1　「壁」を超えた人々

ここからは、足利一門化を果たした非足利一門の存在を具体的に列挙しつつ、見ていく。

（1）大内氏（京都・十四世紀末頃）

これについてはすでに述べた。すなわち、いかに将軍家に対して勲功を積もうとも非足利一門（大内氏）が足利一門化するのは非常な困難を伴ったが、その一方で、本来的な足利一門（山名氏など）は生まれながらにして大変な厚遇を受けていたのであった。

（2）小山氏（関東・十五世紀中葉）

同様の存在として小山氏を挙げることができる。享徳の乱が勃発して関東が二分された中の長禄二年（一四五八）、五代公方足利成氏は小山持政を「偏如二御兄弟一思食候」と、「兄弟」つまり足利一門以上のように思うとした内容の書状を送った[63]。成氏は持政に対して「偏兄弟可レ為二契盟一」との内容の契状も送っている[64]。この点について佐藤博信は「足利氏が起請文形式で他氏とこうした兄弟の契約を結んだ例はな」いとした上で、「如何に成氏が小山氏に依拠するところ大であったかが証明される」と評価する。(65) だがその後、持政は成氏に反旗を翻し、以後、大内氏の場合と同じく小山氏も足利一門として確認することはできなくなる。

（3） 伊勢氏（京都・十五世紀中葉）

同様の存在として伊勢氏をも挙げることができる。『康富記』嘉吉三年（一四四三）八月晦日条には「是日以㆓伊勢入道息兵庫助貞親㆒可㆑為㆓室町殿御父之儀㆒之由、自㆓管領㆒被㆑定云々」と見える。すなわち、嘉吉三年、ときの幕府管領畠山持国は後に幕府政所執事となる伊勢貞親を幼い足利義政の「御父」つまり足利一門以上と定めたのであった。これはこの直前に七代将軍足利義勝が夭逝し、急遽弟の義政が将軍後継者として選ばれたのを受けてのことであった。だがその後、やはり伊勢氏の場合も足利一門として確認することはできない。(66)

（4） 大和氏（京都・十四世紀？）

類例として大和氏のケースを見てみたい。『萩藩閥閲録』所収の家譜(67)には、「大和守秀政、足利尊氏依㆓父子之契約㆒、姓を源ニ改、名字并二引紋等被㆑下、足利大和守秀政と申候」とある。この家譜によれば、幕府奉公衆大和氏の先祖で、足利尊氏に仕えたという秀政が、尊氏と「父子之契約」つまり足利一門以上の関係を結び、足利の「名字」と家紋（「二引紋」）とを頂戴したという。なお、尊氏が秀政のことを「御父」と呼ぶ「文書」も存在している。(68) ちなみに、戦国期に伊勢貞陸も『常照愚草』の中に「大和家の事、御父ニ被㆑成候事ハ等持院殿様（足利尊氏）被㆑成㆓御判㆒云々、本は足利大和守とも、証文等にのせられしとなり」と記しているから(69)、この話は当時有名だったらしい。だがこれらの話の真偽は不明で、大和氏によって偽作された可能性が高いという。[70] もちろん、大和氏を足利一門として確認することもできない。

こうした流れがかわってくるのは次のケース以降である。

(5)　上杉氏・佐々木大原氏・種村氏・木阿弥息幸子（京都・十五世紀中葉〜）

設楽薫は、将軍が「側近に配するに際して、わざわざ一門の名字」を与える「入名字」を行った事例として彼らを紹介した（上杉氏・種村氏は一色氏、佐々木大原氏は細川氏、木阿弥息幸子は畠山氏に）。[71] こうした事例は六代将軍足利義教期に先例を持つらしいが、その詳細については不明なようで、八代将軍足利義政期以降に本格化したということが、ひとまずは分かるという。いずれにせよ、彼らは足利一門化を果たしたといえよう。

(6)　猿楽師彦次郎（京都・十五世紀後半）

九代将軍足利義尚は自らの寵愛する猿楽師彦次郎に「御一族」「広沢」名字を与えて「侍」身分に取り立てた。[72]「広沢」は先ほどの足利一門メンバーリストには見えない名字だが、仁木・細川・戸賀崎ら各氏の祖に「広沢」がおりそこから採ったものか。いずれにせよ、彼も足利一門化を果たしたといえよう。

(7)　斎藤氏（京都・十六世紀中葉）

木下聡は、美濃の斎藤氏が「土岐氏を超える存在であることを示すために、一色氏に改姓した」ことを指摘した。[73] 彼もまた足利一門化を果たしたといえよう。

（8）　上杉氏・後北条氏（関東・十五世紀末頃〜）

彼らについては「足利氏御一家」と同じような待遇を得たとの指摘がなされてきた。[74] だが近年、その儀礼的地位に関しては田中宏志が吉良氏・渋川氏らに准じる存在と厳密化した。[75] また、上杉氏の場合は足利御連枝からの入嗣期間に限ってとの指摘もなされた。[76] とはいえ、准足利御三家化を果たしたとはいえよう。[77]

（9）　横瀬氏（関東・十六世紀中葉〜）

横瀬氏は新田岩松氏の家臣に過ぎなかったものの、「室町将軍家の有力直臣衆の一員となり、新田岩松氏の執事という陪臣の政治的立場から完全に脱し」「その始祖を新田義宗の末子（もしくは新田義貞の末子）「貞氏」に求める系譜を作成し」「かつて鎌倉期新田氏の本拠でもあった由良の地名を採用し」て「由良名字に改称」。かくして「由良氏は「足利氏御一家」としての家格を獲得」「まさに名実ともに関東における有数の有力領主として成長した」との指摘がなされてきた。[78]

だが近年、その「足利氏御一家」化に関しては田中宏志が吉見氏・桃井氏・里見氏・岩松氏らに准じる存在と厳密化した。[79] また、関東公方が「横瀬氏→由良氏の書札礼の厚礼化に対応して、主君新田岩松氏の書札礼も厚礼化」させていたことから、横瀬氏は新田岩松氏を超えていないとの指摘もなされた。[80] とはいえ、横瀬氏が千葉氏・佐竹氏・宇都宮氏・小山氏・結城氏などの非足利一門・屋形クラスの人々よりも上位であることは『義氏様御代之中御書案之書留』などから明らかであり、准足利一門化を果たしたとはいえよう。

(10)　松平氏（京都・十六世紀〜）

よく知られているように、松平清康が「世良田」を名乗り、その孫の松平家康が「徳川」を名乗った。これは足利一門であることを主張した結果か[81]。

こうした流れが再びかわってくるのが次のケースである。

(11)　織田氏（京都・十六世紀中葉）

〔史料四〕　足利義昭御内書案（『古今消息集』『大日本史料』一〇―一、二五三頁）

三職之随一、勘解由小路（斯波氏）家督可ㇾ令二存知一候、然上者任二武衛一訖、今度之忠恩依ㇾ難ㇾ尽、如ㇾ此候也、

十月廿四日　（足利義昭）在判

織田弾正忠（信長）殿

この史料は永禄十一年（一五六八）に足利義昭が織田信長に与えたもので、その内容はこの直前に信長に擁立されて入京し十五代将軍となった義昭が「恩賞」として信長に斯波氏（准足利御三家）の家督を与えようとしたものである。義昭は同日付けで信長に足利氏の家紋「引両筋」を与えて「御父」とまで呼んでいる[82]。だが、信長は斯波氏家督就任の申し出を謝絶したようで、以後、織田氏が足利一門化した形跡は見られない。

2　「足利的秩序」をめぐる相克

他にも類例はあろうかと思われるが[83]、ひとまず以上のデータをまとめると、以下のようになるだろう。すなわち、

Ⅰ期：十五世紀中葉頃までは他氏から足利一門化するケースは極めて少なかった（(1)〜(4)）。

この背景には、「足利」（足利氏・御三家・一門など足利の血統に連なる者のことを以下このように総称する）を上位（足利氏は頂点）とする秩序（このことを以下では「足利的秩序」と仮称する）[84]の確立と、彼らによって主導される東西・時代の安定があろう。これは奥羽でも然りで、垣内和孝によれば、「最上・天童・高水寺斯波・塩松石橋・二本松畠山」ら「足利一門」の位置付けが「きわめて高」く、彼らは「伊達氏をはじめとする奥羽の国人諸氏とは明確に区別」され「その上位に位置付け」られたという[85]。つまり、列島の東西南北の頂に足利氏・御三家クラスが君臨し、足利一門というだけで非足利一門に優越する、その上彼らには政治・経済・軍事などの面での実力も備わっており、それによって「室町の平和」が達成されている、という時代はまさに日本全国「足利」の天下と呼ぶに相応しい様相を呈していたのであった。そうした中では他氏から足利一門化し得る契機は極めて限られ、そのため足利一門化はほとんど見られなかった、このように捉えることができよう。

Ⅱ期：十五世紀中葉頃からは他氏から足利一門化を果たし得るケースが散見され、また、足利一門を主張する家も現れ出す（(5)〜(10)）。つまり、足利一門化する者が増えたのである。

この背景には、列島全体の戦国期的状況への突入があろう。すなわち、徐々に実力を失っていった将軍は、それへの対応策として、各地に勃興する有力者らの懐柔を図るべく、また、登用したい人材の積極的・柔軟な採用を進めるべく、他氏からの足利一門化を推進させた。一方で、大名らも足利一門化する、あるいは、足利一門であることを唱えることによって、競合する他者（非足利一門）との間に差異化を図り、自身を優位な立場に立たせようとした、このように考えることができよう。

ここで注意すべきは、将軍・実力者いずれの側も前代以来の秩序を前提として行動していたということである。すなわち、この時期の大名は、先学も指摘するように、「全国的な武家の社会秩序の中にみずからを位置付けることを必要とし、そこから脱退する発想は持たなかった」ようなのであって、かくして、「将軍を頂点とする権威的秩序は維持・再生産されていく」のである(86)。

Ⅲ期：十六世紀中葉頃には足利一門化を拒絶する家が現れ出す（(11)）。つまり、前代以来の秩序に対する信頼が大きく低下し、足利一門化の意味・価値も失われつつあったのである。

この背景には、足利的秩序に対する眼差しの変化（そこからの解放）があろう。実は、この頃になると「足利」の権威を否定するような動きが顕著に見られ出す。例えば、弘治元年（一五五五）には今川氏が吉良氏を、同年頃には織田氏が石橋・斯波両氏を壊滅させ、国から追放しており（足利一門今川氏ですら「足利」の血統を軽視しはじめていることに注意）、そして、天文二十二年（一五五三）から永禄元年（一五五八）には三好氏が、天正元年（一五七三）には織田氏が足利氏（将軍）を追放し、それを前提・上意としない新たな秩序の形成に向かっているのである(87)。

こうした三好氏や織田氏には「かつての得宗家と同様に、現将軍を追放し、より統制下に置きやすい人物を新たに将軍に据える(88)」という選択肢も当然あったはずである（というよりもむしろ、現実に両氏はそれを一度は実践してすらいる）。だがそれにも拘わらず、ここではその途はもはや完全に放擲されているのである。この点、村井章介は、鎌倉期に「どんなに強大な権力を独占しようとも」「得宗が将軍になるのをはばんだものはなにか」と問い、それを「将軍は身分的な尊貴性を備えていなくてはならない、という当時の武士たちに抜きがたく根をはっていた身分序列の観念」とした上で、足利氏を「身分的に将軍の資格をもつ」と認め、そして、「武家の権力がこの身分観念の呪縛から解放されるには」「長い年月を必要とした」と述べる[89]。すなわち、このⅢ期に「武家の権力」は足利的秩序という「呪縛」からはじめて、しかも決定的に「解放」され、足利氏・将軍を前提・上意としない方向へと舵を切ったというのである。

では、なぜかくも状況は変化したのだろうか。すでに見たように、Ⅱ期においては、強大な実力を有する大名といえども、意識の面では足利的秩序に規定・拘束されており（それを前提として行動しており）、そこからは秩序・前提自体を否定するような要素は特には見受けられず、足利氏を頂点として承認・推戴しないなどという選択肢はあり得なかった。だが、Ⅲ期には、そうした状況は大きく変化し、三好氏や織田氏らは秩序・前提そのものを懐疑し、それを破壊し去るという行動をとりはじめていたのである。果たして、三好氏や織田氏らは一体どこからそのようなラディカルな発想を得たというのか。

この点、実力者による下剋上（「下」からの旧秩序破壊）という視角がまずは想定されよう。だが、何度も繰り返し述べているように、戦国期の武家はあくまで旧秩序（足利的秩序）を前提として行動していたのであるから、そのような状況が続く限り、秩序・前提そのものを疑い、それを否定するような動きが出てくる余地はないはずである。実際、下剋上とはいってもその現実化は極めて困難だったようで、「当主を排斥したのち、これに代わる当主（実子や養子・一族など）を迎えて推戴していくのであり、家臣のうち誰かが君位を簒奪する例は少ない[90]」といわれている。つまり、右の視点からでは三好氏や織田氏らの思想・行動は「突然変異」としてしか理解・説明できないように思うのである。

では、他の視点・視角からこの問題を解くことはできないか。そこで、最後にそうした問題意識・関心から改めてⅡ期（戦国期）の政治史を振り返ってみたい。その上で、前代以来の秩序が強い拘束力を持つその中で、それにも拘わらず、なぜ・いかにしてその秩序は打破されたのかを問う。

終節　「上からの改革」としての足利的秩序崩壊

再びⅡ期（十五世紀中葉～十六世紀中葉）を見ると、いくつかの興味深い兆候が見えてくる。

まず、応仁・文明の乱が勃発し、その中で西幕府が国人越智氏を和泉守護に登用したということがあった。桜井英治はこの件を「実力本位の登用」と評価し、「実力さえあればいかなる出自の者でも一国のあるじになれることが「将軍」によって宣言された」として注目する。氏はそうした人事が東幕府でも行われたこと（赤松家臣浦上氏の山城守護候補、細川家臣安富氏の近江守護就任など）も述べ、「家格破壊」が将軍公認のもとで行われたことを指摘する(91)。すなわち、将軍によって実力者優遇＝「力」の重視の流れが開始されたのである。

そうした動きは応仁・文明の乱後も継続される。将軍は従来の出身階層や職制の枠に関わらず自らの信任する人材を自身の周辺へと積極的に登用しようとした(92)。その際、将軍は当初彼らを足利一門化（入名字）させた上で幕政に参加させていた。だが、次第にその「入名字」手続きは省略されることとなった(93)。すなわち、将軍によって足利一門と非足利一門との間の「壁」は無力化されはじめた＝「血」の軽視が進んだのである。

十六世紀前後には将軍は幕府の御相伴衆・御供衆に各地の実力者が参入することを許容しはじめ、栄典授与の基準も曖昧化した(94)。将軍は実力者優遇＝「力」の重視をさらに推進したのである。

そうした中で、中央では、天文十五年（一五四六）、将軍が六角氏を幕府管領（代）として元服するということが行われた。そのときの記録である『光源院殿御元服記』には、「加冠之役者、先例於二三職之中一当管領之人令二勤事一処也、雖レ然当時因レ無二管領一、十一月中旬、被レ仰二付佐々木弾正少弼定頼一候処、因三御旧礼異二于他一、雖レ被二再三辞退一、申二上意厳重一之間、終及二御請一畢」[95]とある。つまり、非足利一門である六角氏は先例がないとして幕府管領（代）役勤仕を遠慮・固辞したらしいのだが、そうした六角氏に対して将軍は「上意」として幕府管領（代）役を引き受けるよう下命したのである。こうした非足利一門に対する管領級人事は、弘治四年（一五五八）頃には武田氏に対しても行われている[96]。すなわち、将軍によって引き起こされた足利一門と非足利一門との間の「壁」の無力化＝「血」の軽視の波は中央管領人事にまで及んだのである。

そして、ついに地方では、永禄二年（一五五九）、将軍が非足利一門である伊達・大友両氏を奥州・九州両探題に任命するという人事が発令された。これまで足利御三家クラスのみが独占的に務めてきた役職を、有力者ではあるが、足利一門ではない者に務めさせることに将軍は決定（変更）したのである[97]。これについて黒嶋敏は、将軍が「地方の情勢にも目を向け、各地で実力による支配を実現している大名の領国を前提に、地方政治を刷新して幕府の影響力を増大させ将軍権威の再生産を図」ろうとしたものと評価する[98]。すなわち、将軍によって引き起こされた足利一門と非足利一門との間の「壁」の無力化＝「血」の軽視の波は奥州・九州の頂にまで達したのである。

以上を要するに、十五世紀中葉頃以降、将軍は「血」の重視から「力」の重視へと徐々に方針を転換させていったのである。

これらを踏まえた上で、前節最後の問いに答えてみたい。

すなわち、戦国期に入り、徐々に実力を失っていった将軍は、それへの対応策として、各地に勃興する有力者の懐柔を図るべく、また、登用したい人材の積極的・柔軟な採用を進めるべく、「血」の重視から「力」の重視へと徐々に重心を移転させ、足利的秩序（「壁」）の漸次解体を推進した。それによって、確かに実力者の取り込みには成功したであろう。だが、その一方で、それは彼らに、力さえあれば必ずしも「足利」になる・「足利」である必要はない、「足利」を上位とする前代以来の秩序を自明・前提とする必要はもうないということを気付かせる一大契機を与えることにもなったはずである。その「秩序からの解放」の行き着く果てに三好氏や織田氏の如き人々が登場してくるのはもはや当然のことではなかろうか、そのように思料されるのである。

前節で述べたように、十五世紀中葉から十六世紀中葉にかけて、戦国期的状況への対応を迫られた将軍は、他氏の足利一門化を推し進めた。だが、それは将軍・大名らいずれにとっても足利的秩序を前提としたものであったため、その中からは秩序そのものの否定という発想は出て来難かった。しかし、本節で見てきたように、そうした中で将軍は、有力者を非足利一門という形のままで受け入れるなど、足利的秩序を変革し、徐々にそれを無化していくという方向も同時に模索しはじめていたのであった。大名の懐柔などのためとはいえ、この路線を押し開き推進していくということは、実力を失った足利氏・将軍にとっては最後に残された存立基盤ともいうべき足利的秩序を自らの手で否定・解体していくということに他ならず、同時にそれは有力者らにその秩序（前代以来の秩序）を自明視しなくともよいということをはっきりと認識させる契機を与えることともなった（秩序からの解放）。その結果、三好氏や織田氏らの台頭はもはや時間の問題となり、かくして足利的秩序は終焉を迎えた、このように捉えることができないか。換言すれば、足利氏（将軍）による「上からの改革」こそが、三好氏や織田氏らの登場を準備したのではなかったか、これが前節最後の問いに対するひとまずの解答である。(99)

最後に、本章で述べてきたことをまとめておこう。

本章では、従来曖昧にされてきた「足利一門」をめぐる諸問題——足利一門とは誰のことか、足利の一門であるとはどういうことか、足利の一門になるとはどういうことか——について問い直し、もって足利時代の崩壊過程についても捉え直すことを試みた。

序節では、これまで曖昧に使われてきた「足利氏御一家」という言葉に、「足利御三家」と「足利一門」との二つの異なる意味合いがあったことを明らかにし、その上で、戦国期の土岐氏は自らのことを「御一家の次、諸家の頭」などと認識していたが、その「御一家」が後者（足利一門）の意味であったことを闡明した。

第一節では、足利一門というこれまた曖昧に用いられてきた言葉について再検討を行い、足利一門メンバーを中世史料から確定させた。注目すべきは、従来足利一門と見做されてこなかった新田流諸氏、および吉見氏がそこに含まれていたことで、とりわけ、新田流は鎌倉期から足利一門と思われており、源義国流こそが本来的な意味での足利一門と認識されていたこと、彼らを非足利一門とする我々の思考様式は主として『太平記』に由来し、そこから我々はいまだに自由ではないことなどを指摘した。また、吉見氏については、足利時代に足利氏が源為義—義朝流という「源頼朝の兄弟の末裔」たる吉見氏のみを足利一門（同族）とすることで、自らもまた頼朝に連なる存在＝貴種だとアピールしたかったのではなかったかと結論付けた。

第二節では、足利一門を総体で見た研究が現状存在しないことを述べた上で、そうした研究の必要性を示すべく、先に見た足利一門が非足利一門に優越するという戦国期の土岐氏の認識が、足利時代において広く普遍的・一般的なものであったことを中世史料から明らかにした。

第三節では、足利一門か否かが決定的な違いとして認識された時代の中で、足利一門化を果たしていった人々の事例を列挙し、それに検討を加えた。その結果、Ⅰ期：他氏から足利一門化するのが極めて限定的であった十五世紀中葉頃以前、Ⅱ期：他氏から足利一門化を果たし得るケースが散見され、また、足利一門であることを主張する家も現れ出した十五世紀中葉頃以後、Ⅲ期：足利一門化を拒絶する家が現れ出した十六世紀中葉頃以後、という三つの時期におおよそ区分けが可能であることを闡明した。

終節では、そのⅡ期からⅢ期への流れ、すなわち、戦国期においてもなお武家を意識の面から規定・拘束していた「足利一門が非足利一門に優越する」「その頂点に位置する足利氏を上意として戴く」という観念を三好氏や織田氏らはいかにして打破し得たのかと問うた。それに対して、足利将軍自身が足利一門（「血」）重視から実力者（「力」）重視へと「上からの改革」を進め出したことが秩序崩壊への決定的な引き金（滑り易い坂道）となった（結果として三好氏や織田氏らを生み出した）のではないかとの仮説を提示した。

この仮説を検証するには、より精緻かつ段階的な戦国期政治史の再検討、および各時代[100]・各地域[101]との比較（類例研究が不可欠となってくるように思う。それらに関する本格的な検討・再検討は全て今後の課題であることを確認して、ひとまず擱筆する。

註

（1）『伊勢貞助雑記』（『続群書類従』二四下、八三～八四頁。傍線引用者、以下同）。
（2）『蔭涼軒日録』延徳二年十月二十日条。
（3）ルイス・フロイス著・松田毅一・川崎桃太訳『フロイス日本史』三（中央公論新社、一九七八年）二九七頁。
（4）『鎌倉大草紙』（『新編埼玉県史』資料編八中世四記録二、一一八頁）。
（5）「鎌倉府の奉公衆」（同『鎌倉府と関東』校倉書房、一九九五年、初出一九八七年）一四五頁。
（6）拙稿「足利氏御一家考」（本書第Ⅰ部第五章）参照。
（7）『長享元年九月十二日常徳院殿様江州御動座当時在陣衆着到』（『群書類従』二九、一八二頁）。
（8）『見聞諸家紋』（『群書類従』二三、四〇九頁）。『見聞諸家紋』については岩瀬文庫本や宮内庁書陵部本（新人物往来社、一九七六年）なども参照した。

（9）なお、近世尾張の文人天野信景も『塩尻』の中で、吉良・石橋・渋川の三氏を「足利家」の「三家」とした上で、「三家は長柄の塗輿免許也、今、尾張・紀伊・水戸の三家、塗輿に乗りたまふは彼例なりとかや」と記している（『日本随筆大成（第三期）』一三、二九〇頁、『同』一六、四〇八頁）。近世の知識人の中には足利・徳川両御三家の類似性（後者が前者を先例に持つ）について指摘する者もいたのである。
（10）『群書類従』二三、二二五頁。
（11）『群書類従』二三、二四六頁。
（12）『了俊大草紙』（『続群書類従』二四上、三五七頁）。
（13）『土岐家聞書』（『群書類従』二三、二四七頁）。
（14）本章では足利氏・御三家・一門を中心とした「足利」の血統・秩序に対する特別視が連続・一貫して認められる時期（南北朝期・室町期・戦国期。具体的には、足利氏が将軍である時期）をいう場合、「足利時代」と表記している。それは、「中世後期」では意味が曖昧で、「室町時代」だと南北朝・戦国両期が抜け落ちてしまうおそれがあるためである。
（15）久保尚文「桃井氏」（今谷明・藤枝文忠編『室町幕府守護職家事典』下、新人物往来社、一九八八年）三六四頁。
（16）京大本、『国語国文』三三―八、一九頁。
（17）神宮徴古館本、長谷川端・加美宏・大森北義・長坂成行編、和泉書院、一九九四年、九九三頁。
（18）川岡勉『山名宗全』（吉川弘文館、二〇〇九年）一頁。なお、吉良氏は「守護家」ではない（この点、後掲註（48）参照）。
（19）佐藤進一『室町幕府守護制度の研究』下（東京大学出版会、一九八八年）三一九～三二〇頁。
（20）松村卓「鎌倉府一門総覧」（『湘南史学』一六、二〇〇七年）一〇五頁。
（21）『群書類従』二八、六五九～六六〇頁。
（22）『武家大体略記』『ビブリア』八六、七一頁。
（23）『群書類従』二三、四〇九～四一〇頁。
（24）『続群書類従』二四上、二三六頁。
（25）「米良文書」『熊野那智大社文書』三、一五八頁。
（26）佐藤博信「『里見家永正元亀中書札留抜書』」（『千葉大学人文研究』一七、一九八八年）一四八頁。

(27) 佐藤博信「『義氏様御代之中御書案之書留』」(『古河市史研究』八、一九八三年) 七五頁。
(28) 彼らこそ、『長倉追罰記』(『続群書類従』二一下、一八五頁) に「桐のまんまく二引、御一家もみなこれ同じ」として見え、『鎌倉年中行事』(『日本庶民生活史料集成』二三) にも頻出する「御一家」の正体である。なお、国立公文書館所蔵内閣文庫本『書札次第』には斯波・畠山・細川・山名・吉良・渋川・桃井・里見・岩松・吉見・鳥山・加子の各氏が足利一門として掲げられている(木下竜馬氏ご教示)。これについては今後の課題としたい。
(29) ちなみに、近世にも「斯波・細川・足利・尾張・畠山・仁木・荒川・吉良・東条・今川・渋川・石堂・一色・小俣・山名・里見・岩松・桃井・新田・大館・堀口・得川・世良田等の家は皆、京都将軍家の御一門の家筋なり」とある(伊勢貞丈著・島田勇雄校注『貞丈雑記』一、平凡社、一九八五年、一三五頁。尾張とは石橋氏、東条とは吉良氏庶流のこと)。なお、史料によって登場する足利一門が一定しないが、作成時期や目的が異なるので問題はない。
(30) 「久我文書」『大日本史料』六—三四、一八〇頁。
(31) 『当道要集』『追増平語偶談』『野史』(『大日本史料』六—三四、一九二・一九四・一九六・一九七頁)。
(32) 『南北朝の動乱』(中央公論社、一九六五年) 四六五頁。
(33) 出雲路敬直家所蔵本、岩佐正校注、岩波書店、一九七五年、一七〇頁。同書は延元四年(一三三九)の成立である。
(34) 尾張徳川黎明会所蔵本、『新訂増補国史大系』二一下、二三一頁。
(35) 陽明文庫所蔵慶長古活字版、佐伯真一・高木浩明編著、和泉書院、一九九九年、一〇三・一一三頁。
(36) これについてはすでに山路愛山の指摘がある(『足利尊氏』佐藤和彦編『論集足利尊氏』東京堂出版、一九九一年、初出一九〇九年、六六・一〇六・一二七頁)。氏は、『神皇正統記』『増鏡』『保暦間記』を掲げ、「義貞は尊氏の一族として世人の認め居りしものなりし」「世は足利氏を本宗の如くに見做し、新田氏を支族の如く思ひしなるべし」とした上で、「新田一族を以て足利氏の勢力範囲に加ふべき」は「明かなり」と記している。
(37) 「中世前期上野新田氏論」(同編『上野新田氏』戎光祥出版、二〇一一年) 三五頁。なお、その後、田中は筆者の批判を事実上黙殺する形で一般書(『新田一族の中世』吉川弘文館、二〇一五年)を上梓した。それに対して筆者は田中の議論の諸問題について再度批判した(拙稿「新田義貞は、足利尊氏と並ぶ「源家嫡流」だったのか」呉座勇一編『南朝研究の最前線』洋泉社、二〇一六年)。併せて参照されたい。

(38) 藤本元啓「室町幕府と熱田大宮司家」(同『中世熱田社の構造と展開』八木書店、二〇〇三年、初出一九九一年・一九九五年)六二～六五頁。なお、上杉氏も鎌倉期に足利氏との姻戚関係を結んだが、こちらも足利一門化は確認できない(臼井信義「尊氏の父祖」『日本歴史』二五七、一九六九年、三五～四〇頁。なお、神宮徴古館本『太平記』〈二一八頁〉では同氏が「御一族」の一人として登場しているが、他では非足利一門として見えているため、『太平記』の当該記事は誤記として処理できる)。また、北条氏の場合も然りである(『花園天皇宸記』元弘元年十一月五日条には足利氏が北条氏の「非一門」と書かれている)。

(39) 鎌倉期の新田氏を非足利一門と見做すのなら仁木氏や細川氏などとて同じではないか。鎌倉期の彼らが足利一門であったとは別段「実証」されているわけでもなかろう。

(40) 神宮徴古館本、長谷川端・加美宏・大森北義・長坂成行編、和泉書院、一九九四年、一七〇頁。

(41) 『太平記』が「この時代(南北朝期のこと—引用者註)に対する私たちの認識に枠組みを提供し、私たちの過去への対峙のしかたをも規定して」おり、「現代の歴史認識が『太平記』に負っているものは、きわめて大きい」ということは先学も指摘している(新田一郎『太平記の時代』講談社、二〇〇一年、九頁)。なお、本章(初出)発表後、群馬県立歴史博物館編『大新田氏展』(群馬県立歴史博物館、二〇一九年)が上梓された。内容面でも実証的にかなりの問題があるのであるが、それ以前に、①大新田氏とは里見氏のことである(新田氏は小新田氏と呼ばれた)、②大新田氏とは戦前・戦中の群馬の郷土史類に頻出する時代錯誤的・反動的な表現である、以上の点(学術・思想の両面)からすでにタイトルの時点で到底受け入れられるものとはなり得ていない。

(42) 新田氏が「一引両」で足利氏が「二引両」という「家紋」の問題が残ると考えるかもしれない。だがこの点、佐藤進一は(紋章学者沼田頼輔の見解を引きながら)「分裂した一族が交戦時の混同をさけようとして新しい紋章をつくった」ケースを指摘しており(前掲註(32)書、一八九～一九〇頁)、この指摘に『見聞諸家紋』の中に新田流が「二引両」とあること(前述)も併せると、南北朝期、新田氏は足利氏との対決に際し家紋を「一引両」に改めた(足利方についた新田流は「二引両」を継続使用し、新田方についた新田流は終戦後「二引両」に戻した)とひとまず考えられるのではないだろうか。ただし、新田氏=「一引両」との意識は「一ひきりやうハにんたんとの(新田殿)〵御もん也、二ひきりやう公方様(足利氏)」(『山科家礼記』延徳三年四月二十五日条)などと戦国期にも見られるため、本格的な検討は今後の課題としたい。

(43) 吉見氏が足利一門だということは、戦国期の他の史料にも「武家御一家吉見」(末柄豊「『宣秀卿御教書案』にみる武家の官位について」研究代表者末柄豊『室町・戦国期の符案に関する基礎的研究』平成十六～十七年度科学研究費補助金研究成果報告書、二〇〇六年、第二部論攷編二頁。伊藤信吉氏ご教示）や「御一家三人、吉良殿・吉見殿・今河殿」（『奥州余目記録』『仙台市史』資料編一古代中世、二四九頁）、「武家御使吉見左馬助頼氏（中略）武家御使為㆓御一族㆒」（『建武回禄之記』「田中家文書」『石清水文書』四、六四五〜六四六頁）や「吉見乃相公同譜、而嫌㆑臣㆓于人㆒」（波多野茂林居士肖像讃『幻雲文集』『大日本史料』八―六、六一五頁）などと見えることからしても確実である。なお、南北朝期の軍事制度面などから見ても、吉見氏は足利一門に准じる権限を持っていたという（堀川康史「北陸道「両大将」と守護・国人」『歴史学研究』九一四、二〇一四年、一五〜二九頁）。

(44)　なお、以下の部分については関東足利氏研究会平成二十四年度六月例会の際、木下聡・呉座勇一両氏から考えるヒントを得た。

(45)　近衛前久書状（「近衛家文書」『新編岡崎市史』二、八七九〜八八〇頁）。なお、徳川氏は従来「新田一門」とのみ認識されてきたように思うが、この点についても再検討を要する（これについては改めて後述する）。

(46)　佐々木紀一「永仁四年吉見義世謀反の背景」（『季刊ぐんしょ』六九、二〇〇五年）三三頁。

(47)　佐藤前掲註(32)書、一五四頁。この点、「南都興福寺者、文治右幕下《源頼朝》之時、帰依超㆑他、旧好異㆑余、然間尊氏《足利》為㆓彼一流之家替《督》㆒、所㆑存㆓無弐之仰信㆒也」とあるのは興味深い（末柄豊「国立公文書館所蔵『文亀年中記写』」研究代表者武井和人『中世後期南都蒐蔵古典籍の復元的研究』平成十五〜十七年度科学研究費補助金研究成果報告書、二〇〇六年、一五六頁）。

(48)　例えば、十五世紀前半以降の吉良氏についていえば、守護にはついていないが、東西両府においては管領を超える儀礼的地位を獲得している（前掲註(6)）。この点、吉良氏は管領以上の「御三家」なのであるから守護などという「家臣」がやるような役職にはつかなかったものと捉えるべきと考える（近世の徳川御三家の姿なども想起されたい）。守護重視ではこのような存在が検討対象から外れてしまうおそれがある。

(49)　『対諸家御参会事』『ビブリア』八五、一一四頁。

(50)　『書札之事』『ビブリア』七八、九八頁。

(51)　設楽薫「足利将軍が一門の「名字」を与えること」（『姓氏と家紋』五六、一九八九年）四頁。

(52)　『続群書類従』二四下、一一四頁。

(53)　赤松則実書状案（「白国文書」『兵庫県史』史料編中世二、五九四頁）。

(54)　「室町幕府における錦御旗と武家御旗」（同『室町幕府の東国政策』思文閣出版、二〇一四年、初出二〇〇六年）四〇頁。

(55)　『鎌倉年中行事』（『日本庶民生活史料集成』二三、七八二頁）。

(56)「室町幕府の支配体制と武家の格式」（同『武家儀礼格式の研究』吉川弘文館、二〇〇三年、初出一九九八年）一五・二六頁。ただし、氏はその理由については説明していない。
(57)『群書類従』九、六五九頁。
(58)『続群書類従』二三下、一七九頁。
(59)花田卓司「南北朝期室町幕府における守護・大将の所領給付権限」（『古文書研究』六六、二〇〇八年）二七～三一頁。
(60)『文安年中御番帳』（『群書類従』二九、一七三～一七四頁）。
(61)『書札調様』『ビブリア』七九、一二四頁。
(62)「『関東公方書札礼（足利政氏書札礼）』の基礎的考察」（千葉歴史学会発表レジュメ、二〇一二年）。
(63)足利成氏書状写（「小山氏文書」『戦国遺文』古河公方編、四三頁）。
(64)足利成氏契状写（「小山氏文書」『戦国遺文』古河公方編、四一頁）。
(65)「室町・戦国期における小山氏の動向」（同『古河公方足利氏の研究』校倉書房、一九八九年、初出一九八三年）二二九頁。
(66)ただし、この件は単に貞親を義政の乳父としただけとも捉えられる（『康富記』同日条に「勢州《(伊勢氏)》代々為二御父一之故也」ともある）。堀川康史氏ご教示。
(67)『大日本史料』一二―一、九〇〇頁。近世、大和氏は毛利家に仕えた。この点、小島道裕「『大和三位入道宗恕家乗』」（『国立歴史民俗博物館研究報告』一八三、二〇一四年）三一一頁も参照。
(68)『萩藩閥閲録』三、五一一頁。
(69)『続群書類従』二四下、一二〇頁。
(70)古川元也「故実家大和宗恕管見」（『年報三田中世史研究』三、一九九六年）一〇七頁、同「大和流太元明王法と京都本法寺所蔵「摩利支天画像」について」（『年報三田中世史研究』一〇、二〇〇三年）二二四～二二五頁。この点、木下聡「大和晴完とその故実について」（天野忠幸・片山正彦・古野貢・渡邊大門編『戦国・織豊期の西国社会』日本史史料研究会、二〇一二年）一四四～一四七頁も参照。
(71)前掲註(51)論文、三～一〇頁、「足利義材の没落と将軍直臣団」（『日本史研究』三〇一、一九八七年）三九～四二頁。
(72)『実隆公記』文明十五年十二月朔日条、『親長卿記』同月二十一日条、『後法興院記』文明十六年二月十七日条、『大乗院寺社雑事記』同年三月朔日条。木下聡氏ご教示。

(73)「斎藤義龍の一色改姓について」(『戦国史研究』五四、二〇〇七年)三三～三四頁。この点、同「美濃斎藤氏の系譜と動向」(同編『美濃斎藤氏』岩田書院、二〇一四年)三〇～三四頁、石川美咲「戦国期美濃国における後斎藤氏権力の展開」(『年報中世史研究』三九、二〇一四年)四九～八八頁も参照。

(74)佐藤博信「足利晴氏・義氏とその時代」(同前掲註(65)書、初出一九七八年)一五二～一五六頁、同「足利政氏とその時代」(同前掲註(65)書、初出一九八三年)一〇四～一〇七頁、『鷲宮町史』通史上(鷲宮町、一九八六年)六七七～六八二頁、市村高男「中世領主間の身分と遺構・遺物の格」(『帝京大学山梨文化財研究所研究報告』八、一九九七年)三九一・三九四頁。

(75)「関東公方発給文書の書札礼についての再検討」(佐藤博信編『中世東国の社会と文化』岩田書院、二〇一六年)二〇三～二三六頁。この点、黒田基樹「北条氏綱論」(同編著『北条氏綱』戎光祥出版、二〇一六年)三五～三六頁も参照。

(76)和氣俊行「山内上杉顕実・憲寛の関東管領職継承をめぐって」(戦国史研究会発表レジュメ、二〇一〇年)。

(77)なお、上杉氏は永禄二年(一五五九)には京都将軍から「三官領御一族計へ之御書礼」との待遇も得ている(大館晴光副状『上杉家文書』三、一六二～一六三頁)。

(78)黒田基樹「上野由良氏の発展と展開」(同『戦国期東国の大名と国衆』岩田書院、二〇〇一年、初出一九九六年)二六六～二六七頁。

(79)田中前掲註(75)論文。

(80)佐藤博信「『園田文書』の古河公方足利政氏書状をめぐる諸問題」(同『中世東国の権力と構造』校倉書房、二〇一三年、初出二〇一一年)一二五頁。

(81)なお、足利義昭は当初、家康の「徳川」名字を承認しなかったという(柴裕之「室町幕府将軍足利義昭と徳川家康」同『戦国・織豊期大名徳川氏の領国支配』岩田書院、二〇一四年、初出二〇一二年、六三～六六頁)。これも、将軍が足利一門の名字を特別視したという事情も関係したのではないだろうか。

(82)奥野高廣・岩沢愿彦校注『信長公記』(角川書店、一九六九年)九二頁、『和簡礼経』四(『史籍集覧』二七、五〇七頁)。この点、堀新「織田信長の桐紋拝領と『信長公記』」(金子拓編『『信長記』と信長・秀吉の時代』勉誠出版、二〇一二年)二三五～二六七頁、木下昌規「戦国期足利将軍家の任官と天皇」(『日本歴史』七九三、二〇一四年)一～一七頁なども参照。

(83) 例えば、島津氏も「国王族親」と記されている(申叔舟著・田中健夫校注『海東諸国紀』岩波書店、一九九一年、三五四頁)が、本記事の妥当性、および同氏の源頼朝落胤説や足利氏への意識などについては本書第Ⅱ部付論一で検討する。また、大友氏の「忠節他ニことに候之間、兄弟ニおきてハ、猶子の儀にてあるへく候」(足利尊氏書状案「筑後大友文書」『南北朝遺文』九州編一、一四四四頁)をはじめ「猶子」の問題もあるが、これを足利一門化の事例と見てよいか判断に迷ったため、今回はカウントしなかった。さらに、足利一門化が個人か集団か、上からか下からかという問題もある。これらについては、本書第Ⅱ部第四章で整理するが、本格的には今後の課題である。

(84) これは奥州・九州両探題が地域の「足利の秩序」の核となったとの黒嶋敏の見解(「九州探題考」同『中世の権力と列島』高志書院、二〇一二年、初出二〇〇七年、八四頁)を参照して用いている。

(85) 「二本松畠山氏と塩松石橋氏」(同『室町期南奥の政治秩序と抗争』岩田書院、二〇〇六年、初出一九九七年)六八〜六九頁。

(86) 黒嶋前掲註(84)書、三二〇〜三二一頁。

(87) 今谷明「三好・松永政権小考」(同『室町幕府解体過程の研究』岩波書店、一九八五年、初出一九七五年)四四七〜四八六頁。

(88) 山田康弘「将軍義輝殺害事件に関する一考察」(『戦国史研究』四三、二〇〇二年)八頁。

(89) 「執権政治の変質」(同『中世の国家と在地社会』校倉書房、二〇〇五年、初出一九八四年)一六一〜一六四頁。

(90) 川岡勉「守護権力の変質と戦国期社会」(同『室町幕府と守護権力』吉川弘文館、二〇〇二年、初出一九九九年)二三五頁。

(91) 『室町人の精神』(講談社、二〇〇一年)三一七〜三一九頁。

(92) 設楽薫「足利義尚政権考」(『史学雑誌』九八—二、一九八九年)九〇頁、同「将軍足利義晴の政務決裁と『内談衆』」(『年報中世史研究』二〇、一九九五年)八四・八七頁、山田康弘「文亀・永正期の将軍義澄の動向」(同『戦国期室町幕府と将軍』吉川弘文館、二〇〇〇年)一〇四〜一〇五頁。

(93) 設楽前掲註(51)論文、九頁。

(94) 二木謙一「室町幕府御相伴衆」(同『中世武家儀礼の研究』吉川弘文館、一九八五年、初出一九七九年)三一二〜三一四頁、同「室町幕府御供衆」(同、初出一九八三年)三七〇〜三七五頁、同「偏諱授与および毛氈鞍覆・白傘袋免許」(同、初出一九七九年)四〇三〜四〇八頁、山田康弘「戦国期栄典と大名・将軍を考える視点」(『戦国史研究』五一、二〇〇六年)二二〜二三頁、木下聡『中世武家官位の研究』(吉川弘文館、二〇一一年)三六七〜三七〇頁。

(95)『群書類従』二二、一四六頁。
(96) 今井昌良書状（「東洋文庫所蔵大館文書」『戦国遺文』武田氏編一、二一〇頁）。
(97) なお、これ以前、伊達氏に対しては奥州探題と同じ左京大夫の官途が与えられている（細川高国書状『伊達家文書』一、八一頁）。この点、奥羽は「十六世紀半ばをまたずに」秩序が崩壊しているかのように見える（伊藤清郎『最上義光』吉川弘文館、二〇一六年、七頁）。奥羽・九州の状況については（稲村・篠川両公方の問題も含めて）今後の課題としたい。
(98)「室町幕府・奥州探題体制のゆくえ」（大石直正・小林清治編『陸奥国の戦国社会』高志書院、二〇〇四年）一八頁。
(99) その後、三好氏・織田氏・羽柴氏によって破壊された将軍を頂点とする武家の秩序は「足利一門」徳川氏によって再編・再建・再起動されたとの見通しを持っている。
(100) 一例として、近世・徳川的秩序の崩壊について見ておくと、久住真也が以下のように述べているのが参考になる（『幕末の将軍』講談社、二〇〇九年、六〜七・三〇・二六二頁）。すなわち、江戸後期から末期にかけ、徳川将軍は「血統」重視の「権威の将軍」から「能力」重視の「国事の将軍」へと徐々に変化した。幕府もまた「改革を断行」し、自らを「時代に対応したものとして作り替えるため、虚飾を廃し、実質を重んずるためのショック療法」を行った。だが、こうしたことが「幕府を衰亡させた暴挙であったという幕府関係者の声は、当時も明治になってからも少なくなかった」「幕末の将軍は、（中略）、自己変革の連続であった。それは、新しい事態に対応するために、徳川将軍を存続させるために行ったものである。しかし、自己存続のための変革が、『国事の将軍』を生み出し、結果的に徳川将軍の衰勢を加速させた。（中略）過激とも言える自己変革から始まった改革は、（中略）、結果的に将軍の力と権威を落としてゆく道を開」き、かくして『国事の将軍』の側面が進めば進むほど、『権威の将軍』の側面は破壊され、徳川将軍は消滅へと向かった」のだと。
　この点、すでに当時の旧幕臣福地源一郎も『幕府衰亡論』（平凡社、一九六七年、初出一八九二年、五〜六・二四〜二五・一三九・二二二頁）において、幕府が強固に存続した第一の理由を「二百七十余年の久きに因襲せる厳重なる慣例・格式・作法・礼儀等にて形而下（形式のあるもの）を検束し、遂に形而上（形のない精神的なもの）に及ぼし、天下の諸侯を籠絡したること」「保守政略のために尤も大切なる格式・慣例を厳守して変更せざりし」こととした上で、それを破壊した幕末の諸改革を以下のように断ずる。すなわち、「幕府の政略にはもっとも緊要なりける武家の秩序・典礼・格式・礼儀は、これがために一時に破毀せられたるが故に、将軍家の尊厳は、この時よりして大いにその威光を墜されたる」「幕府の如き保守制度の組織においては、その貴ぶ所は、制度格式の典礼を最も厳重に保守して、あえてこれを紊乱せざるにあり、幕府が老松の樹心全く朽腐して空虚となるも、なお枝葉鬱々として蒼竜の外形を存せるが如くなりしは、この制度格式の効力に頼れるものその多に居たり。然るを、今や幕府は兵制改革のために、取捨存廃の境線を識別するの活眼なく、軽挙躁進を以て鋭意の進取なりと思い誤り、都ての政治上において旧典先例を破却するを以て、繁文を除き、簡易を得る者と見做したれば、その改革の行なわるると倶に、幕府の威望は加倍の速度を以て益々地に落つるに至れり」。かくして以下の如き結論が導出される。すなわち、「幕府が家康公の制定し置かれたる将軍専裁の政体を固守せずして、これを朝廷に奏し、これを諸侯に謀ると云える新政体に変更したるが幕府衰亡の一大原因なれば、すなわち進取のために亡びたるものに非ずや」「世人往々幕府を評して、保守のために仆れたるものと論断すれども、余はこれに反し、幕府は進取のために亡びたるものと明言」するのだと。

(101) 一例として、近世フランス・旧体制の崩壊についてについて見ておくと、今村真介が以下のように指摘しているのが参考になる（今村仁司・今村真介『儀礼のオントロギー』講談社、二〇〇七年、二四一〜二四二頁）。すなわち、「君主自身が王権保護装置を合理主義的観点から信じなくなるとき、（中略）、君主みずから体制の墓穴を掘ることになる。（中略）システムの崩壊を最初に引き起こす原因は、権力を担当する当事者の意識における儀礼的観念体系の現実的喪失であるとも言えよう。フランス革命は実質的には王権自身のなかで開始していたとも言えるのである」と。

この点、すでに十九世紀の思想家アレクシス・ド・トクヴィルも『旧体制と大革命』（小山勉訳、筑摩書房、一九九八年、初出一八五六年、三六二頁）の中で以下の如く断ずる。すなわち、「悪しき政府にとって最も危険な時期とは、一般に自ら改革を始めるそのときである」と。

付論一　中世後期島津氏の源頼朝末裔主張について

薩摩島津氏が源頼朝の末裔を主張したことは、十五世紀の史料である『酒匂安国寺申状』（永享年間頃成立）、および『山田聖栄自記』（文明年間成立。以下、『自記』と表記）に見え、これまでにも注目されてきた。前者には「抑当家（島津氏）御先祖忠久と申ハ右大将（源）頼朝之御子三男にて御渡候[1]」とあり、後者にも同様の記述がある。[2]いずれも島津氏祖忠久を頼朝の子としており、十五世紀の島津氏が頼朝の末裔だと喧伝していたことが明確に分かる。

この喧伝につき先行研究を一瞥すると、二つの相反する理解・評価が存在していることに気付く。一つは、『都城市史』（新名一仁執筆分）の示す理解である。[3]それは、幕府を相対化しようとしていた島津氏にとって、始祖忠久を頼朝（正統な血筋・由緒を持つ者）の落胤とすることは、中央から自立した地域的権力として自らを位置付けていく上で必要な行為だったとするものである。もう一つは、水野哲雄の示す理解である。[4]それは、武家社会の儀礼秩序の頂点に坐す源氏将軍足利氏の権威を強く意識した島津氏にとって、源氏由緒を創出することは、足利氏に対し源姓を媒介とする擬制的同族関係を構築し近接を図っていく上で重要な行為だったとするものである。この両説は、島津氏による源頼朝末裔主張を、足利氏からの自立行為と捉えるか、接近行為と捉えるかで鋭く対立している。

だが、筆者は後者の理解の方がより説得的だと考えている。なぜなら、室町・戦国期の島津氏が足利氏を相対化せんとしていたとは到底思えないからである。事実、落胤譚の載る『自記』を紐解いてみても、足利氏を蔑ろにするような記述は特には見受けられない。それどころかむしろ、同書には足利氏に近く親しい存在である島津氏が同氏に協力し、軍忠を積んだことによって天下安寧となったという話こそ重点的に描かれているのである。(5) つまり、『自記』の描写からは、島津氏の足利氏に対する忠義や親近感の方がより積極的に看取されるのであり、同書による頼朝末裔主張もこの線で理解すべきと考える。この点、すでに水野も、九州の武士といえども足利氏の求心力の中に包摂されていたと結論付けている。以上から、中世後期の島津氏が足利氏を相対化しようとしていたとの理解に基づく『都城市史』の評価（足利氏からの自立行為説）は成立し難いと考える。

ただし、水野の評価（源姓主張による足利氏への接近行為説）にも検討すべき余地はある。というのも、単に源氏になったというだけは、必ずしも足利氏に近くなったとはいえないからである。では、どのような評価をなすべきか。ここで、筆者は島津氏が源頼朝の末裔を主張した事実に着目したい。別稿(6)で述べた如く、中世後期の足利一門とは「源義国流」+「源為義―義朝流」のことであり、図6の①〜③全てが足利一門に含まれる。つまり、頼朝末裔も足利一門ということになるのである。かくして筆者は、島津氏が頼朝末裔を名乗ったのは同氏が（単なる源氏ではなく）足利一門だと喧伝し、それを内外に承認させることで他氏との間に別格化を図りたかったからだと考える。

ここで注目されるのが、『海東諸国紀』（一四七一年成立）(7)の記述である。そこには島津氏（忠国）が「国王族親」＝足利氏の一族だと明瞭に記されているのである。(8) これは、島津氏の主張が反映された結果と解され、同氏が足利一門たることを喧伝した事実を示す貴重な史料だと思料される。(9) こうした喧伝は確かに京都まで届いてはいた。(10) だが、それを足利氏が承認した形跡はない。あくまで島津氏による一方的な主張であり、（本来外様の吉見氏が足利一門化した事例とは異なり）同氏が足利一門として扱われることはなかったのである。

図6　源氏系図(2)

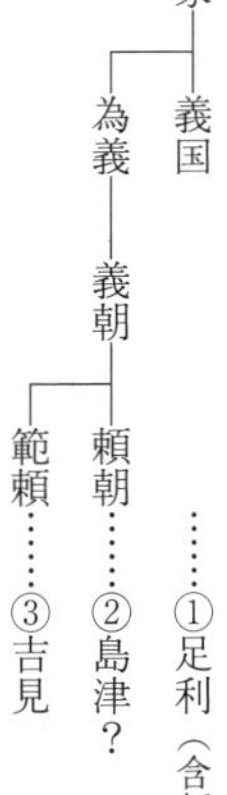

以上、中世後期島津氏の源頼朝末裔主張とその評価について検討し

た。結果、島津氏の足利氏からの自立行為説を排し、源姓主張による島津氏の足利氏への接近行為説に賛意を示しつつも、さらに踏み込んで「足利一門喧伝行為説」を提示した。以上を是とするならば、これは別稿（本書第Ⅱ部第一章）で述べた如き、競合する他者との間に差異化を図らんとする中世後期の有力者たちに少なからず見られる足利一門化行為・足利一門宣伝行為の一種として評価できる。では、島津氏の場合、誰より優位に立とうとしたのか、また、如上の行為に関する類例は他にどの程度確認されるのか。これについては本書第Ⅱ部第四章で検討する。

註

（1）五味克夫「『山田家文書』と『山田聖栄自記』補考」（『鹿大史学』三一、一九八三年）五〇頁、同「南北朝・室町期における島津家被官酒匂氏について」（『鹿児島大学法文学部紀要』人文学科論集一九、一九八三年）三四頁。前者は五味克夫『戦国・近世の島津一族と家臣』（戎光祥出版、二〇一八年）、後者は新名一仁編著『薩摩島津氏』（戎光祥出版、二〇一四年）にもそれぞれ再録されている。

（2）『薩摩国阿多郡史料』『鹿児島県史料集』七、四九頁。

（3）通史編中世・近世（都城市、二〇〇五年）一四～一九頁。なお、本付論（初出）発表後、新名一仁「室町期島津氏領国の政治構造と『守護』」（同『室町期島津氏領国の政治構造』戎光祥出版、二〇一五年）に接した。その中で氏は「前出『都城市史』において、室町期島津氏の幕府相対化、地域封建権力化と源姓使用を安易に結びつけたことは不適切であり、撤回したい」と結論された（三八八頁）。併せて参照されたい。この点、同編『中世島津氏研究の最前線』（洋泉社、二〇一八年）一〇～一一頁も参照。

（4）「島津氏の自己認識と氏姓」（九州史学研究会編『境界のアイデンティティ』岩田書院、二〇〇八年）一四九～一七九頁。

（5）『薩摩国阿多郡史料』『鹿児島県史料集』七、五四～五六頁。

（6）拙稿「足利一門再考」（本書第Ⅱ部第一章）参照。

（7）中叔舟著・田中健夫訳注、岩波書店、一九九一年、三五四頁。

（8）忠国が源姓で見えることから偽使と見る向きもあるが、史料的にも彼は源姓で確認される（『旧記雑録』前編二、一〇四二・一〇四四・一〇四五号）。その上、長節子は忠国を数少ない真使と判定しており（「朝鮮前期朝日関係の虚像と実像」『年報朝鮮学』

八、二〇〇二年、三六～三七頁）、従うべきと考える。

（9）竹内理三は「①貿易の利を高めるために、②日本国王足利将軍の族親と称し」たとする（「島津氏源頼朝落胤説の起り」『日本歴史』四九、一九五二年、三四頁。数字引用者）。①は単なる外国向けだけではないとの批判があるが（三木靖『薩摩島津氏』新人物往来社、一九七二年、九六頁）、②は妥当と考える。

（10）『臥雲日件録抜尤』康正元年正月二十六日条。

第二章　中世後期武家の対足利一門観

はじめに

近年の日本中世史研究において最も深化した分野の一つといわれているのが、室町幕府研究である。[1]幕府研究においては、政治・軍事・儀礼などの各観点から、足利氏、およびその一門（足利一門）の重要性が指摘されて久しく、[2]現在も、足利氏・足利一門の総体的研究は日々進められている。だが、そうした研究も、概して南北朝期（観応の擾乱前後）の政治や軍事に対象が限られていたり、また、そもそもほぼ全てにおいて、誰が足利一門か、といった基礎的な考察がなされておらず、結果、立論自体が曖昧であったりと、通時的・根本的な理解に問題を抱えているように思われてならなかったというのも事実である。以上を踏まえ、筆者はかつて、足利一門とは一体誰のことか、足利一門であるとは一体どういうことか、などといった基本的な事項から問い直し、中世後期（南北朝期・室町期・戦国期）全体を通して、足利一門（足利流＋新田流＋吉見氏）が非足利一門（外様・被官）に儀礼的に優越し続けた事実を明らかにした。[3]当該期の武家社会には、足利一門が非足利一門に儀礼的に優越するという秩序認識が存在したのである。

しかし、課題が残ったのも事実である。というのも、右の秩序意識を明らかにする作業を、筆者は主として（大館氏や伊勢氏などといった幕臣たちの手による）幕府の儀式書類の検討から行ったのであるが、それは、幕府の側

（上）からの視点（理想論・観念論）であって、大名や地方武士の側（下）からの視点（実態論）については、なお考究の余地が認められたためである。

そこで本章では、旧稿（本書第Ⅱ部第一章）の欠を補うため、当時の大名らからも実際に、足利一門が非足利一門に儀礼的に優越するという序列意識が窺えるのか、検討してみることにしたい。この点、筆者はすでに旧稿において、南北朝期の今川氏、戦国期の土岐氏・赤松氏などといった中央の大名たちが、右の認識をはっきりと抱いていた事実を解明している。だが、同様の認識は果たして他氏からも窺えるのか、史料の中から幅広く探り、検証していく必要があるように感じる。

とはいえ、大名たちが、足利一門が非足利一門に儀礼的に優越するという認識を持っていたことを明瞭に示してくれるような史料は、そう多いわけではない。そこで、ここでは中世後期の武家儀礼の場において発生した各種相論などに着目し、大名らの意識を炙り出す方法を採りたいと考えている。具体的には、はじめに、室町期九州、戦国期奥州、室町・戦国期関東の史料を用いて地方の武家の認識を検討し、次に、南北朝・室町期京都の古記録・軍記物類を用いて中央の武家の意識を検証し、都鄙の間の大名などの中に、足利一門が非足利一門に儀礼的に優越するという認識が窺えることを明らかにする。そして、中世後期の武家社会において、右の認識が広く見られるということを確認し、そうした将軍・大名ら双方による意識・認識・価値観の共有が、足利氏を中心とする秩序・体制・権威を支える強力な装置として作動していたということを見通したいと考えている。それでは、早速本論に移っていこう。

第一節　地方武士の認識

1　九州・酒匂氏（島津氏被官）の場合

本節では、地方武士の認識を見ていく。まず、南北朝期における吉良氏と高氏との儀礼的争いを伝える、『酒匂安国寺申状』(4)（以下、『申状』と表記）から検討する。

ここで検証する『申状』とは、永享年間（一四二九～一四四一）頃の成立とされるもので、南九州に伝わる史料である。記主は、当時、薩隅日（薩摩・大隅・日向）三ヵ国に多大なる影響力を有した（守護）大名島津氏の被官である酒匂氏（酒匂安国寺）で、その内容は、島津氏誕生以降の歴史を数多く書き記したものである。そのため、本『申状』は、近世島津氏の歴史編纂事業はもとより、近現代の歴史学においても基本とされている重要な史料である。

だが、同史料は中世島津氏・南九州地域史の研究者たちの間では活用されてきたものの、史料の中に見える吉良氏や高氏などといった室町幕府関係者の記述は、研究の関心から外れていたためか、当該部分に関する詳しい分析は行われてこなかった。他方、幕府・中央（吉良氏や高氏ら）を対象とする研究者たちにとって、薩隅日関係史料は必ずしも馴染みあるものではなく、本史料はそもそも見落とされることが多かったといえる。

そこで本節では、研究史上の盲点となっていたと思しき『申状』の中の当該記事（吉良氏と高氏との相論関係記事）を取り上げ、検討していくことにしたい。まずは史料を掲げる。

〔史料一〕『酒匂安国寺申状』（アルファベット引用者、引用五味A論文所収本、亀甲括弧内五味B論文所収本）

一、（A）当御代の始尊氏の時、天龍寺御供養之一番之随兵ハきら《（吉良）》殿にて御渡候、御合手にはかう《（高）》越後殿にて執事師直とて威勢もいかめしく肩をならふる人もなく候しかとも、きらとのゝ御嫌候之間、御所より、いかに人をゑらひ進し候とも御合手には成ましく候之間、只師直を御供に被㆓召具㆒候へ、と御書候ける間、無㆓子細㆒領掌候けるに、随兵ハ左右に対候へとも、是ハ一段計さかりて打て候ける由承候、（B）近来者義満御所之御時、相国寺供養之時、恒例にて候とてきら殿、かうとさ《（高土佐）》との御合手にさゝれけるに、きら殿又御嫌候し程に、自㆓御所㆒、天龍寺供養之時、御合手にて候物を、と被㆓仰下㆒候之間、きら殿より尊氏之御書を御出し候て、か様之儀により候てこそ被㆓召具㆒て候へ、と被㆑仰ける間、又如㆑本御供に被㆓召具㆒候へ、と御書御遣候ける由うけたまハり候、（C）きら殿の御事にて候共、平家之時代・先代《（北条氏）》之代にて候ハんする時、さのミ是程迄ハ賞翫有ましく候《（当御代ノ御一家にて御渡候程ニ）》、当御代之御事にて候之間、大名もはゝかり而、近習も恐をなし申候、吾らか主と頼て候御一家中を蔑如に申なし候はんハ、私の家も散々之式に可㆓成行㆒候之程に、かやうに存候て申て候し、

はじめに、話の中身を確認する。本記事は、以下の（A）〜（C）の三つの部分に分けることができる。

（A）は、康永四年（一三四五）、初代将軍足利尊氏期の天龍寺供養に際してのものである。尊氏の随兵として、吉良氏（満貞）と高氏（師直〈師泰〉。なお、実際は師兼）とが相並んで供奉することとなった。だが、吉良氏はそれを嫌がった。そのため、あくまで吉良氏が高氏を御供として連れるという形をとって、両者は並ぶことなく、高氏が吉良氏の後ろを行くということで落ち着いた（これについて、吉良氏は尊氏から「御書」＝御内書も得た）という話である。

（B）は、明徳三年（一三九二）、三代将軍足利義満期の相国寺供養に際してのものである。義満の随兵として、やはり吉良氏（俊氏）と高氏（師英）とが相並んで供奉することとなったが、吉良氏はそれを嫌がり、（A）で見た尊氏の「御書」を義満に提示した結果、再び吉良氏が高氏を引き連れる形をとることで落着したという話である。

（C）は、（A）・（B）から導き出された話である。すなわち、権勢を誇る高氏などよりも吉良氏の方が格上なのは（尊貴な扱いを受けるのは）、同氏が足利氏（将軍家）の「御一家」（ここでは、「足利一門」の意味）だからである。(5)同様に、島津家においても「御一家」は尊重されなくてはならない——。

以上のように、（C）の結論を述べる（島津家内部の現状を批判する）ために、酒匂氏はわざわざ幕府の話を持ち出して（A）・（B）を示したのである。その結果、吉良・高両氏が南九州の史料の中に僅かながらもしっかりと出てくるわけであり、酒匂氏のような九州という辺境・遠隔地の一地方武士に、吉良氏に代表される足利一門が高氏に代表される非足利一門に儀礼的に優越するという認識があったこともまたはっきりと確認できるのである。(6)このような意識、しかも地方人のそれまで窺い知ることのできる『申状』は、数少ない同時代の認識を知る上で極めて貴重な史料であるといえよう。

2　奥州・佐藤氏（留守氏被官）の場合

では、同様の認識は同時代、他地域からも確認できるのだろうか。そこで、次に近年の研究潮流にならって、視点を大きく南から北へと移してみたいと思う。(7)ここで注目するのが、北（奥羽）の地で戦国期（永正十一年〈一五一四〉、その原型部分は文明年間〈一四六九〜一四八七〉前半頃）に成立したといわれる、(8)『奥州余目記録』(9)（以下、『記録』と表記）である。そこには、

大崎よりハ両国《陸奥・出羽》へ被ㇾ成二謹上書一候ハ五人、其外ハ無二御座一候、斯波殿・塩松殿《石橋》・二本松殿《畠山》・山形殿《最上》・天童殿計ニて候、

と書かれているのである。すなわち、奥州探題大崎氏からの書札礼で「謹上書」の形式をとるのは、陸奥・出羽両国

においては、斯波殿・塩松殿・二本松殿・山形殿・天童殿の五人（五家）だけだというのである。

この点、すでに旧稿（本書第Ⅱ部第一章）でも触れたように、当該期の東北地方では、高水寺斯波氏・塩松石橋氏・二本松畠山氏・最上氏・天童氏など、足利一門の各氏（五氏）の位置付けが極めて高く、彼らは伊達氏などをはじめとする奥羽の国人諸氏とは明確に区別され、その上位に位置付けられていたことが、垣内和孝により指摘されている。[10] こうした認識を示す『記録』の作成に関与したのは、陸奥の国人留守氏の被官である佐藤氏だと目されている。[11] すなわち、九州の酒匂氏と同様、佐藤氏のような奥州の一地方武士においても、足利一門が非足利一門に儀礼的に優越するという認識が窺えるのである。

なお、『記録』は、探題大崎氏が、斯波氏・畠山氏・細川氏・山名氏の各氏（足利一門）への書札礼に比して、赤松氏・六角氏・土岐氏・京極氏（いうまでもなく、六角氏・京極氏とは佐々木氏のことである）の諸氏（非足利一門）に対するそれを「少緩怠ニ被ㇾ遊」たとも記している。[12] このような部分などからも、足利一門と非足利一門との間には儀礼的な格差が設けられて当然だとの意識が看取されよう。

3　関東・海老名氏（鎌倉府奉公衆）の場合

最後に関東の事例を見ておきたい。確認するのは、同地で室町・戦国期（享徳五年〈一四五六〉、その原型部分は応永年間〈一三九四～一四二八〉後半頃）に成立したとされる、[13]『鎌倉年中行事』[14]（以下、『行事』と表記）である。そこには、

諸奉公中致㆓下馬㆒時ハ、輿ニテモ馬ニテモ有㆓管領下馬㆒也、御一家ハ無㆓下馬㆒、

とある。つまり、道で鎌倉府奉公衆と関東管領（上杉氏＝非足利一門）、もしくは、「御一家」（足利一門）とが遭遇し、奉公衆が下馬した場合、管領は奉公衆相手に下馬する必要があるが、足利一門はその必要はないというのである。足

利一門が儀礼的に優位に位置すると思われていたことは明らかである。こうした認識を示す『行事』を作成したのは、奉公衆海老名氏である。[15]やはり、九州の酒匂氏や奥州の佐藤氏と同様、関東の海老名氏からも、足利一門が非足利一門に儀礼的に優越するという認識が窺えるのである。

以上、本節では、中世後期の地方武士（九州・奥州・関東の公方・大名・国人被官を中心に、探題大崎氏なども含める）に、足利一門が非足利一門に儀礼的に優越するという認識が見られることを指摘した。

では、こうした意識は、南は酒匂氏、北は佐藤氏や大崎氏、東は海老名氏のみにとどまる特殊なものであったのであろうか。そうではないだろう。というのも、まず、奥羽・関東の場合、立論の根拠となった史料が、『記録』『行事』の中の探題府や鎌倉府による書札礼・路頭礼（これまで実践され、これからも繰り返されていくべき地域の儀礼的ルール）を描いた部分であったことは、その捕捉（共有）対象が佐藤氏・大崎氏や海老名氏にとどまらず、東北・関東全域の武士であったことを示しているからである。つまり、右の認識は、広く東国全土を覆っていたものと考えられるのである。[16]そして、そのような意識が同時代的に列島の東・南・北で共通して見られ、とりわけ、九州最南端の鹿児島でも確認されたことは、それが西国でも九州の酒匂氏一人にとどまらない、普遍的なものであった（酒匂氏のような在京経験者を通して各国武士にも伝わった）と考えるのに十分だからである。この点、なお史料的に追究していく必要はあると思われるが、さらなる検討は今後の課題とし、[17]ひとまずここでは、中世後期の地方武士に、足利一門が非足利一門に儀礼的に優越するという認識が見られたことを、改めて確認・指摘しておきたいと思う。

続けて次節では、列島の周縁部分である地方から、中心部分である京都に目を移し、中世後期の中央大名の認識を見ていくことにしよう。

第二節　中央大名の認識

1　土岐氏と佐々木氏（応安六年）

本節では、中央大名（在京大名）の認識を見ていく。その際、特に古記録の、武家儀礼の場における相論関係記事に注目する。まず、貢馬儀礼をめぐる土岐氏と佐々木氏との争いの史料から検討しよう。(18) まずは史料を掲げる。

〔史料二〕『後愚昧記』応安六年（一三七三）十二月二十七日条

廿七日、今夜貢馬進二仙洞（後光厳）一云々、後聞、土岐与二佐々木治部少輔（高秀）一馬次第相二論之一、土岐不レ出レ之云々、先々故導誉（治部少輔父）馬列二土岐上一云々、然而於レ今者土岐申二異儀一云々、

はじめに、話の中身を確認する。

応安六年、後光厳上皇への貢馬儀礼に際して、土岐氏（頼康か、あるいは、その養子の康行）と佐々木氏（高秀）とが「馬次第相論」（序列争い）を展開した。結果、「先々」（先例）は「故導誉」（佐々木導誉。高秀の父）が「列二土岐上一」た（土岐氏よりも上だった）ということで、今回もその方向で決定したようである。これに対して、土岐氏は「異儀」（異議）を申して馬を出さなかったという。

この争いが起こった理由であるが、史料中に「於レ今者」と見えることから、同年八月の佐々木導誉の死が関係しているのではないかと考えられる。(19) すなわち、「武家権勢」(20) たる導誉の死を受けて、土岐氏は威勢（序列）の上昇（回復）を試みたのではないだろうか。

いずれにせよ、土岐氏・佐々木氏はいうまでもなく幕閣の重鎮・外様の有力者であり、両者の儀礼的な上下関係の確定は極めて微妙な問題であった。例えば当該期、今川了俊は土岐氏を「足利一門の次、外様の頭」と認識していたが[21]、他方で、「佐々木佐渡判官入道（導誉）も如レ斯」と、佐々木氏についても同様の見解を呈していたのであった[22]。

そうした中で、今回、佐々木氏が上との決断が下されたのであった。その背景を、〔史料二〕は先例ゆえ（「先々」）とするが、管見の限り、そのような実例を見出すことはできなかった。ただ、実際にそうした先例が仮にあったとしても、それ以上に重要なのは、やはり当時の判断、すなわち、当該期幕府管領たる細川頼之による佐々木贔屓であろう[23]。この点、十四世紀後半の政治史、いわゆる「派閥関係」を整理した小川信は、同時代の土岐氏を「反頼之派」の急先鋒とする一方で[24]、佐々木氏については頼之の最大の与党とし、頼之は佐々木氏を頗る露骨に優遇していたとしている[25]。つまり、佐々木氏は政治的な事情から、儀礼的にも厚遇されたと考えられるのである。

とはいえ、儀礼的に拮抗する両者であったから、土岐氏は佐々木氏の下に座すことはできないと判断し、結果、同氏はこのとき本当に貢馬を拒絶したらしく、事実、同年の序列の中にその名を見出すことはできない（この点、当該期における貢馬儀礼の序列を『花営三代記』〈『群書類従』二六〉から復元したのが表4である）。

その後、土岐氏が貢馬儀礼に再登場してくるのは、康暦元年（一三七九）十二月のことであり、このとき同氏は佐々木氏よりも上に据えられた（ちなみに、一番が斯波氏、二番が山名氏、三番が土岐氏、四番・五番が佐々木氏であった。それまでは三番・四番が佐々木氏であり、土岐氏は不参加であった〈表4〉）。

なお、土岐氏が上となった背景としては、いうまでもなく、同年前半に勃発した康暦の政変の影響が考えられよう。すなわち、細川氏を失脚させて管領の座に返り咲いた斯波氏が、自身と緊密な関係にあった土岐氏を、儀礼面においても優遇・厚遇した結果だと思料されるのである。

この、土岐氏が三番、佐々木氏がそれ以下という貢馬の序列は、応永三十一年（一四二四）の段階でも確認されるが（表4）、佐々木氏としては、やはりそれは不服だったようで、同二十九年の貢馬儀礼では、再び「土岐与二京極一座敷有二相論一」という状況になっていた(26)。ただし、戦国期の幕府の儀式書類にも、管領、山名氏、土岐氏、佐々木氏の順番で書かれていることから(27)、おおむね土岐氏の方が佐々木氏よりも上であったとはいえそうである。土岐氏は『土岐家聞書』『家中竹馬記』（いずれも『群書類従』二三所収）などの書物を書き残し、その中で自らの家が「足利一門の次、外様の頭」である（べきだ）ということを繰り返し主張しているが(28)、それは旧稿（本書第Ⅱ部第一章）でも指摘したように、必ずしも故なきことではなかったのである。

このように、土岐氏と佐々木氏とは長きにわたってお互いを強く意識し合っていたようであるが、ここで注意すべきは、それがあくまでも貢馬序列三位をめぐる争いだったことである。すなわち、両者は一位の将軍や管領、二位の山名氏（これらはいずれも足利一門）とは争う姿勢を全く示しておらず、三位（外様の頭たる地位）をめぐって争っていたに過ぎないのである。外様の土岐・佐々木両氏は足利一門との間に争うべからざる壁を意識していたと解釈せざるを得ない。

これに関し、両者の序列争いを、当該期の政治闘争の産物と見做す見解もあるが(29)、必ずしも適切な理解とはいえないであろう。なぜなら、もしそうなのであれば、佐々木氏（いわゆる「細川派」）は土岐氏（いわゆる「斯波派」）のみならず、山名氏（いわゆる「斯波派」）などに対しても序列争いを展開し

表4 『花営三代記』に見る貢馬儀礼の序列

序列＼年	応安6年（1373）	応安7年（1374）	永和2年（1376）	康暦元年（1379）	応永31年（1424）
1	御馬	御馬	細川	斯波	畠山
2	山名	山名	山名	山名	山名
3	佐々木	佐々木	佐々木	土岐	土岐
4	佐々木	佐々木	佐々木	佐々木	佐々木
5	赤松	赤松	赤松	佐々木	赤松
6	中条	中条	中条	赤松	佐々木
7	小山	小山	上杉	中条	中条
8	佐竹	佐竹	小山	上杉	
9	上杉	結城	佐竹	小山	
10	御馬	上杉	御馬	御馬	

てもよいはずであるが、そのような事態は全く確認できないからである。つまり、両者（土岐氏と佐々木氏）の序列争いとは、「斯波派」と「細川派」との派閥対立の表徴というよりは、むしろ、外様同士の家格抗争の結果であったといえる。むろん、政治的な影響を全く受けなかったなどとはいえないかもしれないが、応安・康暦期以外にも両者が争っている事実も併せると、事の本質はそこにはなかったものと判断される。

他方、管領たる細川・斯波両氏も、それぞれ佐々木氏（応安）・土岐氏（康暦）を優遇したものの、厚遇したとしても、二位の山名氏（足利一門）より下であることは自明視・当然視しており、そこに何ら疑問は差し挟まれていない。とりわけ、細川氏が、不和の関係にあった山名氏を、[30]頗る優遇していたはずの佐々木氏よりも上に置いたという事実は決定的である。足利一門と非足利一門との間の壁は厚いといわなくてはならない。

2　山名氏と一色氏（永享四年）

同様のケースとして、次に、貢馬儀礼をめぐる山名氏と一色氏との争いの史料を検討しよう。まずは史料を掲げる。

〔史料三〕『満済准后日記』永享五年（一四三三）正月二十四日条

廿四日、晴、以㆓経祐法眼㆒、（中略）、宜㆑任㆓時宜㆒旨、可㆓伺申入㆒旨、仰㆓遣立阿弥方㆒了、此間如㆑此事等、以㆓一色左京大夫（持信）㆒令㆑申処、旧冬貢馬事ニ付テ聊申㆓所存㆒事在㆑之、山名（時熙）貢馬下ニハ不㆑可㆑立由歎申云々、就㆓此事㆒再三雖㆑有㆓御問答㆒、曾不㆓承引申㆒間、無力為㆓公方（足利義教）㆒貢馬被㆑立㆑之云々、此貢馬事ハ中条数代進了、然去年中条入道（詮秀）違㆓上意㆒於㆓尾張国㆒京都参洛時被㆓切腹㆒了、中条跡三河国高橋庄一色左京大夫拝領了、仍如㆓中条所㆑進、可㆑進㆓貢馬㆒由被㆓仰出㆒云々、日比中条貢馬立所ハ最末第十番云々、今度左京大夫貢馬立所ハ第三番、山名次宜由被㆓仰出㆒処、難儀由及㆓再往㆒云々、依㆑之披露事等聊斟酌由申間、雖㆑為㆓凌（聊）爾㆒就㆓事安㆒、以㆓立阿等㆒可㆓申入㆒旨、仰含了、（後

略)

はじめに、話の中身を確認する。

永享四年の貢馬儀礼に際して、足利義教は一色持信に勤仕を命じた。だが、持信は自らの序列が三番、すなわち、二番たる山名氏の「下」「次」となってしまうことを嫌がり、徹底抗命した。

そもそも、一色氏に貢馬の役が命じられたのは、これまで同役を勤仕してきた中条氏(三河の武家領主)が同年、義教の勘気を蒙って突如没落し、それにかわって中条氏領(の一部)を継承した一色氏が、急遽その役を引き受けることになったためである。(31)

しかし、中条氏の貢馬の序列は低く、山名氏(足利一門)はいうまでもなく、外様の土岐氏・佐々木氏・赤松氏らよりも下(「最末」)に位置付けられていた(表4)。

そこで問題となったのが、中条氏にかわって貢馬儀礼に加わることとなった一色氏の位置である。義教は、一色氏を山名氏の下、外様の上に置こうとした。だが、一色氏は、同じ足利一門たる山名氏の下に甘んじることはそのプライドが許さず、上意を拒み続けた。結局、義教は説得を諦め、自ら貢馬を務めたという。

ここから分かることは、以下の三点である。

一つは、一色氏が同じ足利一門山名氏に対しては同格を自負する一方で、外様(土岐氏・佐々木氏ら)に対してはその優位を全く自明としていたことである。

もう一つは、外様の方も一色氏が上となる事態に何ら反対を示していないことである。〔史料二〕で土岐氏・佐々木氏の外様同士が争った際、足利一門(山名氏)が上であることについては、管領・外様双方から全く問題とされなかったのと同じように、ここでは山名氏・一色氏の足利一門同士が争い、足利一門が外様の上に位置することについて、足利一門・外様は何ら疑問を感じていないのである。

さらには、足利氏もまたそのような認識を共有していたことである。義教が一色氏を「三番」（すなわち、足利一門山名氏の下、外様土岐氏の上）としたことからも分かるように、将軍は足利一門が外様（非足利一門）の上にいることを当然と考えていたのである。

以上、本節では、中世後期の中央・在京大名（足利一門・外様）に、足利一門が非足利一門に儀礼的に優越するという認識が見られること、将軍もまた同様の意識があることを指摘した。

なお、このような視点を踏まえた上で気になるのが、山名師義と佐々木導誉との喧嘩を描いた『太平記』の記事である（『太平記』は、現存最古の写本である永和本[32]〈巻三十二のみの零本〉を用いる。ちなみに、当該部分に関しては、古態本・流布本も大差ない）。話の内容は以下の通りである。文和元年（一三五二）、師義は、若狭国税所今富名の知行回復を幕府に申請せんと導誉邸に赴いたものの、導誉は、のらりくらりとかわして一向に取り次ごうとしない。そのことに激怒した師義は、

才乏ト云トモ我大樹（将軍・足利氏）ノ一門ニ列ル身タリ、礼儀ヲ存ハ沓ヲ倒ニシテモ庭ニ迎エ、袴ノ腰ヲユヒヽヽモ急コソ対面スヘキニ、此禅門（佐々木導誉）カ程ニ振舞コソ返々モ遺恨ナレ、所詮叶ヌ訴訟ヲスレハコソ諂マシキ人ニモ諂ラエ、今夜ノ中ニ都ヲ立テ伯耆国エ逃下リ、謀叛ヲ起テ人ニ思ヒ知センスル物ヲ、

と述べて伯耆へと帰国、反幕府方となったという。

山名氏謀叛の背景としては、守護職（若狭・出雲）の問題や若狭国税所今富名の領有権、西日本海の水運をめぐる抗争などが指摘されているが[33]、直接の原因・契機（師義激昂の引き金となった出来事・事件）を、足利一門山名氏に対する外様佐々木氏の無礼な態度であったとする『太平記』の記述も[34]、本章の結果からすれば強ち否定できない。その

上、記事の内容は永和本から古態本・流布本に至るまで大差なく改訂を受けていないことから、これは『太平記』の記主層・受容層などにとっても無理のない説得的な話であったと捉えられるため、当該記事内容を「恐らく真実に近い伝えであろう」(35)とする先行研究の理解をここでは支持しておきたいと思う。

いずれにせよ、師義が放ったという「我大樹ノ一門ニ列ル身タリ、礼儀ヲ存ハ」との発言内容、すなわち、足利一門が非足利一門に儀礼的に優越するという発想自体が、すでに当該期の社会において一定の真実味を帯びつつ流布していたことは、この『太平記』の記事から確実に窺える。そして、それはまた前節で見た〔史料二〕の検討からも裏付けられるところである。

おわりに

以上、本章では、中世後期の中央大名・地方武士の間に、足利一門が非足利一門に儀礼的に優越するという認識が窺えることを明らかにした。結果、旧稿(本書第Ⅱ部第一章)で解明した幕府側のみならず、大名・地方武士側にも共通の意識があったことが、より一層鮮明になったものと考える。当該期の都鄙の武家社会には、足利一門が非足利一門に儀礼的に優越するという認識が広く存在したのであった。換言すれば、将軍・大名ら双方は、時代的・社会的な意識・認識・価値観を共有していたのである。(36)

では、このことはいかなる意味を持つだろうか。この点、国際関係論の議論を参照してみたい。そこでは、「国際秩序の安定性のためには、それを構成する諸国の間で「共通利益」や「共通価値」が認識されていなければならない」とされているのである。(37)すなわち、秩序の安定には、価値観の共有が必要不可欠だということである。とすれば、中世後期を通して（戦国期に入ってもなお）上記の価値観・認識・意識が共有されたことは、「足利的秩序」[38]（足利一門を上位とし、足利氏を頂点とする秩序。当該期武家の儀礼的・血統的な秩序）の維持・存続に大いに貢献したと考えることができるのではないだろうか。

近年の戦国期足利氏・将軍の研究は、専ら前者、すなわち、「共通利益」の追究に傾斜している、換言すれば、大名・有力者にとって、将軍を擁立する、あるいは、将軍と関係することが損か得か、にほぼ議論を収斂させてしまっているように思われてならない[39]が、後者、すなわち、「共通価値」の検討も忘れてはならないだろう。というよりも、むしろ筆者は、この点こそが、足利氏（京都将軍・関東公方）存立の最大の理由（とりわけ、擁立に関しては特に）だと考えているのであるが、いずれにせよ、ここでは足利氏を中心とする秩序・体制・権威を支える強力な装置として、将軍・大名ら双方による意識・認識・価値観の共有を指摘したいと思う。

本章では、そうした価値観がいかにして形成されてきたのかという過程・動態については論ずることができなかった。ただ、いくらか本章に引き付けていうならば、第二節の最後に見た『太平記』の山名師義と佐々木導誉との対立記事などは、師義のように足利一門の儀礼的優越を自明視・当然視する人々が確実に台頭している一方で、導誉のようにいまだそうした観念を必ずしも前提とはしない人々もいたことを示しており、いわば価値観の確立へ向けた南北朝期の過渡的・移行的状況を物語り得るものとして理解することができよう。

その後、足利の血統を絶対とする価値観が武家社会の中で固まってくるのは、十四世紀末頃、足利義満の時代だと見通しているが、いうまでもなく、足利一門の儀礼的優越が承認されるのは、すでに本章で見た室町期南九州の酒匂安国寺が喝破していたように、「当御代ノ御一家にて御渡候程ニ」「当御代之御事にて候之間」（史料一）だからに他ならない。換言すれば、足利氏権威の確立なくして、足利一門の儀礼的優越などあり得ない。したがって、次に必要な作業は、足利氏（将軍・公方）権威が確立されるに至る歴史的な過程・動態の具体的な追究と、権威が創出され再生産されるメカニズムの理論的・比較史的な考察であろう。これについては章を改めて検討する。(40)

註

（1）桜井英治「中世史への招待」（『岩波講座日本歴史』六中世一、岩波書店、二〇一三年）八頁。

（2）ここでは、佐藤進一「室町幕府論」（同『日本中世史論集』岩波書店、一九九〇年、初出一九六三年）一二六～一三一頁、漆原徹『中世軍忠状とその世界』（吉川弘文館、一九九八年）を挙げておく。

（3）拙稿「足利一門再考」（本書第Ⅱ部第一章）参照（以下、旧稿と表記）。

（4）五味克夫「『山田家文書』と『山田聖栄自記』補考」（『鹿大史学』三一、一九八三年）五三～五四頁（以下、五味A論文と表記）、同「南北朝・室町期における島津家被官酒匂氏について」（『鹿児島大学法文学部紀要』人文学科論集一九、一九八三年）三八～三九頁（以下、五味B論文と表記）。この二論文によると、『申状』にはA論文所収・B論文所収の二系統が存在し、前者がもととなって、後者が増補・作成されたという。したがって、本章では基本的にA論文所収のものを使用し、B論文所収のものは適宜参照することとしたい。なお、『申状』に関する本章の記述は、全て上記両五味論文によっていることを明記しておく。ちなみに、前者は五味克夫『戦国・近世の島津一族と家臣』（戎光祥出版、二〇一八年）、後者は新名一仁編著『薩摩島津氏』（戎光祥出版、二〇一四年）にもそれぞれ再録されている。

（5）前掲註(3)。

（6）ちなみに、酒匂氏の述べる天龍寺・相国寺両供養の話については、史実との間に幾許かの齟齬が見られるものの（例えば、天龍寺供養に際し、吉良氏の相手は高師直〈師泰〉ではなく高師兼であり、両者は先陣一番随兵ではなく先陣六番随兵であった）、総じて史実に則して構成されていたこと（実際に吉良氏と高氏とは相並び、そこで吉良氏ら足利一門は儀礼的に厚遇されていた）、また、これらの話をそもそも酒匂氏が知っていた事情としては、同氏が島津氏の在京雑掌的存在であったことなどに求められること（他の要因としては、天龍寺供養に島津一族〈貞久の弟忠氏〉が参加していたことや、両供養が足利氏の「御威光」を世に示す一大ページェントであったことなど）は別に検討した通りであるので、ここでは全て省略する。この詳細については拙稿「中世における吉良氏と高氏」（本書第Ⅱ部付論二）参照。

(7) 奥州と九州との比較という視点については、さしあたり柳原敏昭「中世日本国周縁部の歴史認識と正統観念」(熊谷公男・柳原敏昭編『境界と自他の認識』清文堂出版、二〇一三年)二七三～二九五頁参照。柳原は、『申状』などや直後に述べる『記録』に着目してその比較研究を進めており、参考になる。
(8) 伊藤信「留守家旧記の成立をめぐって」(『歴史』五九、一九八二年)一～一六頁。
(9) 『仙台市史』資料編一古代中世、二四七頁。
(10) 「二本松畠山氏と塩松石橋氏」(同『室町期南奥の政治秩序と抗争』岩田書院、二〇〇六年、初出一九九七年)六六～六九頁。
(11) 佐々木慶市「留守家旧家の成立」(同『中世東北の武士団』名著出版、一九八九年、初出一九七六年)一五四～一六七頁、七海雅人「留守氏と『奥州余目記録』」(峰岸純夫・入間田宣夫・白根靖大編『中世武家系図の史料論』下、高志書院、二〇〇七年)七三～一一〇頁。
(12) 『仙台市史』資料編一古代中世、二四六頁。この点、伊藤喜良「国人の連合と角逐の時代」(同『中世国家と東国・奥羽』校倉書房、一九九九年、初出一九七八年)四九〇～四九三頁も参照。
(13) 佐藤博信「『殿中以下年中行事』に関する一考察」(同『中世東国足利・北条氏の研究』岩田書院、二〇〇六年、初出一九七二年)八～一一頁、田辺久子「年中行事にみる鎌倉府」(『神奈川県史研究』四九、一九八二年)二頁、二木謙一「『鎌倉年中行事』にみる鎌倉府の儀礼」(同『武家儀礼格式の研究』吉川弘文館、二〇〇三年、初出二〇〇二年)一九四～一九五頁、長塚孝「『鎌倉年中行事』と海老名季高」(『鎌倉』一〇八、二〇〇九年)四頁、木下聡「鎌倉府の年中行事」(黒田基樹編著『足利満兼とその時代』戎光祥出版、二〇一五年)一八六～一八七・二〇三～二〇四頁。
(14) 『日本庶民生活史料集成』二三、七八二頁。
(15) なお、海老名氏は鎌倉以来の根本被官出身と思しく(山田邦明「鎌倉府の奉公衆」同『鎌倉府と関東』校倉書房、一九九五年、初出一九八七年、一六〇～一六一頁)、鎌倉府側に近い立場で書いたとも考えられる。だが、当該部分は奉公衆・管領・足利一門が実際に行い、今後も行うべき路頭礼であり、府執行部の手引や内規といった話ではないため、地方武士側の実態・認識を解明する史料として使用することが可能である。また、儀礼行為の結果、奉公衆たちが管領よりも足利一門を上位と見たことは明らかである。
(16) なお、当該期、東北地方における同様の書札礼書としては、奥州渋谷氏が作成したという『大崎家鹿嶋社古記録』もある(伊藤信「大崎家鹿嶋社古記録について」『東北学院大学東北文化研究所紀要』二三、一九九一年、三五～七四頁)。このことなども、右の認識が佐藤氏・大崎氏・海老名氏のみにはとどまらなかったことを示しているものと思われる。

(17) その際、このことを直接物語る史料を探究していくと同時に、「足利一門化行為」「足利一門喧伝行為」などが注目されるのではないかと考えている。この点、旧稿(本書第Ⅱ部第一章)、および拙稿「中世後期島津氏の源頼朝末裔主張について」(本書第Ⅱ部付論一)参照。

(18) 同儀礼自体については石原比伊呂「貢馬御覧に見る室町時代の公武関係」(同『室町時代の将軍家と天皇家』勉誠出版、二〇一五年)二七五～三一二頁参照。なお、石原は、以下本章で掲げる〔史料二〕〔史料三〕も挙げて解説しているが、その結論は大名の名誉や幕府内部における地位の象徴といったものにとどまっており、足利一門・非足利一門という問題が検討されずに終わってしまったのが惜しまれる。

(19) 『大日本史料』応安六年八月二十五日条。

(20) 『園太暦』延文四年(一三五九)八月十七日条。

(21) 前掲註(3)。

(22) 『了俊大草紙』(『続群書類従』二四上、三五七頁)。

(23) 貢馬儀礼における管領の重要性については石原前掲註(18)論文参照。

(24) 『細川頼之』(吉川弘文館、一九八九年)一六七～一六九頁。

(25) 『足利一門守護発展史の研究』(吉川弘文館、一九八〇年)二五一～二五二頁。

(26) 『看聞御記』応永二十九年十二月二十七日条。

(27) 『年中恒例記』(『続群書類従』二三下、一八一頁)、『大館記』(『年中御対面已下日記草案』『ビブリア』八八、一三七頁)。ちなみに、『看聞御記』別記院号記宝徳二年(一四五〇)正月一日条にも、貢馬の「三番」が「土岐」とある。

(28) 前掲註(3)。

(29) 佐藤和彦『南北朝内乱』(小学館、一九七四年)三三三～三三四頁。なお、ごく最近は「斯波派」「細川派」という派閥対立・概念自体が再検討されつつある(山田徹「南北朝後期における室町幕府政治史の再検討(上)」『文化学年報』六六、二〇一七年、六七～八八頁、同「同(中)」『文化学年報』六七、二〇一八年、六五～八八頁、同「同(下)」『文化学年報』六八、二〇一九年、二四三〜二六三頁）。山田の議論は大変興味深いが、他方、その方法論を突き詰めていくと、史料の残存という問題が必ずや絡んでくるように思われる。今後のさらなる検討・再検討が必要だろう。

(30) 小川前掲註(24)書、一六九〜一七〇頁。

(31) 『看聞御記』永享四年十月十一日条。なお、残りの一部は吉良（西条）義尚が獲得している。ちなみに、吉良氏ではなく、一色氏が貢馬の代替を命じられたのは、吉良氏（足利御三家筆頭）では家格が高過ぎたためではないだろうか（同氏の家格については拙稿「足利氏御一家考」〈本書第Ⅰ部第五章〉参照）。なお、家格が高過ぎるためにかえって儀礼に参加しないことがあるということについては松園潤一朗「室町幕府の儀礼的秩序について」（『日本歴史』六五八、二〇〇三年）二九〜三〇頁参照。

(32) 高乗勲「永和書写本太平記（零本）について」（『国語国文』二五三、一九五五年）四一頁。同書は『太平記・秋夜長物語』（雄松堂書店、一九七八年）にも再録されている。

(33) 『鳥取県史』二中世（鳥取県、一九七三年）二一五〜二一六頁、小川前掲註(25)書、四〇三頁、森茂暁『佐々木導誉』（吉川弘文館、一九九四年）一二〇〜一二一頁、市川裕士「南北朝動乱と山名氏」（同『室町幕府の地方支配と地域権力』戎光祥出版、二〇一七年、初出二〇一三年）一三七〜一三八頁。

(34) 山名氏が明確に「足利一門」であったことは、『師守記』暦応四年（一三四一）三月二十五日条に「一族」、また、貞治三年（一三六四）八月二十五日条に「武家一族」、そして、『海東諸国紀』（申叔舟著・田中健夫校注、岩波書店、一九九一年、三七三頁）に「国王一姓」などと見えることからも確認でき、確実である。この点、旧稿（本書第Ⅱ部第一章）の補足としても挙げておきたい。したがって、これに関し、「じつを言えば、山名は新田氏に連なる氏族であ」り、「分不相応」で「過大な自己評価」と断じた昨今の国文学の解釈（北村昌幸「『太平記』の情報操作」『太平記』国際研究集会編『「太平記」をとらえる』三、笠間書院、二〇一六年、一二二〜一二三頁）には首肯できない。

(35) 水野恭一郎「南北朝内乱期における山名氏の動向」（同『武家時代の政治と文化』創元社、一九七五年、初出一九六〇年）九八頁。

(36) なお、価値観の共有について、上からの理想論・観念論にとどまらず、下からの実態論を炙り出す作業が必要であるが、いまだ歴史学において「はかばかしい結論をうるにいたっていない」ことは、樺山紘一の指摘する通りである（「王権について」同『歴史の歴史』千倉書房、二〇一四年、初出二〇〇二年、三八八〜三八九頁）。本章は、それに対する挑戦でもあった。

(37) 細谷雄一『国際秩序』(中央公論新社、二〇一二年)二四頁。
(38) 前掲註(3)。
(39) 主に、山田康弘の一連の研究(『戦国時代の足利将軍』吉川弘文館、二〇一一年など)を念頭に置いて発言している。ただし、氏は近業で、拙稿(旧稿〈本書第Ⅱ部第一章〉)を引きつつ、損得(利害)や力(軍事力)のみならず、時代的・社会的に共有された価値観などの問題についても言及しはじめている(「戦国政治と足利将軍」藤田達生・福島克彦編『明智光秀』八木書店、二〇一五年、二二五〜二三〇頁、「書評 浜口誠至『在京大名細川京兆家の政治史的研究』」『歴史学研究』九三八、二〇一五年、七三〜七四頁)。他にも、山田から書評を受けた浜口誠至も同様の問題意識(戦国期武家社会における共通認識の追究の必要性)を指摘している(『在京大名細川京兆家の政治史的研究』思文閣出版、二〇一四年、二八五〜二八六頁)。とはいえ、いずれも今後の課題・展望として挙げられる・触れられる程度にとどまっている段階であり、独自の分析が行われている状況にあるとはいえない。価値観の問題はアプローチが容易ではないが、広く以後の検討に注目・期待したいと思う(その際、京都将軍のみならず関東公方も含めた、そして、戦国期のみならず室町・南北朝期も視野に入れた中世後期、列島全体の検証が求められていると考えている。この点、拙稿「書評 木下昌規『戦国期足利将軍家の権力構造』」『史学雑誌』一二五—三、二〇一六年参照)。なお、本章(初出発表後、山田康弘「戦国期足利将軍存続の諸要因」(『日本史研究』六七二、二〇一八年)一〜二九頁が上梓された。併せて参照されたい。
(40) 拙稿「武家の王としての足利氏像とその形成」(本書第Ⅱ部第三章)参照。

付論二　中世における吉良氏と高氏
――室町期南九州の史料に見る伝承と史実――

はじめに

吉良氏といえば、一般的には近世吉良氏、とりわけ、吉良義央（上野介）くらいしか知られてはおるまい。しかも、その義央は、いわゆる『忠臣蔵』の物語によって、今もなお（高氏、具体的には、高師直に仮託されつつ）「悪役」「嫌われ役」として全国にその名を轟かせ続けている人物だけに、吉良氏のイメージは決してよいとはいえないであろう。しかし、そうした吉良氏像・義央像はあくまで物語上の作為に過ぎないとして、現在では、確かな史料に基づいた歴史的実態の解明や人物像の再評価がかなりの程度進められてきており、その結果、義央はもはや「復権」を遂げたといっても過言ではないのではないだろうか。

このように、歴史研究においては、物語と事実との違い、あるいは、両者の関係が強く意識されねばならないのである。

そこで、本章では、従来ほとんど認知されてこなかった吉良氏に関する中世史料一点を、紹介も兼ねて取り上げ、伝承と史実との関係性について検討してみたい。具体的には、室町期南九州のとある史料（『酒匂安国寺申状』）に記された（南北朝期の）吉良氏と高氏とをめぐる話を材料として、伝承（物語）と史実（事実）との関係を明らかにする。併せて、吉良氏と高氏とを結び付けて捉える発想が、近世以前、すでに中世の段階で存在していたことも指摘し、吉良氏・高氏に対する中世人のイメージとその歴史的変化などについても言及する。以下、早速本論に移っていこう。

第一節 『酒匂安国寺申状』の中の吉良氏と高氏

吉良氏と高氏といえば、普通は、近世の話が想起されよう。すなわち、いわゆる『忠臣蔵』の物語である。そこにおいて、「嫌われ役」吉良義央（上野介）に擬されたのが、南北朝期の人物（やはり、嫌われ役）高師直であった。しかし、なぜ吉良氏が高氏に仮託されたのか（数ある嫌われ者の中で、なぜ高氏が選ばれたのか）、ということについては、いまだによく分かっていないようである。この点、江戸の文化・風俗研究の大家である三田村鳶魚は、「彼（吉良氏―引用者註）が高家であるから思い付いたものと思われる」(1)として、「吉良氏」＝（江戸幕府の役職としての）「高家」＝（南北朝期の）「高氏」、との近世人の連想を指摘しており、ひとまずは説得的で、興味深い見解と思われる。

ところが、吉良氏と高氏とを結び付けて捉える発想は、近世以前、すでに中世（室町期）の人々も持っていたようなのである。それは、後掲する史料『酒匂安国寺申状』(2)（以下、『申状』と表記）〔史料〕から窺うことができる。

この『申状』は永享年間（一四二九～一四四一）頃の成立とされるもので、南九州に伝わる史料である。記主は当時、薩隅日（薩摩・大隅・日向。現在の鹿児島県、および宮崎県）三ヵ国に影響力を有した島津氏の被官酒匂氏で、その内容は島津氏誕生以降の説話や歴史を数多く書き示したものである。そのため、『申状』は近世島津氏の歴史編纂事業はもとより、近現代の歴史学においても基本とされている重要史料である。

しかしながら、同史料は概して中世島津氏・南九州地域史の研究者の間では活用されてきたものの、彼らにとって史料中に見える吉良氏や高氏といった室町幕府関係者の記述は主たる検討の対象から外れていたためか、当該部分に関する詳しい分析は行われてはこなかった。他方、幕府・中央（吉良氏や高氏など）を対象とする研究者にとって薩隅日関係史料は必ずしも自明・著名ではなく、本史料はそもそも見落とされることが多かった。

そこで、本章では、研究史上の空白地帯（エアポケット）となっていた『申状』の当該記事（吉良氏と高氏とをめぐる話）を取り上げ、検討していくこととしたいが、まずは関係部分を掲出し、その内容を紹介することからはじめたい。

〔史料〕『酒匂安国寺申状』（アルファベット・数字・傍線引用者、引用五味A論文所収本、亀甲括弧内五味B論文所収本）

一、（A）①当御代の始尊氏の時、天龍寺御供養之一番之随兵ハきら殿〔吉良〕にて御渡候、②御合手にはかう〔高〕越後殿にて執事師直とて威勢もいかめしく肩をならふる人もなく候しかとも、③きらとのゝ御嫌候之間、御所より、いかに人をゑらひ進し候とも御合手には成ましく候之間、只師直を御供に被㆓召具㆒候へ、と御書候ける間、無㆓子細㆒領掌候けるに、④随兵ハ左右に対候へとも、是ハ一段計さかりて打て候ける由承候、（B）近来者義満御所之御時、相国寺供養之時、恒例にて候とてきら殿、かうとさ〔高土佐〕との御合手にさゝれけるに、きら殿又御嫌候し程に、自㆓御所㆒、天龍寺供養之時、御合手にて候物を、と被㆓仰下㆒候之間、きら殿より尊氏之御書を御出し候て、か様之儀により候てこそ被㆓召具㆒て候へ、と被㆑仰ける間、又如㆑本御供に被㆓召具㆒候へ、と御書御遣候ける由うけたまハリ候、（C）きら殿の御事にて候共、平家之時代・先代〔北条氏〕之代にて候ハんする時、さのミ是程迄ハ賞翫有ましく候、当御代之御事にて候之間〔当御代ノ御一家にて御渡候程ニ〕、大名もはゝかり而、近習も恐をなし申候、吾らか主と頼て候御

一家中を蔑如に申なし候はんハ、私の家も散々之式に可二成行一候之程に、かやうに存候て申て候し、

はじめに、話の中身を確認する。本記事は、以下の（A）〜（C）三つのパートに分けることができる。

・（A）は、初代将軍足利尊氏期の天龍寺供養に際してのものである。尊氏の随兵として、吉良氏と高氏とが相並んで供奉することとなった。だが、吉良氏はそれを嫌がった。そのため、あくまで吉良氏が高氏を御供として連れるという形をとって、両者は並ぶことなく、高氏が吉良氏の後ろを行くということで落ち着いた（これについて、吉良氏は尊氏から「御書」＝御内書も得た）という話である。

・（B）は、三代将軍足利義満期の相国寺供養に際してのものである。義満の随兵として、やはり吉良氏と高氏とが相並んで供奉することとなったが、吉良氏はそれを嫌がり、（A）で見た尊氏の「御書」を義満に提示した結果、再び吉良氏が高氏を引き連れる形をとることで落着したという話である。

・（C）は、（A）・（B）から導き出された話である。すなわち、権勢を誇る高氏などよりも吉良氏の方が格上なのは（尊貴な扱いを受けるのは）、同氏が足利氏の「御一家」（ここでは、「足利一門」の意味）[3]だからである。同様に、島津家においても「御一家」は尊重されなくてはならない[4]——。

以上のように、（C）の結論を述べるために、『申状』の記主酒匂氏はわざわざ幕府の話を持ち出して、（A）・（B）を示したのである。かくして、吉良・高両氏が南九州の史料の中に出てくるわけである。

第二節　史実（歴史的事実）との関係性

では、（A）・（B）の話は本当なのであろうか（裏付けが取れるのか）。この点、実は、足利尊氏の天龍寺供養・足

利義満の相国寺供養は、ともに同時代史料がある程度残されているため、具体的な姿が窺えるのである。そこで、以下、両供養をめぐる伝承と史実との関係につき、（A）・（B）の順番に検討する。その上で、なぜ両供養の話が遠く南九州にまで伝わったのかという点についても考察したい。

1　天龍寺供養

まず、（A）で見た天龍寺供養のケースから探ってみることにしよう。同供養については、『天龍寺供養日記』(5)、『園太暦』康永四年（一三四五）八月二十九日条、『師守記』同日条などに関連記事があり、それらによると、同年の天龍寺供養に際し、尊氏に供奉した随兵は表5の通りである。

ここから、（A）の話との関係について、以下の四点を指摘することができる。

・〔史料〕傍線①に「一番之随兵ハきら殿」とあるが、実際には、吉良氏は先陣の六番である。

・〔史料〕傍線②に「御合手にはかう越後殿にて執事師直」とあるが、実際には、吉良氏の相手は高師兼である（そもそも、傍線②には、高越後守＝師直とあるが、師直は武蔵守であって、越後守は彼の兄弟師泰である）。なお、師兼は師直の従兄弟かつ甥にして、猶子でもある人物である(6)。ちなみに、師直・師泰両者は、供養の際、先陣と後陣との間に位置し、尊氏・直義兄弟に直隷・随伴している。

・〔史料〕傍線③に「きらとのゝ御嫌候」て、供養催行上、問題が生じたとあるものの、史料から確認することは難しい。

とはいえ、気になることもある。それは、『園太暦』当日条に、「伝聞、随兵輩当座合手相論、消二秋日一了云々、不便」と見えることである。すなわち、供養の当日、随兵の間で「合手相論」が起こったこと自体は間違いなさそうなのである。具体的な相論の主体は不明だが、吉良氏―高氏間で何らかのトラブルが発生した可能性は否定できない(7)（事実、当該期以降、両者は政治的にも激しく対立していくのである）。

・〔史料〕傍線④に「随兵ハ左右に対候へとも、是ハ一段計さかりて打て候ける」とあるのと同様、実際、同じ先陣六番といえども、吉良氏（左）は高氏（右）よりも上位（「以レ左為レ上」）にあった。しかし、これは先陣・後陣の随兵全般に当てはまることであって、吉良氏だけが特別扱い（それも、同氏が高氏を引き連れる形をとり、それを許可する将軍からの「御書」も賜るなどという扱い）であったかどうかは、なお検討の余地がある(8)。

表5　康永4年（1345），天龍寺供養における随兵

	左	右	参考
先陣（以レ左為レ上）			
一番	武田	小笠原	甲斐源氏
二番	戸次	伊東	九州武士
三番	土屋	東	平氏
四番	佐々木	佐々木	
五番	大平	粟飯原	被官
六番	吉良（満貞）	高（師兼）	一門と被官
後陣（以レ右為レ上）			
一番	千葉	斯波	一門と外様
二番	二階堂	二階堂	
三番	佐竹	佐竹	
四番	伴野	武田	甲斐源氏
五番	土肥	三浦	相模平氏

とはいえ、気になることもある。それは、供養当日における吉良氏（と斯波氏）の待遇である。すなわち、上記諸史料当日条によると、吉良氏は「御車」、斯波氏は「乗輿」とあり、とりわけ吉良氏は足利氏（尊氏・直義）の「御車」と同等の礼的格式が許されていた(9)。その上、両者は随兵の中でも足利氏に最も近い「屋形口」に位置していた。つまり、足利一門たる吉良氏（および斯波氏）が随兵の中でも別格の存在であったことそれ自体は、（『申状』の記主が指摘するように）紛れもない事実だったのである。

以上のように、伝承と史実との間には、事実関係に幾許かの齟齬や誇張が見受けられる。だが、伝承もおおむね史実に則して構成されており、（『申状』の記主が最も強調したかった点である）「吉良氏（一門）が高氏（被官）に儀礼的に優越する」ということそれ自体も動か

ざる事実だったといえる。

2　相国寺供養

続けて、(B)で見た相国寺供養のケースを探ってみることにしよう。同供養については、『相国寺供養記』[10]に関連記事があり、それによると、明徳三年(一三九二)の相国寺供養に際し、義満に供奉した随兵は表6の通りである。

ここから、(B)の話との関係について、以下の点を指摘できる。すなわち、(A)の話のときとは異なり、ここでは、登場する高氏(「かうとさとの」)が史実(「土佐守高階師英」)と合致しているのである。とはいえ、ここでもやはり吉良氏が(高氏に対して)特別扱いだったかは不明である。ただし、吉良氏─高氏の関係を見る限りにおいては、左の吉良氏が右の高氏よりも儀礼的に上位にあったことは疑いようのない事実といえるであろう。

以上、(A)・(B)の話につき、史実との関係性について検討した。結果、いくつかの点で事実に反する記述(あるいは、事実を確認できない記述)が存在してはいるものの、総じて、史実に基づいて話自体は組み立てられており、吉良・高両氏が並んで足利氏の随兵として行動していた姿が今回、実際に史料から確認できたことは興味深い[11]。そしてまた話の肝の部分、すなわち、(C)の箇所にも見えている「一門(吉良氏)が被官(高氏)に儀礼的に優越する」というのも事実であった。

では、そもそもなぜ、京都で行われた天龍寺・相国寺両供養の話を、遠く離れた南九州の大名島津氏の被官酒匂氏が知っていたのであろうか。

その理由としては、以下の二点が考えられる。

一つは、天龍寺供養・相国寺供養の持つ劇場性・スペクタクル性である。

天龍寺供養とは、足利氏が多数の武士を引率し自らの天下草創を世に示した一大ページェントであり[12]、見る者を感嘆せしめるものであった（例えば、『光明院宸記』当日条[13]には「希代之壮観之由、人称レ之」とある）。また、相国寺供養も「天龍寺供養例」「康永天龍寺供養之時」（天龍寺供養）を意識した同様のイベント（義満による「夷夏太平」を見せ付けるもの）であって、その行装は華美を極め、「都鄙群集」して「畏レ威而屈服、低レ頭而拝見、光華照レ眼、感荷動レ心」という有様であった（『相国寺供養記』）。

このように、足利氏の「御威光」を遺憾なく発揮した儀礼的行事である天龍寺・相国寺両供養は、その劇場性・スペクタクル性から見て、当時の人々の記憶に特に残り易く、語り継がれ易いものであったと判断される[14]。結果、酒匂氏のような地方・辺境・遠隔地の武士にもそれは知られることになったのではないかと思料されるのである。

なお、天龍寺供養については、その供奉の一人として、島津忠氏（当時の当主島津貞久の弟）の姿が見えている（『天龍寺供養日記』、『園太暦』康永四年八月二十九日条、『師守記』同日条）。よって、同供養に関しては（その劇場的・スペクタクル的性格に加えて）忠氏による直接の経験も通して南九州（『申状』の記主酒匂氏や島津氏）に伝わることになったと考えることができよう。

もう一つは、酒匂氏やその当主島津氏と京都とのつながりである。実は、記主酒匂安国寺自身、在京経験があったようで、『申状』に

表6　明徳3年（1392），相国寺供養における随兵

	左	右	参　考
先陣（以レ左為レ上）			
一番	武田	小笠原	甲斐源氏
二番	武田	伴野	甲斐源氏
三番	東	粟飯原	千葉一族
四番	佐々木	佐々木	
五番	今川	今川	
六番	吉良（俊氏）	高（師英）	一門と被官
後陣（以レ右為レ上）			
一番	斯波	斯波	
二番	一色	一色	
三番	佐々木	佐々木	
四番	赤松	赤松	
五番	土岐	土岐	

は「先年京都にのほりて候時」とある。また、そもそも酒匂氏は『申状』に「京都之事者、酒匂ニ被レ仰付レ候」と見えているように、都鄙（中央、および地方）の間を往来しつつも、基本的には「在京して島津氏の代官の立場にあった」[15]武士・一族だとされている。すなわち、酒匂氏とは、島津氏の「在京雑掌」ともいえる存在なのであって、それゆえ、同氏は京都の情勢にはある程度通じていたものと考えられる。

また、酒匂氏の主君島津氏も奥州家氏久（玄久。貞久の子）・総州家伊久（久哲。氏久の従兄弟）の時代（十五世紀初頃まで）は中央の状況（と自家の状況）を語り合う場（社交的な場）を設けていたようで、『申状』の中には「玄久・久哲之御時まてハ、御隙の時者、夜毎に在京候し人々めしあつめ、京都之様・当家之様とも物かたりをさせられ候し」と見えている。その上、『申状』成立直前の応永十七年（一四一〇）には奥州家元久（氏久の子）が御一家・御内・国方（外様）を引き連れて上洛を果たしており[16]、このとき、島津家の人々は中央の世界に直接触れ、様々な情報を入手したものと推察される。

このように、酒匂氏や島津氏にとって、京都の話は必ずしも遠い世界の出来事ではなかった。

以上、京都で行われた天龍寺・相国寺両供養の話を、遠く離れた南九州の大名島津氏の被官酒匂氏が知っていた理由につき検討した。結果、天龍寺・相国寺両供養の持つ劇場性・スペクタクル性やそれ（天龍寺供養）に島津一族も参加していたという事実、および酒匂氏の在京雑掌的性格や島津氏の対京都意識などから、両供養の話は南九州にも伝わり、かくして、酒匂氏は『申状』の中に（A）・（B）を記し得たものと結論する。

おわりに

以上、本章では、従来ほとんど認知されてこなかった吉良氏に関する中世史料である室町期南九州の文書『酒匂安国寺申状』に記された（南北朝期の）吉良氏と高氏とをめぐる話を材料として、伝承と史実との関係性についていくらかの検討を加えた。だが、本章は、物語と事実との関係＝（A）・（B）の追究に終始したため、（C）についてはほとんど論及することができなかった。しかし、（C）、特に、「足利一門が非足利一門に儀礼的に優越する」との秩序意識・序列認識は（拙稿A〈本書第Ⅱ部第一章〉や本書第Ⅱ部第二章でも指摘したように）中世後期武家社会を見ていく上で極めて重要な問題だと考えられる。この問題については章を改めて論ずることとしたい[17]。

最後に、はじめに述べた点、すなわち、吉良氏・高氏に対する中世人のイメージとその近世的変化に関しても言及しつつ、本章を閉じていくことにしよう。

『酒匂安国寺申状』の存在によって、中世人に吉良氏と高氏とを結び付けて捉える発想のあったことが明らかとなった。だが、それは吉良・高両氏を（一門代表と被官代表というように）対比的に描いたという意味においてであった。それに対し、近世人は両者を同義的存在として捉えたのであった。つまり、中世から近世にかけ、吉良氏の立ち位置は百八十度転回したのである（なお、本章は近世になって吉良氏が高氏に仮託された理由を追究するものではない。それは本章の範囲外＝今後の課題である）。

ただし、吉良氏とは異なり、高氏の方は時代を越えて嫌われ続けていたという事実は興味深い。この点、例えば、南九州で十五世紀後半（文明年間〈一四六九〜一四八七〉）に成立した『山田聖栄自記』[18]は、『太平記』[19]『梅松論』[20]などで高重茂（高師直の弟）の歌とされるものを、足利尊氏の作とし（高氏の存在の無視）、また、観応の擾乱も、専ら師直の驕りを原因とする[21]（一方的な師直＝悪のレッテル貼り）など、島津家の事例だけからではあるが、中世における高氏に対する否定的イメージが窺えるのである。

高氏については、近年、本格的な再検討・再評価が進んできており、(22)今後の展開が注目・期待される。吉良氏においても、冒頭で述べたように、近世吉良氏については再評価が進行している。だが、中世吉良氏についてはいまださほど再検討が進展していない。中世吉良氏研究のより一層の深化を期したいと思う。

註

（1）『忠臣蔵』の師直」（同『三田村鳶魚全集』一六、中央公論社、一九七五年、初出一九一〇年）五一頁。なお、浅野氏が塩冶氏に仮託されたのは「塩」（赤穂の「塩」と「塩」冶）によるとの話もあるが、今回その最初期の出典については明らかにすることができなかった（小林輝久彦氏ご教示）。『忠臣蔵』の物語と事実との関係については、さしあたり平井誠二「赤穂事件と『仮名手本忠臣蔵』」（樋口州男・村岡薫・戸川点・野口華世・田中暁龍編著『歴史と文学』小径社、二〇一四年）二〇四～二一一頁参照。

（2）五味克夫『山田家文書』と『山田聖栄自記』補考」（『鹿大史学』三一、一九八三年）五三～五四頁（以下、五味A論文と表記）、同「南北朝・室町期における島津家被官酒匂氏について」（『鹿児島大学法文学部紀要』人文学科論集一九、一九八三年）三八～三九頁（以下、五味B論文と表記）。この二論文によると、『申状』にはA論文所収・B論文所収の二系統が存在し、前者がもととなって、後者が増補・作成されたという。したがって、本付論では基本的にA論文所収のものを使用し、B論文所収のものは適宜参照することとしたい。なお、『申状』に関する本付論の記述は、全て上記両五味論文によっていることを明記しておく。ちなみに、前者は五味克夫『戦国・近世の島津一族と家臣』（戎光祥出版、二〇一八年）、後者は新名一仁編著『薩摩島津氏』（戎光祥出版、二〇一四年）にもそれぞれ再録されている。

（3）「御一家」という言葉に「足利御三家」と「足利一門」との二つの意味合いがあることについては拙稿「足利一門再考」（本書第Ⅱ部第一章。以下、拙稿Aと表記）参照。なお、「御一家」については拙稿「足利氏御一家考」（本書第Ⅰ部第五章。以下、拙稿Bと表記）、同「足利氏御一家補考三題」（『十六世紀史論叢』二、二〇一三年。なお、ここでは本『申状』について触れ、「御一家」を「足利御三家」の意味ではないかとしたが、本付論で述べるように、「足利一門」の意味とした方がよかろう）も参照。

（4）酒匂氏のこうした主張の背景としては、当時の島津家における「家中」の形成による、御一家と御内との均質化・同質化の進展が指摘されている（新名一仁「室町期島津「家中」の成立と再編」同『室町期島津氏領国の政治構造』戎光祥出版、二〇一五年、初出二〇一二年、三〇二～三二六頁）。すなわち、酒匂氏は、島津家内部における御一家と御内との格差解消の方向性（換言すれば、秩序紊乱の危険性）を否定・排除し、両者の間には「隔絶した身分格差がある」（三〇八頁）ことを強調したのである。酒匂氏は、島津氏が儀式の場において、御一家の佐多・樺山両氏と御内の自分とを並べようとしたところ、「御内之者之分として御あひ手にまいり候ハんする事憚入候」と固辞し、「只御内之者ハ御内の者のことくめしつかひ、御一家ハ御一家とあひて召仕候得かし」と上申して、遂に出家を遂げたと『申状』の中で回顧しているほど、その主張は極めて強烈なものがあった。

（5）「白河結城家文書」『南北朝遺文』関東編三、二九〜三五頁。

（6）『新編岡崎市史』中世（岡崎市、一九八九年）二七八頁。ちなみに、『申状』の記主が、ここで高師兼ではなく、高師直・高師泰を登場させたのは、単なる知識の欠如というよりも、むしろ、「威勢もいかめしく肩をならふる人もなく候」という文章表現（レトリック）と関係するのではないだろうか。すなわち、師兼ではインパクトに欠けたのではないか。強烈なる個性の持ち主にして「嫌われ役」といえば、高氏の中では、師直・師泰兄弟が最も著名である。『太平記』（「執事兄弟奢侈悪行事」など）にこの兄弟の「悪行」の数々が描かれていることはあまりにも有名である。

（7）他方、戦国期以降の史料ではあるが、『日向記』（日向伊東氏の歴史を記したもの。『日向記』四一〜四三頁）は、供養に際し、戸次氏と伊東氏との間で問題が生じたことを伝えている。供養の先陣二番随兵は、戸次頼時と伊東祐熙で、前者が左＝上位、後者が右＝下位であった（表5）。これにつき、伊東氏は本来、祐藤という人物が役を勤めるはずであった。しかし、彼は「伊東、戸次ノ下ニアラン事、末代マテ家ノ瑕瑾」「家ノ恥辱」といって「辞退」してしまったという。祐藤としては、同じ鎮西武士たる戸次氏の下に居並ぶことは屈辱だったらしい。かわって、伊東氏では祐熙がその仕事を引き受けたのだという。史料の性格上、事実関係についてはなお不明とせざるを得ないが、戸次・伊東両氏は九州武士として同格という意識（プライド）が窺える話ではある。この点、『伊東市史』史料編古代・中世（伊東市、二〇〇七年）三九四〜三九五頁も参照。

（8）ただし、本当に「御書」を獲得した可能性もある。永享二年（一四三〇）、六代将軍足利義教の右大将拝賀儀礼に際し、畠山氏と一色氏とが一騎打の最前の地位をめぐって争った。その際、一色氏は畠山氏にその位置を譲るかわりに、義教から「今度以二別儀一罷二随仰一条、尤以神妙之由、被レ下二御書一」ことを期待したのであった（『満済准后日記』同年七月二十日条）。すなわち、一色氏は自らの儀礼的位置を妥協することと引き換えに、将軍から「御書」（御内書）を賜ることを要求したのである。ここでは、一色氏はその「御書」を貰えなかったようであるが（同日条）、同氏は「家恥辱」（同日条）・「可レ及二生涯一致二用意一」（『看聞御記』同年同月二十五日条）として一騎打には参加（供奉）しなかったという（この点、高橋修「足利義持・義教期における一色氏の一考察」『史学研究集録』八、一九八三年、四三〜四四頁、山田邦明『室町の平和』吉川弘文館、二〇〇九年、二四一〜二四三頁なども参照）。このように、武家儀礼の場において位置関係をめぐる相論が発生した際、大名らが将軍に「御書」を請求すること自体は類例が認められるのであるから、本付論で見たように、（高氏とのトラブルに際して）吉良氏が尊氏・義満から「御書」を頂戴したとしても、必ずしもおかしなことではなかったと考えられるのである。なお、一色氏の発言（「家恥辱」）は、前掲註(7)で見た伊東氏のそれ（「家ノ恥辱」）と全く同じであり、当該期の武士の意識が垣間見える話といえる。この点、笠松宏至「中世の『傍輩』」（同『法と言葉の中世史』平凡社、一九九三年、初出一九八四年）一〇〜一七頁も参照。

(9) ここからも分かる通り、車（牛車）の方が輿よりも格上の乗物であった（二木謙一「足利将軍の出行と乗物」同『武家儀礼格式の研究』吉川弘文館、二〇〇三年、初出一九九一年、一五〇頁。この点、久保賢司「武士乗輿論ノート」佐藤博信編『中世東国の社会と文化』岩田書院、二〇一六年、一七九〜二〇一頁も参照）。なお、ここからは、当該期の吉良氏が斯波氏よりも家格的に上位であったことも窺える。吉良・斯波両氏の儀礼的上下関係については拙稿B（本書第Ⅰ部第五章）参照。

(10)『群書類従』二四、三三三〜三五〇頁。この点、『迎陽記』二、一七五〜二〇一頁も参照。

(11) なお、その初見は、管見の限り、建武元年（一三三四）における後醍醐天皇賀茂両社行幸の記事である（足利尊氏随兵次第写「長門小早川家文書小早川家証文四」『南北朝遺文』関東編一、六二〜六三頁）。そこには、後醍醐天皇に供奉する尊氏の随兵（九番）として、吉良氏（満義）と高氏（師直）とが相並んで見えているのである。ただし、この史料は記述が簡素ゆえ、両者の儀礼的な上下関係などは窺うことはできない（むろん、吉良氏が上位なのではあろうが）。とはいえ、事実としてここに高師直が登場し、吉良氏と並んでいたことは重要であろう。両者の並びがその後の天龍寺・相国寺両供養にも影響を与えることになったとも考えられるからである。

(12) 西山美香「天龍寺供養の史的意義をめぐって」（『禅文化研究所紀要』二八、二〇〇六年）一〇七〜一二六頁。

(13)『大日本史料』六―九、二四三頁。

(14) この点、『尊卑分脈』（三、二六四頁）の吉良満貞項に「康永天竜寺供養随兵」とある（特記されている）のをはじめ、各氏の系図類などにもしばしば同様の記載が見られることは、そのことを示唆するのではないだろうか。

(15) 五味B論文、四七頁。

(16)『大日本史料』同年六月十一日条。なお、当該期における酒匂氏の立場であるが、五味B論文（四七〜四八頁）によると、分立する総州・奥州両島津家の中で、「主として総州家の側にあり」つつも、なお「両島津家の為に働」いていたという。ちなみに、酒匂氏は『申状』を奥州家持久（元久の甥）に提出している（その理由は、永享年間〈一四二九〜一四四一〉頃には総州家が没落し、奥州家が事実上、島津本宗家の地位を確立しており、酒匂氏も同家に仕えていたためである）。

(17) 拙稿「足利時代における血統秩序と貴種権威」（本書第Ⅱ部第四章）参照。

(18) 『薩摩国阿多郡史料』『鹿児島県史料集』七、五四頁。

(19) 神宮徴古館本、長谷川端・加美宏・大森北義・長坂成行編、和泉書院、一九九四年、五二二頁。

(20) 寛正本、矢代和夫・加美宏校注、現代思潮社、一九七五年、三〇六頁。

(21) 『薩摩国阿多郡史料』『鹿児島県史料集』七、五五頁。

(22) 例えば、亀田俊和の一連の研究（『室町幕府管領施行システムの研究』思文閣出版、二〇一三年、『高師直』吉川弘文館、二〇一五年、『高一族と南北朝内乱』戎光祥出版、二〇一六年、『足利直義』ミネルヴァ書房、二〇一六年、『観応の擾乱』中央公論新社、二〇一七年など）を参照。

第三章　武家の王としての足利氏像とその形成

はじめに

戦国期、足利氏が武家の頂点（将軍・公方）として君臨し続けられたのはなぜか。有力な戦国大名が足利氏を擁立し続けたのはなぜか。こうした問いは戦国期研究では重要な問いであろう。

その答えについては、通常、「権威」という言葉から説明される。例えば、藤直幹は「かかる（戦国との―引用者註）変動に際しても、将軍個人は交替しつつ将軍職そのものは存在し世界の中心をなしたことが重要なる意義をもつであろう。豪族が将軍を逐いつつ自ら之に代ることなく将軍の縁者を迎え立てたごとくその権威に対する依附の念は深くあり」「かかる人々の間においては将軍を中心とする故実的秩序の世界が一の凝固せる観念像として把持せられ、それよりの逸脱は行われ難きものであった」としている。(1) また、石田晴男も「（戦国期においても―引用者註）将軍・幕府の権威が存在していたことが確認され、諸大名にも偏諱・諸免許・守護職を得ようとする傾向が根ぶかく浸透していた」と述べ、(2) そして、二木謙一も「戦国期の室町幕府と無力な将軍を支えていたのは、なおも残存していた儀礼的な権威の力が大きかった」と結論している。(3)

こうした傾向に対して、近年、山田康弘は権威という言葉を使った説明を「ただのコトバ」だとして批判（「『権威』という言葉を使った説明が安易になされてきた」として批判）、「『権威』の具体的な実相や、『権威』が生成・機能するにいたる具体的な『メカニズム』」の解明を求めた。(4)

だが、山田自身はその方向には向かわず、「『権威』以外の側面から」の説明に挑み、結果、大名にとって将軍は「利用価値」があり、その奉戴は「損得勘定」に適う行為であった、だから将軍は存在し続けられたとした(5)（具体的には、豊富な人脈を駆使して他大名と交渉・連携する契機や様々な情報を得られる、ライバルに対し栄典獲得競争を有利に進められる、戦時に際しては相手を「御敵」に認定してもらい将軍直臣・大名らへ合力命令を出してもらえる、和平・撤退時には自身の面子を救ってもらえる、日明貿易の排他的運営を図ることができる、権力の二分化を防ぎ家中統制を図れる、幕府法の助言を得て領国問題を解決できるなどを挙げる）。このように、山田は戦国大名にとって将軍の推戴は具体的なメリットがあるものであった（得であった）と理解し、ゆえに戦国期においても将軍は存立できたと結論・強調したのである。

しかし、この山田の説明は妥当であろうか。氏の説明は将軍擁立後の展開（全国大名による共用）に関するものとしては確かに説得的なのだが、擁立時に関するものとしてはどうだろうか。

この疑問は、山田の検討方法と関係している。山田は「擁立後」に展開された将軍―全国大名関係を分析し、そこで得られた結論をそのまま「はじまり」（「擁立時」）にも遡及させる形で将軍推戴の理由とする。だが、将軍はいうまでもなく誰かが中心となって最初に奉じたからこそいるわけであるから、将軍擁立の事情は直接支えた大名の擁立時の論理から探るべきではないか。この点、「（戦国期―引用者註）大名は幕府政治に直接参加して自らの意向を政策に反映させる者と、将軍権力と交渉を持つにとどまる者の二つに分かれた。前者と後者では政治的役割が大きく異なっており、両者は明確に区別すべき」との浜口誠至による山田批判に賛意を示したい。(6)

また、先の疑問は、山田の検討対象とも関係している。山田は将軍（京都足利氏の嫡流）を主に分析するが、当時、将軍以外にも足利氏は存在し、擁立（取り立て）の対象となっていた。それは、京都足利氏の庶流（御連枝など。具体的には、大覚寺義昭・足利義尊ら）、そして、公方（関東足利氏）である。特に公方は「関東将軍」[7]「関東之将軍」[8]「東将軍」[9]と呼ばれ、将軍とともに「都鄙之将軍家」[10]「京都公方様・鎌倉公方、両公方様」[11]「京都・鎌倉ノ御両殿ハ天子ノ御代官」[12]と並称され、しかも東国の人々からは「征夷将軍」[13]とまで思われていたのである。足利氏擁立の問題を考えるに際しては、京都足利氏の庶流や公方（関東足利氏）についても考慮せねばならず、彼らを検討対象から外した議論には再考の余地があるのではないか。

そこで、本章では足利氏擁立の現場に立って、その推戴理由を再検討する。具体的には、奉戴された足利氏を列挙し、擁立主体（大名）の論理と行動を探る。そうした作業を通して、足利氏擁立の理由は奈辺にあったのか（実利性・損得からの山田の説明は妥当かどうか）検証する。その結果（結論を先取りすれば）、権威の問題（当該期武家間における価値観の共有という問題）こそ、やはり大名による足利氏推戴の核心的な理由であること、山田の説明は奉戴後の将軍―全国大名関係の展開段階にこそ該当することを指摘する（第一節）。

ただし、それだけでは半ば通説回帰に他ならず、『『権威』の具体的な実相や、『権威』が生成・機能するにいたる具体的な『メカニズム』』の解明という山田の要求も満たされぬままとなろう（この究明は山田自身行っておらず、現在も未解決のままである）。そこで、山田の通説批判にも応ずべく、権威の概念について確認した上で、いつ・いかにして足利氏は武家の権威（頂点にいるのが自明の存在）となり得たのか、足利氏の権威獲得過程についても検討する（第二節）。

第一節　足利氏の擁立――その論理・行動と理由

本節では、足利氏が推戴された事例を時系列に沿って列挙し、擁立主体（大名）の論理と行動を探る。その上で、足利氏が奉戴された理由について検討する。

1　足利氏擁立の論理と行動

（1）大内義弘らと足利満兼（十四世紀末）

応永六年（一三九九）十月、大内義弘は足利義満に対し謀叛を行うと、軍勢を率いて西国から上洛を図り、和泉国堺に上陸した。このとき、義弘は関東公方足利満兼と「同心」しており、義満使節絶海中津の慰撫に対しても「御振舞毎事背㆑儀之間、自㆓関東（足利満兼）㆒被㆓仰下㆒子細在㆑之上者、不㆑可㆓自専㆒」と述べて拒否した。[14] この点、尊経閣文庫所蔵『堺記』も「御政道を奉㆑諌へきよし鎌倉殿と同心申子細あり、今随㆑仰上洛仕らは、鎌倉殿御約束可㆓相違㆒」と、義弘・満兼両者が義満の政道を糺す「約束」をしたと描いている。[15] ただし、「同心」「約束」などといっても、義弘・満兼両者の関係は決して対等ではない。

〔史料一〕『寺門事条々聞書』応永六年十一月四日条

自㆓関東㆒被㆑成㆓御教書㆒、其語云、

奉㆓天命㆒、討㆓暴乱㆒、将㆑令㆓鎮国安民㆒、最前馳参而致㆓忠節㆒者、可㆑抽㆓賞㆒之状如㆑件、

応永六年七（十カ）月廿五日　源朝臣（足利満兼）判

南都衆徒御中

表書云、南都衆徒御中　満兼

大内入道（義弘）副状在レ之、其語云、

鎌倉御所京都御発向候、被レ致二忠節一者、可二目出一候、仍被レ成二御教書一候、可レ被レ進二御請文一候哉、恐々謹言、

十月廿八日　義弘判

南都学侶御中

本史料は、対義満戦に際し、満兼・義弘が興福寺に宛てて発給した軍勢催促状である。ここから、義弘は満兼「御教書」の「副状」を発給する立場であったことが分かる（先述した『寺門事条々聞書』応永六年雑々聞書にも、義弘は満兼から「被二仰下一」とあった）。つまり、義弘は対義満戦を遂行するに当たり、満兼を上意と仰ぎ、義満から満兼へ将軍交替を図ったのであった。換言すれば、義弘自身に将軍にとってかわろうとする意図は窺えないのであり、足利氏を武家の頂点とする体制自体は前提として行動していたことが分かる。

同じく、この叛乱に加担した今川了俊の論理を見てみたい。国立公文書館所蔵内閣文庫本『難太平記』には「今為二天下一とて鎌倉殿思召立事、御当家（足利氏）御運長久といひ、万人可レ成二安堵一にやと思ふなりし也」「只御当家の御中に天下をたもたセ給ひて、政道の正しかるへき可レ仰」と見えている。つまり、了俊にとっても謀叛に際し、別の足利氏を仰ぐことや足利氏の天下自体には何ら疑問は持たれていないのである[16]。

最後に、擁立された足利氏（満兼）の論理も見てみよう。満兼自身もこの乱には積極的だったようで、〔史料一〕には「奉二天命一、討二暴乱一」と見えていたし、また、了俊が記す満兼挙兵の論理も「当御所（足利義満）の御政道、余に人毎かたふき申間、終に天下に有益の人出来て天下をうはハヽ、御当家ほろひん事を歎きおほしめて、他人にとられむよりハ

とて御発起有て、只天下万民のための御むほん」（国立公文書館所蔵内閣文庫本『難太平記』）というものであった。要するに、満兼にとっても対義満戦は、足利氏の天下を護持するための戦いとして位置付けられていたのである。だがその後、同年十二月、義弘は義満の軍勢の前に滅亡し、満兼も上杉氏の諫言を受けて、対義満戦を中止した。

〔小括〕　大内義弘は対足利義満戦に際し、自身は副状発給者の立場をとり、関東公方足利満兼を擁立した。不義の義満（将軍個人）を打倒し、将軍を満兼に交替させる名目で上洛も企てた。乱に関与した今川了俊も足利氏の天下を自明視していた。また、満兼も足利氏の体制を維持するという論理で行動していた。

（2）　犬懸上杉禅秀と足利満隆・足利持仲（十五世紀前半）

応永二十三年（一四一六）十月、犬懸上杉禅秀が関東公方足利持氏・山内上杉憲基を急襲し、東国の首都鎌倉を制圧した。このとき、禅秀は「大将軍新御堂(足利満隆)」(17)「満氏(足利氏満)末子当代持氏(足利)舅為㆓大将軍㆒」(18)「敵方号㆓新御堂㆒故満氏三男也、鎌倉中令㆓一統㆒云々」(19)と、持氏の叔父足利満隆を頭として行動していた。満隆が当時、関東の主君として現実に存在していたことは、応永二十三年十二月の常陸国朝香神社棟札銘に「鎌倉源新御堂殿」とあることからも確認される(20)。

これに関し、『鎌倉大草紙』は「禅秀(上杉)申けるハ、持氏公御政道悪敷して、諸人背き申事多し」「かやうの不義の御政道積り、果ハやがて謀反人あり、世をくつかへさん事ちかく候か」「他人に世をとられさせ給ハン事、御当家(足利氏)の御歎申てもあまりある御事にて候」「不日に思召立、鎌倉を攻落し」「とすゝめける、満隆(足利)大に悦び、内々存子細有といへども、身に於て更に望なし、甥の持仲(足利)猶子に定めつる間、是を取立給ハれとて一味同心有ければ」「謀反を起す」「新御堂殿の御内書に禅秀副状にて廻文を遣」と描いている(21)。つまり、禅秀の謀叛は持氏（個人）の悪政を除去するためのものであり、足利氏の天下を護持するため、満隆（あるいは、足利持仲＝持氏の弟(22)）を擁立し、公方の地位を持氏と交替させ、自らはその副状発給者の立場となったというのである。この点、先述した禅秀の実際の行動からしても大過なく、禅秀は「公方足利―管領上杉」という体制は保持したまま、その中身を「持氏―山内憲基」から「満隆（あるいは、持仲）―犬懸禅秀」へと刷新したに過ぎない（自身に公方にとってかわろうとする意志は見られない）。だがその後、応永二十四年正月、持氏・山内憲基の反撃を受けて、満隆・持仲・禅秀は自害した。

〔小括〕　犬懸上杉禅秀は対足利持氏戦に際し、自身は補佐役（副状発給者）の立場をとり、足利満隆（足利持仲）を擁立した。不義の持氏（公方個人）を打倒し、公方を交替させる名目で鎌倉を武力制圧した。禅秀は足利氏の天下・体制を前提として行動していた。

（3）　山名持熙らと大覚寺義昭（十五世紀前半～中葉）

永享九年（一四三七）七月、山名持熙（山名宗全の兄。これ以前に足利義教から勘気を蒙り、家督継承者から外され、没落していた）が備後国国府城にて挙兵した。(23) 持熙は昨年の末頃から「山名刑部少輔（持熙）可二上洛一之由、企在レ之云々」と、上洛を企図していたとされる。(24) そしてこのとき、「大覚寺殿（義昭）具申如レ此揚レ旗云々」(25)「去夜大覚寺御門跡室町殿（足利義教）御舎弟御逐電、不レ知二其故一云々、後聞、山名刑部少輔奉レ具レ之云々」(26)と、持熙は義教の弟（御連枝）で同月に逐電したばかりの大覚寺義昭を奉じていた。

この義昭推戴の理由について、大覚寺から逐電したばかりで何ら物質的基盤を有さない義昭に何か具体的な実利的価値（山田のいう、豊富な人脈を駆使して他大名と交渉・連携する契機や様々な情報を得られるなど）が期待されたとは考えられない。義教―宗全（体制）への対抗貴種（象徴）として持熙に擁立されたと考えるのが自然である。だがその後、乱は即座に鎮圧された。

その後、義昭は、永享十年三月～八月頃、土佐へと赴き、佐河氏の庇護を受けたという。[27]一方、同年七月、義昭が大和国天川にて挙兵し、「一色一族一頭・佐々木一族二頭参云々」と、一色一族・佐々木一族（詳細不明）が参上したとの情報も流れている。[28]事の真偽はなお不明だが、一色・佐々木両氏も、持熙と同様、体制に不満を抱いて、義昭を名目的主君と戴いて蜂起したのであろう。義昭は、「還俗、々名義有〔尊カ〕云々、方々送二廻文一云々」と、還俗した上で各地に廻文を送っていたようであり、[29]一色・佐々木両氏もそれに応じたものと推察される。

なお、その廻文とは、以下のようなものであったと考えられる。

〔史料二〕　大覚寺義昭軍勢催促状写（『新編島津氏世録支流系図樺山氏一流第二』『鬼束家文書』図版第十九）

「正文在二大興寺一」

一天四海之逆乱、更不レ得二其期一、是偏義教(足利)公恣行二悪逆一、無当之政道故也、然間、於二一門之中一不レ退二此乱悪一者、天命之至、落着可レ及二当家(足利氏)滅亡一歟之上、別而者又、為二勝定院(足利義持)之猶子一之間、云二由緒一、旁以存立処、全非二私曲之儀一、併為下助二万民一続中家門上也、依レ之万方成二下知一之間、諸国存二其志一、既時節純熟之間、忩欲レ企二現形一、然者、応二順路之儀一、早為二御身方之随一一、致二忠節一廻二計略一者、可レ為二御本意一、於二恩賞一者、随レ望可レ有二其沙汰一、猶々、軍忠之一段、別而憑託、仍状如レ件、

八月廿五日　（花押影）(大覚寺義昭)

樺山殿(孝久)

上書

樺山殿　尊有

本史料は、永享十一年、対義教戦に際し、義昭が樺山氏に宛てて発給した軍勢催促状である。ここから、義昭の論

理が見て取れよう。すなわち、義教の「悪逆」を「一門」（足利氏）の誰かが退けなければ、「当家」（足利氏）は滅亡するとし、だから「勝定院之猶子」（足利義持の猶子）との「由緒」を持つ自分（義昭）が行動するのだと述べるのである。つまり、義昭は自らを足利氏の正統とし、同時に、そのことが他氏への勧誘効果を持つ説得的な論理たり得たということになるであろう。

義昭はこの頃（永享十一年頃）、土佐から日向（鬼束氏・野辺氏らのもと）に移り、島津持久もかばっていたようである。だが、永享十二年、樺山氏が「彼状」（〔史料二〕のことか）を京都に「取進」せたことで、(30) 義昭は島津忠国から討伐を受けるに至り、嘉吉元年（一四四一）三月、遂に義昭は自害した。(31)

義昭の自害に当たり、山田聖栄は「其時御カイシャク鹿屋・牧・恒吉・山田四人候ツレトモ、御親類とて某か役となり、上意頻仰に依而、忝も手に懸申訖、夫より生害を仕ラント存候」と、介錯役として畏れ多くも義昭を手に掛けてしまったということで自殺を図ろうとしたと回顧している。(32) また、京着した義昭の首は賊の首ということであれば通常は室町殿西面四足門にて実検する（将軍は門内に立ち門外に置いた首を確認する）のであるが、義昭は「御舎弟之貴」ということで首は道場の内に置き義教自身は門外に立って実検を行ったということも記されている。(33) いずれも、義昭を「貴種」と認識しての話だといえよう。

〔小括〕　山名持熙は対足利義教戦に際し、大覚寺義昭を貴種として擁立し、上洛を企てた。一色・佐々木両氏も義昭を名目的主君として挙兵した。義昭は自らを足利氏の正統とし、足利氏の天下を護持するという論理で行動していた。山田聖栄・義教も義昭の尊貴性を是認していた。

（4）　岩松持国らと足利安王丸・足利春王丸・足利万寿王丸（十五世紀前半〜中葉）

永享十一年（一四三九）、永享の乱での関東公方足利持氏の自害後、永享十二年二月、岩松持国は持氏の遺児足利安王丸を奉じて行動（反撃）を開始し、[34] 同年三月、安王丸は「源安王丸征夷将軍」と明確に位置付けられて幕府・上杉氏に対して挙兵した。[35] 以後、持国・桃井憲義・結城氏朝が大将となって安王丸（および足利春王丸）を軍事的に支え、安王丸が軍勢催促状を、持国・憲義が副状を発給するという形をとって、[36] 鎌倉への「還着」を目指して戦うこととなる。[37]

だがその後、嘉吉元年（一四四一）四月、彼らが籠る下総国結城城は落城し、安王丸・春王丸は捕縛され、美濃に連行の上、処刑される。持国は戦線を脱出した後、今度は安王丸・春王丸の弟万寿王丸（足利成氏）を庇護・補佐し、彼の副状を発給する立場となって、鎌倉への「還御」を目指して戦うこととなる。[38] そしてその後、成氏は見事公方として歴史上に復活するのである。

この安王丸・春王丸・万寿王丸推戴の理由について、幼少の遺児で何ら物質的基盤を有さない彼らに何か具体的な実利的価値が期待されたとは考えられない。公方再興の正統なる後継者（象徴）として持国らに擁立されたと考えるのが自然である。

〔小括〕　岩松持国らは対幕府・対上杉氏戦に際し、自身は大将・副状発給者の立場をとり、足利安王丸・足利春王丸・足利万寿王丸を関東公方再興の象徴として擁立し、鎌倉の掌握を目指した。

（5）　赤松満祐と足利義尊（十五世紀前半〜中葉）

嘉吉元年（一四四一）六月、赤松満祐は足利義教を殺害すると、分国播磨へと下国し、幕府軍と対峙する。同年七月には、満祐は別の足利氏（足利直冬の末裔で、播磨に在国していた禅僧）を「将軍」[39]「大将」[40]「井原御所」[41]として擁立している。(42)この足利氏は「赤松《(満祐)》取二立之一還俗、其名義尊、以二彼判形一諸方廻文」と、還俗して足利義尊となって各地へ廻文を送っており、そのことについて「於下帯二件判一之人上者、可二召捕一」と、幕府もかなり警戒していたらしい。(43)

これに関し、実祐本『赤松記』は満祐の論理を「奉レ崇二彼源《(足利義尊)》武衛将軍一、吾等《(赤松氏)》一門為二天下管領一」「一門私ニテハ計略不レ可レ然、所詮備中国井原武衛ヲ尊敬而、号二日将軍一、不日遂二入洛一、一家天下執権」と描いている。(44)すなわち、満祐は義尊を奉じ、その補佐役となったというのである。この点、先述した満祐の実際の行動からしても大過なく（満祐に将軍にとってかわろうとする動きは見えない）、「不日遂二上洛一」という部分についても「赤松来月三日可レ打二入京都一之由有二其説一、仍管領《(細川氏)》加二下知一、西郊辺及二木戸逆茂木一云々」と、同時代史料からも確認され、(45)おおむね史実と見做すことができる。

この義尊推戴の理由について、在播磨の禅僧から還俗したばかりで何ら物質的基盤を有さない義尊に何か具体的な実利的価値が期待されたとは考えられない。幕府軍（義教の遺児足利義勝）への対抗貴種として満祐に擁立されたと考えるのが自然である。だがその後、同年九月、満祐は幕府軍の前に滅亡し、義尊もまた逃走するも、嘉吉二年三月、殺害された。

ところで、なぜ奉戴されたのが（直冬の後裔という京都将軍家からはすでに遠い存在であろうと思われる）義尊だったのか（なぜ他の足利氏、例えば、在京する御連枝などではなかったのか）。

この点、義教暗殺直後（六月二十四日〜二十六日）の京都情勢を確認すると、幕府は衆議の上で幼少の義勝を将軍とし、管領細川持之に政務を代行させるとともに、赤松征伐へと向かうのだが、同時に、「今暁若公《(足利義勝)》室町殿へ御移住、御兄弟若□□一所ニ御座、梶井門主・鶏《〔景〕》徳寺・聖賢院兄弟三人ハ鹿苑院ニ置申令二警固一云々、是御兄弟之中野心之人取申歟之用心也」と、義勝や義教の御連枝（梶井義承・景徳寺永隆・聖賢院某＝香厳院周師か）が「野心之人」＝満祐に奉戴されないよう強く警戒されている様子が窺える。[46] 別の史料には、「香厳院鹿苑院（足利義満）殿御子・梶井殿同天台座主・鶏徳寺同・金侍者林光院（足利義嗣）御子也以上御四所渡㆓御鹿苑院㆒、為㆓用心㆒近所御一所可㆑然之由管領計申云々」「御舎弟六人同渡御」とあって、義勝や義教の御連枝のみならず、足利義嗣（林光院。義教の兄）の遺児修山清謹までもが保護・監視の対象となっていることが分かる。[47] なお、義教の御連枝たちが置かれた相国寺鹿苑院だが、当時の院主宝山乾珍は直冬の子孫であり、[48] そうした彼をも監督する目的で鹿苑院は避難先に選ばれたものとも推察される。

このように、義教謀殺直後から、御連枝はただそれだけで擁立される可能性・危険性があると幕閣は判断し、彼らを保護下・監視下に置いていたのである。満祐に御連枝を推戴されると、対赤松氏戦は「足利」対「赤松」ではなく、「足利」対「足利」の構図となってしまう。幕府首脳はそのことを危惧したのである。このことは、「其弟（足利義尊）同禅僧在㆓備中国㆒、已欲㆑逃㆓播州㆒之処、備中国守護手（細川氏）勢打㆓取之㆒」と、義尊の弟が満祐のもとに向かうのを幕府が阻止していた事実からも窺えよう。[49] そしてその後、実際に満祐は播磨にいた足利氏（義尊）を奉じるのである。以上を踏まえると、満祐が義尊を奉戴したのは在京の御連枝が逸早く幕府によって差し押さえられていたからではなかったかと思料される。つまり、満祐にとっては足利氏であれば誰でもよかった（逆にいえば、誰かしら足利氏を擁立することそれ自体は必要であった）ということになるであろう。

〔小括〕　赤松満祐は対足利義勝戦に際し、自身は補佐役（管領・執権）の立場をとり、足利義尊を貴種として擁立し、上洛を企てた。将軍を殺した満祐であるが、彼には将軍にとってかわろうとする野心は見受けられない。幕府により逸早く京都御連枝を差し押さえられた結果、わざわざ足利直冬の末孫を見出して奉じるなど、満祐は足利氏の天下・体制を前提として行動していた。

以上、足利氏が擁立された事例を時系列に沿って列挙し、擁立主体（大名）の論理と行動を探ってきたが、基本的に皆ほぼ同じ思考様式であったことに気付く。すなわち、対足利氏戦に際し、謀叛人たちは将軍・公方個人には叛逆するが、既存の秩序そのものに挑戦する気などない。むしろ、足利氏の天下・体制を前提として行動している。そのため、自身は管領的立場（政治的・軍事的に直接支える立場）・副状を発給する立場となって、別の足利氏（幼少でも僧侶でも構わない）＝貴種を自らの将軍・公方として擁立し、首都への進撃・政権の掌握を図ったのである。つまり、謀叛人にとって足利氏が武家の頂点に坐すことは全くの前提であって、足利氏を奉じないという選択肢は存在していない。足利氏を戴かない叛乱などあり得ない（社会も容認しない）のである。

2　足利氏擁立の理由

前節で見た構図は、戦国期においてもかわりはない。細川氏・大内氏・六角氏・織田氏などは、自身は将軍を直接支える立場・副状を発給する立場[50]となって、足利氏を擁立し、上洛を図ったのである。この点、全て挙げると煩雑になり過ぎるため、以下いくつか重要な事例についてだけ確認し、その上で、足利氏推戴の理由について検討する。

まず、細川政元は、明応の政変を次のように述べている。すなわち、「将軍取替申子細ハ、今出川殿（足利義稙）御所様共以御進退事、毎事細川（政元）ニ可レ被レ任旨被レ仰二下之一、随而江州御進発事、色々雖二申入一、無二御承〔引脱〕事一、是一、河州御進発事、重而雖二取申入〔無脱〕一、御承引、剰細川事、可レ有二御退治一之由上意何事哉、是二、然上者、御世於改申、諸大名一決同心申云々」と[51]。細川氏にとって、明応の政変は、将軍個人の更迭（足利義稙から足利義澄への「取替申」「御世於改申」）に過ぎず、足利氏の天下・体制は自明であった。

同様に、大内義興は、追放された足利義稙を迎え入れると、「抑　公方様（足利義稙）、旧冬十二月晦日、至二当国一、被レ移二御座一候、面目之至候、任二上意一、為二天下一可レ然之様、可レ抽二勲功一之心中候」と述べ[52]、その後、「公方様御上洛、四海泰平、時節純熟、尤御大慶候、致二供奉一候之間、本意満足、御察之前候哉、弥天下静謐肝要候」と語った上で[53]対足利義澄戦に臨み、義稙を奉じ、軍勢を率いて西国から上洛を図り、和泉国堺に上陸、入京を果たした。以後、義稙を直接支え、副状も発給した。足利氏を擁立して首都を目指したのは、父祖大内義弘と全く同じ構図である。

そして、織田信長も、「就二御入洛一之儀、重而被レ成二下御内書一候、謹而致二拝閲一候、度々如二御請申上候一、上意次第不日成共御供奉之儀、無二其覚悟候」と述べて[54]対足利義栄戦に臨み、足利義昭を奉じ、上洛を図り、入京も果たした。以後、義昭を直接支え、副状的文書も発給した。足利氏を擁立して首都を目指したのは、従来の大名らと何らかわるところはない。

また、東国の場合も同様である。後北条・上杉・武田・佐竹・里見・正木氏などは、自らの公方（関東足利氏）を奉じ、鎌倉への進軍・地域の覇権を目指したのである。彼らは、自身は管領的立場となって、足利氏＝貴種を公方に擁立するという戦国期東国を貫く論理「公方—管領体制」に強く・深く規定されて行動していたのである[55]。この点、武田信玄が、越相同盟（足利義氏—後北条氏・上杉氏）が成立するや否や、佐竹氏・里見氏らと申し合わせて、「公方様（足利藤政）鎌倉還御、馳走申候」と、足利藤政を対抗貴種として推戴し、彼の鎌倉への「還御」を唱えて関東への侵攻を図ったのは象徴的な一例である[56]。つまり、戦国期の東国においても、大名たちは足利氏の体制を前提として行動していた。足利氏が武家の頂点に坐すことは当然の前提であったのである。

以上のように、戦国大名らも既存の将軍・公方に対抗するに際し、足利氏の天下・体制自体は前提として行動している。そして、別の足利氏を擁立し、首都への進撃・政権の掌握を図った。つまり、室町・戦国期を通して、足利氏が武家の頂点に坐すことは全く前提であって、足利氏を戴かない体制・秩序などあり得ないことが改めて分かる。

要するに、当該期の武家にとって、足利氏は絶対的な貴種・正統なる支配者（君臨する王）としてはっきりと意識・認識されており、足利氏・大名ともにその価値観を共有していたのである。

この点、当時の足利氏に対する武家の評価を他の史料からも窺っておくと、将軍は「天下諸侍御主」で(57)「御ヨ持世ニ」つ存在、(58)公方は「関東の主君」で将軍とともに「諸侍之忠否浅深ヲ記シ御政務有ルヘキ」存在とされている。(59)(60)また、足利氏は「貴人」の中の「貴人」にして、(61)大名らとは「君臣」の関係にあり、(62)その「上意」は「をもく候」もの(63)ともされている。武家の足利氏（将軍・公方）への意識・認識のほどが窺えよう。

以上の検討を踏まえた上で、本節最初の疑問（足利氏擁立の理由は奈辺にあったのか、実利性や損得からの山田の説明は妥当か）について回答してみると、以下のようになるだろう。すなわち、室町・戦国期を通して、擁立時には足利氏という存在そのもの＝血統的な貴種性（象徴性・正統性）が求められているのであって、具体的な実利性は要求されていない（山田の説明は、擁立後の足利氏―全国大名の関係展開・共用段階にこそ該当する）と。

したがって、足利氏擁立の理由は、足利氏が貴種（象徴・正統）＝権威だから（武家の頂点にいるのが自明の存在だと思われていたから）という説明（おおむね通説）で基本的にはよいであろう。この点、家永遵嗣の「戦国期の将軍の影響力は権力支配の枠組みを意味する「体制」ではなく「権威」として論理構成すべき」との提起に賛意を示し(64)たい。

とはいえ、これだけだと事実上ほとんど通説への回帰に他ならず、山田による通説批判（『権威』の具体的な実相や、『権威』が生成・機能するにいたる具体的な『メカニズム』解明要求）も依然宙に浮いたままとなってしまう（この究明は山田自身も行っておらず、現在も未解決のままである）。そこで、次節では、山田の通説批判に応えるべく、はじめに権威の概念について確認し、その上で、いつ・いかにして足利氏は武家の権威（頂点にいるのが自明の存在）となり得たのか、足利氏の権威獲得過程について検討してみたい。

第二節　足利氏の権威獲得過程

前節で見たように、山田が求めているのは以下の二点である。一つは、「『権威』の具体的な実相」、もう一つは、「『権威』が生成・機能するにいたる具体的な『メカニズム』」の解明である。筆者なりに解釈すれば、前者は権威の定義（①）、後者は足利氏権威の形成過程（②）となろうか。なお、私見によれば、さらにもう一つ、『権威』が崩壊するにいたる具体的な『メカニズム』」の解明も不可欠であり、追加すべきと思われる。これは足利氏権威の解体過程（③）といえよう。

そこで、本節では、はじめに①(権威の概念）について確認し、③(足利氏の権威喪失過程）についても触れる。その上で、②(足利氏の権威獲得過程。換言すれば、足利氏＝武家の頂点〈王〉との像が一般化していく歴史的過程）について検討する。

1　権威の定義

まず、権威の定義について確認する。これについては政治学の研究成果を参照したい。ハンナ・アーレントによれば、権威とは以下のように説明される。(65)すなわち、「それに従うように求められた者が疑問を差し挟むことなくそれを承認することによって保証されるのであって、強制も説得も必要ではない」と。また、川崎修も以下のようにいう。(66)すなわち、「一般的には、自発的な服従や同意を喚起する能力あるいは関係として定義され、強制力を背景とした威嚇などによって他律的に服従を確保する能力あるいは関係としての権力と対比・区別される」「権威が、自発的な同意を当為として要求できるためには、権威が、メッセージの受け手の側の規範意識によって承認されていなければならない」「権威は、権威を伴ったコミュニケーションの送り手・受け手双方が同意する規範意識の共有の上にのみ成り立つ」と。こうした理解に違和感はない。

以上を整理すると、権威とは、上側のみならず、下側からも自発的に同意（共有）されているもの（そこに何ら疑問が差し挟まれていないもの）となろう。

この点、足利氏の場合について振り返ってみると、足利氏も、室町・戦国期、武会の頂点に坐すことが当然であると大名たちから認識されており、足利氏・大名ら双方は将軍・公方が武家の正統なる支配者（君臨する王）であると意識しており、そこに何ら疑問など差し挟まれてはいなかった。これは先述した権威の概念そのものである。したがって、足利氏を武家の権威であったとすることに問題はない。

このことを踏まえた上で、次に検討すべきは、足利氏が権威となっていく過程（いつ・いかにして足利氏は秩序の頂点にいるのが自明の存在となったか）、および権威ではなくなっていく過程（いつ・いかにして足利氏は秩序の頂点にいるのが疑問視される存在となったか）の解明である。この点、後者に関し、アーレントは権威の喪失について、「権威を維持するためにはその人間もしくはその役職への尊敬の念が求められる。それゆえ、権威の最大の敵は軽蔑であり、権威を傷つける最も確実な方法は嘲笑することである」と述べており[67]、筆者も足利氏の場合について、将軍自身による血統的権威（足利的秩序）の漸次軽視方針の結果だと論じたので[68]、ここでは割愛する。だが、前者に関しては未検討であるので、以下、この問題について検証する。

2　足利氏権威の形成

ここからは、足利氏が武家の権威（頂点にいるのが自明の存在）となっていく過程を分析する。

（1）転換点としての十四世紀末

まず、足利氏＝武家の頂点との像はいつ頃定着したのか。これについては既存の将軍・公方に対抗するに際し、別の足利氏を擁立するということが大名間に定着しはじめた時期を探ることで確認してみたい。この点、十四世紀末（応永六年〈一三九九〉）、大内義弘の乱以後はそれが一般化したことはすでに前節で見た通りである。

だが、それ以前の一三八〇年代から一三九〇年代前半頃にかけては叛乱主体である（東国の）小山義政・小田孝朝、（西国の）土岐康行・山名氏清などに足利氏の擁立という事態は見出せない。彼らは足利氏を奉じた明証のないまま将軍・公方との対決に及んでいるのである。例えば、山名氏清の乱につき、宮内庁書陵部本『明徳記』は山名氏側の論理を「当家（山名氏）代ヲ取テモ、難カルヘキニ非ス」「時ノ儀ニ随テ御旗ヲ上ラレン事、何ノ子細カ候ヘキ」と描き、対する足利氏側の論理も「今度ノ彼等（山名氏）カ企ハ」「只天下ニ心ヲ懸」「当家（足利氏）ノ運ト山名一家ノ運トヲ、天ノ照覧ニ任スヘシ」と描いている。[69] つまり、この頃にはまだ謀叛に際し、別の足利氏を擁することなく将軍・公方に挑戦することが可能であった（「足利」対「足利」の構図ではなく、「足利」対「他氏」の構図でも構わなかった）のであり、足利氏が頂点にいることは必ずしも自明ではなかった。すなわち、足利氏の権威はまだ確立していなかった。それが、十四世紀末頃以降には一変していくのである。

こうした対足利氏観の変化を、一つの大名から傍証・眺望してみたい。その大名とは、東国の小山・結城一族である。この一族を選んだ理由は、彼らがその対足利氏観の変遷に関し中世を通して（鎌倉期から戦国期まで）定点観測することのできる稀有な一族だからに他ならない。

具体的に見ていくと、鎌倉期、結城朝光は足利義氏に対し「可レ為二同等礼一」と主張して幕府（北条氏）から承認され[70]、南北朝期、南朝方は結城親朝に「遠祖鎮守府将軍《藤原秀郷》」「右幕下《源頼朝》時、被レ清二撰人数一之日、足利不レ加二其数一、彼時人数内ニてハ、一身被二相残一候歟」と、結城氏の足利尊氏に対する優位性を語り、それが結城氏への勧誘効果を持つ説得的な論理たり得た[71]。そしてその後、小山義政は足利氏を擁することなく足利氏満に対し謀叛を起こし、壊滅した。その後、嘉慶年間（一三八七〜一三八九）、結城直光は『源威集』を執筆し[72]、そこにおいて足利氏のことを「御当家《足利氏》限テ代々権柄ヲ執、朝家ヲ守護シ、朝敵等ヲ平ケ、今モ諸侍ニ首頂ト仰カレ給故如何、答、申モヲロカヤ」「国ハ日本、人ハ源氏一流ニ限」と記している[73]。つまり、足利氏・源氏の絶対性が唱えられはじめるのである（ただし、なぜ足利氏だけなのかとの疑問も呈されているので、絶対性へと向けた過渡期といえる）。そして、永享年間（一四二九〜一四四一）頃以前には結城氏は「東国の結城殿も頼朝《源》の御子にて候」[74]「坂東の結城も頼朝之御子にて候」[75]と、源頼朝の末裔であることを主張し出し、戦国期には実際に源姓を名乗っていることが確認されるが（なお、結城氏は本来藤姓[76]）、これらは同氏が足利一門であることを喧伝した結果と解される[77]。果たして、永享十二年（一四四〇）、結城氏朝は「征夷将軍」足利安王丸を奉じて籠城し、戦国期には小山高朝が足利高基・足利晴氏を「関東之将軍」と呼んでいる[78]。そして、慶長十二年（一六〇七）、結城晴朝は『結城家之記』を執筆し、そこにおいて「於二結城之家一者、朝光以来十七代至二晴朝一、一度無レ有二不忠一、故代々将軍雖レ被レ重二忠賞一、恩所無レ被二召上一」「結城一人不レ属二輝虎《上杉》一、随二北条氏康一、奉レ輔二佐公方義氏《足利》将軍一」などと記すに至っている[79]。

以上、小山・結城一族の対足利氏観を検討した。この結果からも、十四世紀末頃を境に、「対抗可能な足利氏」像から、「武家の王としての足利氏」像へと変化している様子が窺えよう。

以上から、既存の将軍・公方に対抗するに際し、別の足利氏を擁立するということが大名間に定着しはじめた時期は、おおよそ十四世紀末頃と見ることができる。換言すれば、足利氏が武家の権威（頂点にいるのが自明の存在）として本格的に確立したのは、この時期といえる。では、なぜ十四世紀末頃にそれは確立したのか。また、権威の確立には何が必要だったのか。

（2） 権威の確立と儀礼

そこで、以下、足利氏の権威が形成されるに至る過程について考察していくことにしたいが、その前提作業として、一般的にある権威が形成されるに至る過程はどのように説明されているのだろうか。ここでは近世フランス（ブルボン家）、および近世日本（徳川将軍家）の権威獲得過程を参照してみたい。

近世フランスの場合、今村真介が次のように述べている[80]。まず、今村は「人々が『王』を『王』として承認するということはそれほど自明のことではない。自分たちとおおむね同等でしかないはずの者を、なぜ『王』（君主）とみなして服従し続けなければならないのだろうか」と問う。これに対し以下のように答える。『『王』を結晶させてしまう関係の非対称性を生み出した『最初の一撃』は確かに物理的暴力であったかもしれないが、そうした非対称性を維持し、『王』を永続的に『王』たらしめる最も有効な手段は、軍事力や警察力の誇示によって人々に恐怖心を与え続けることではなく、むしろ、王とその取り巻きたちがその身分と地位を誇示するべく行う大げさで『儀礼的』な種々の身振りであ」り、「これら儀礼的なものが、『王』をほとんど自動的に『王』として承認してしまう人々の『心の習慣』を形作る強力な装置として作動していた」と。そして、「礼儀作法や儀礼は、人々のからだを権力と文化に親和的な身体、つまり、権力と文化を受容するとともに、権力と文化を支え、かつ再生産することができる身体へと整形する装置に他ならない」と断言するのである。

また、近世日本の場合、渡辺浩が次のように述べている。[81]「儀礼という行為には、実用的目的はなくとも効果はある。大名達は江戸に上り、そして登城し、着席し、平伏するまで、濃厚な象徴的空間の中で、その「位置」を執拗に思い知らされる」「恭しい平伏を厳粛極まる雰囲気の中で生涯繰り返せば、遙か段上に着座する将軍の威光も深く心理に刻みこまれよう」と。

以上のように、両者とも、王の権威概念・主従観念の浸透には、種々の「儀礼」とその繰り返し的実践が必要であると結論している。こうした理解に違和感はない。かかる見解を踏まえると、足利氏権威の確立にも、儀礼が機能したのではないかと想定される。

そこで、足利氏と儀礼との関係について確認すると、佐藤進一が次のように述べていることは大いに注目される。[82]すなわち、佐藤は「当時にあって将軍の候補者たりうる豪族は二、三にとどまらなかったにちがいない」とした上で、「ここに足利将軍絶対の観念をつくり出し、浸透させる必要が生じた」「義満の時代に広汎詳細な故実や家格制度が作り上げられて、後代より佳例として尊重されたことも、既成事実の集成や制度化でも、伝統尊重でもなく、将軍の側で行った将軍家絶対観確立の努力を語るものとして理解される」と結論している。つまり、佐藤は儀礼を「足利絶対観念」を大名に浸透させるためのイデオロギー装置だと指摘し、そうした儀礼を通して足利氏は右の観念を大名らに植え付け、権威を確立したとして、画期としての足利義満期に注目しているのである。

この点、その後の研究も、佐藤の見解を支持する。例えば、儀礼が権力を正統化する（主従関係を確認し再生産する）ためのイデオロギー装置であることは、人類学や哲学でも指摘されて久しい。[83]また、日本中世史でも、十四世紀末頃前後以降（将軍足利義満・公方足利満兼の時代）、室町幕府[84]・鎌倉府[85]により各種武家儀礼（儀礼的秩序）が整備されたこと、およびその政治的意義が論及され、そして、書札礼・贈与交換儀礼・参賀儀礼などの積み重ねを通して、室町期、足利氏が秩序の頂点に立ち続けたことなども言及されている[86]。

以上から、十四世紀末頃、足利氏（東西両府）は、「足利絶対観念」を大名に浸透させるための装置として、各種武家儀礼を整備した。そして、儀礼の繰り返し的実践を通して、「足利氏＝正統なる支配者（君臨する王）」とのイメージは武家間に定着した。このように見通すことができる。

そして、こうした武家儀礼（恒例・臨時の各種儀礼）はいうまでもなく戦国期にも続いていく[87]。したがって、一旦確立した足利氏の権威は、儀礼の継続を通して、戦国期にも存続したものと捉えられる。この点、戦前、すでに藤直幹が「幕府の支配力およばぬ場所においても、将軍を中心とする儀礼はひろく遵守されることとあり、従つて人々に対する影響は層位的および地域的ともに政治的支配圏よりは遙かに広きものがあつた」「将軍が形式的ではあるがなほその地位を保ち得た理由の一は」「故実的世界の中心地位に存した（こと―引用者註）によるであらう」と逸早く指摘しており[88]、戦後、二木謙一も「儀礼的制度や慣習が、戦国期にも受けつがれ」「権力基盤の不安定な足利将軍家を存続させる力ともなった」「儀礼が戦国期の無力な幕府と将軍の支柱としての役割を果たした」と結論している[89]ことは大いに注目される。

以上のように、権威の問題を考える上で、儀礼への注目は不可欠であり、佐藤や藤らの述べた、足利氏権威の形成・維持に儀礼の力が作用したとの指摘は重要である。本節の課題（なぜ十四世紀末頃に足利氏の権威は確立したのか、権威の確立には何が必要だったのか）に応える形で整理するならば、権威の確立には儀礼の力が必要で、足利氏が十四世紀末頃に儀礼を整備したからだということになろう。換言すれば、儀礼には、その繰り返し的実践を通して、眼前の主従関係・支配秩序を再生産するという機能がある。儀礼のこうした機能を駆使して、自身の権威を確立すべく、足利氏は、十四世紀末頃、儀礼の整備を図った。結果、儀礼の繰り返し的実践を通して、武家間には「足利氏＝正統なる支配者（君臨する王）」との像が浸透・定着した。かくして、足利氏が武家の頂点に位置することは自明となり、足利氏は自身の存立に必ずしも武力（暴力）を必要・前提としない存在となることに成功した（武家の王としての足利氏像は「時効」化した）(90)。このようにまとめることができるだろう。

おわりに

最後に、本章の内容を整理する。

本章では、戦国期、足利氏が武家の頂点（将軍・公方）として君臨し続けられたのはなぜか、有力な戦国大名たちが足利氏を擁立し続けたのはなぜか、という問題について検討した。通常、それは「権威」という言葉から説明される。だが、山田康弘は権威という言葉を使った説明を安易だと批判し、権威の定義や権威生成のメカニズム解明を求めた。しかし、山田自身はその方向には向かわず、権威以外の側面、具体的には、大名にとって足利氏奉戴には具体的な実利性があるという側面から説明を試みた。だが、足利氏の擁立は実利性から説明し得るものなのか、との疑問を呈し、①「検討方法」（将軍推戴の理由は「擁立後」に展開された将軍―全国大名関係の分析で得られた結論をそのまま「擁立時」に遡及させるのではなく、直接支えた大名の擁立時の論理から探るべき）、および②「検討対象」（擁立されたのは、京都足利氏の嫡流以外に、京都足利氏の庶流や関東足利氏もいたのだから、彼らも検証すべき）の点につき山田を批判した。

その上で、第一節では、足利氏擁立の現場に立って、その推戴理由を検討した。具体的には、奉戴された足利氏を列挙し、擁立主体の論理と行動を探り、足利氏擁立の理由を検証した。結果、室町・戦国期、足利氏が武家の頂点に坐すことは当然の前提であって、足利氏を戴かない体制・秩序などあり得ないこと（当該期の武家にとって、足利氏は正統なる支配者・君臨する王として明確に意識されており、足利氏・大名ともにその認識を共有していたこと）が判明した。つまり、権威の問題（武家間における価値観の共有という問題）こそ大名による足利氏推戴の理由であること、山田の説明は奉戴後の将軍―全国大名関係の展開段階にこそ該当することを指摘した。

ただし、それだけだと通説回帰に他ならず、権威の定義や権威生成のメカニズム解明といった山田の要求も満たされない。そこで、それに応ずべく、第二節では、政治学の研究成果を参照して権威の概念について確認した上で、いつ・いかにして足利氏は武家の権威（頂点にいるのが自明の存在）となり得たのか、足利氏の権威獲得過程についても検討した。結果、権威とは上側（支配者）のみならず下側（被支配者）からも自発的に同意されているもの（そこに何ら疑問が差し挟まれていないもの）であり、将軍・大名ともに君臨する武家の王としての足利氏像が共有されていることから、足利氏は権威そのものであることをまずは確認した。その上で、足利氏の権威獲得過程につき、対足利氏戦に際し、謀叛人が別の足利氏を奉ずるか否か（足利氏を武家の頂点と認めるか否か）という点で、足利氏権威の確立は十四世紀末頃であること、十四世紀末頃とは室町幕府・鎌倉府で儀礼の整備が進む時期であること、儀礼とは権力側が支配イデオロギーを浸透させるための装置であることを指摘した。以上を踏まえて、足利氏は儀礼によって大名間に「足利絶対観念」を刷り込んで自身の別格化を図り、儀礼の繰り返しを通して「足利氏＝正統なる支配者（君臨する王）」とのイメージは武家間に定着、かくして足利氏は頂点にいるのが自明の存在（武家の権威）として確立したと結論付けた。そして、戦国期に足利氏が存立し得たことも、南北朝期以来のかかる営為（努力）の結果であったと見通した。

理論的検討が多くなったが、将軍擁立を損得から説明したり、戦国以前との連続や東国の状況を勘案しなかったりする昨今の戦国期将軍研究への異議として受け止めて頂ければ幸いである。

註

(1)「武家故実の構造」(同『武家時代の社会と精神』創元社、一九六七年)一四〇頁。
(2)「室町幕府と戦国大名はどんな関係にあったか」(峰岸純夫編『争点日本の歴史』四、新人物往来社、一九九一年)二一八〜二一九頁。
(3)『武家儀礼格式の研究』(吉川弘文館、二〇〇三年)四三八頁。
(4)「戦国時代の足利将軍に関する諸問題」(天野忠幸・片山正彦・古野貢・渡邊大門編『戦国・織豊期の西国社会』日本史史料研究会、二〇一二年)一〇七〜一〇八頁。この点、同「室町幕府の「幕府」とは何か」(渡邊大門編『信長研究の最前線』二、洋泉社、二〇一七年)一五二〜一五五頁も参照。
(5)『戦国時代の足利将軍』(吉川弘文館、二〇一一年)四一〜一二一頁。
(6)『在京大名細川京兆家の政治史的研究』(思文閣出版、二〇一四年)六頁。
(7)海蔵寺修造勧進状写(「海蔵寺文書」『鎌倉市史』史料編三・四、二二六〜二二七頁)、足利政氏画像賛(「甘棠院所蔵」『古河市史』資料中世編、一八八〜一八九頁)。
(8)小山高朝書状(「佐八文書」『栃木県史』史料編中世二、四〇七頁)。
(9)上杉謙信願文(「上杉家文書」『上越市史』別編一、五九三頁)。
(10)鑁阿寺樺崎縁起并仏事次第(「鑁阿寺文書」『栃木県史』史料編中世一、三九六〜四〇〇頁)。
(11)上杉謙信願文(「上杉家文書」『上越市史』別編一、二四六〜二四七頁)。
(12)『鎌倉年中行事』(『日本庶民生活史料集成』二三、七六九頁)。
(13)簗田景助奉書(「加茂部文書」『茨城県史料』中世編三、一四九頁)、大般若波羅蜜多経巻五百奥書・同百八十二奥書(「飯香岡八幡宮文書」『千葉県の歴史』資料編中世三、七七一〜七七二頁)。なお、「征東将軍」とも見えている(『月庵酔醒記』下、三弥井書店、二〇一〇年、九〇頁)。この点、和氣俊行は公方=「鎮守府将軍」としているが(「室町・戦国期東国社会における関東公方観」

『栃木県立文書館研究紀要』一二、二〇〇八年、一一～二一頁）、公方＝「征夷将軍」なども当時の史料には見えているので、再考の余地がある。ちなみに、室町期の新田氏も「征夷将軍」を名乗った可能性があるが（「法音寺文書」）、これについては今後の課題としたい。

(14)『寺門事条々聞書』応永六年雑々聞書（末柄豊「国立公文書館所蔵『寺門事条々聞書』」研究代表者安田次郎『大和の武士と武士団の基礎的研究』平成十四～十五年度科学研究費補助金研究成果報告書、二〇〇四年、三八頁）。

(15) 和田英道「尊経閣文庫蔵『堺記』翻刻」（『跡見学園女子大学国文学科報』一九、一九九一年）六二頁。神宮文庫所蔵『大内義弘退治記』は「約束」を「契約」とするが、ほぼ同内容である。

(16) この点、桜井英治も将軍のストックとしての公方と指摘している（『室町人の精神』講談社、二〇〇一年、四五～六二頁）。なお、大内義弘の乱については中根正人「応永の乱と「足利義氏」」（『ヒストリア』二六九、二〇一八年）五二～七三頁も参照。

(17)『看聞御記』応永二十四年正月二十一日条。

(18)『看聞御記』応永二十三年十月十三日条。

(19)『看聞御記』応永二十三年十月二十九日条。

(20)『高萩市史』上（高萩市、一九六九年）一九四頁。この点、樋口誠太郎「鎌倉公方の興亡と房総の武士」（川村優編『論集房総史研究』名著出版、一九八二年）一五一～一六七頁、江田郁夫「鎌倉公方連枝足利満隆の立場」（同『室町幕府東国支配の研究』高志書院、二〇〇八年、初出二〇〇五年）二五〇～二六六頁も参照。なお、本棟札の現物を平成二十八年（二〇一六）に再発見した（拙稿「朝香神社棟札の翻刻と紹介」『常総中世史研究』七、二〇一九年参照）。

(21)『新編埼玉県史』資料編八中世四記録二、五三頁。

(22)『鎌倉大草紙』（『新編埼玉県史』資料編八中世四記録二、五三・五八頁）。

(23) 谷重豊季「山名刑部少輔、備後国府城で挙兵す」（『もとやま』三三、二〇〇七年）四～三八頁。

(24)『経覚私要鈔』永享八年十二月十七日条。

(25)『師郷記』永享九年七月三十日条。

(26)『師郷記』永享九年七月十二日条。

(27) 桑山浩然「大覚寺義昭の最期」（同『室町幕府の政治と経済』吉川弘文館、二〇〇六年、初出一九九一年）二七九～三〇四頁。

(28)『看聞御記』永享十年七月二十五日条。
(29)『薩戒記』永享九年八月八日条。
(30)足利義教御内書案（「樺山文書」『宮崎県史』史料編中世二、四八五頁）。
(31)新名一仁「嘉吉・文安の島津氏内訌」（同『室町期島津氏領国の政治構造』戎光祥出版、二〇一五年、初出二〇〇二年）一八五～二二六頁、同「大覚寺義昭事件の政治的影響」（同、初出二〇〇七年）二二七～二四一頁。
(32)『山田聖栄自記』（『薩摩国阿多郡史料』『鹿児島県史料集』七、五一頁）。
(33)『建内記』嘉吉元年四月十日条。
(34)岩松持国副状（「護国院文書」『茨城県史料』中世編一、三二五頁）。
(35)簗田景助奉書（「加茂部文書」『茨城県史料』中世編三、一四九頁）。
(36)佐藤博信「永享の乱後における関東足利氏の動向」（同『古河公方足利氏の研究』校倉書房、一九八九年、初出一九八八年）三九～五三頁。
(37)足利安王丸軍勢催促状（「石川家文書」『石川町史』三資料編一考古・古代・中世〈古代・中世〉一九五頁）。
(38)足利万寿王丸御内書・岩松持国副状（「石川家文書」『石川町史』三資料編一考古・古代・中世〈古代・中世〉二一二～二一四頁）。
(39)『建内記』嘉吉元年七月十七日条。
(40)『東寺執行日記』嘉吉元年七月十八日条。
(41)『師郷記』嘉吉二年三月二十一日条。
(42)水野恭一郎「嘉吉の乱と井原御所」（同『吉備と京都の歴史と文化』思文閣出版、二〇〇〇年、初出一九九二年）四七～六七頁、柳本一孝「備中井原庄と足利直冬子孫」（『岡山地方史研究』九四、二〇〇〇年）二二～三二頁、大島千鶴「備中井原荘と足利直冬の末裔たち」（『井原市史紀要・井原の歴史』四、二〇〇四年）一三～二四頁、中根前掲註(16)論文、髙鳥廉「室町前期における足利将軍家出身僧の身分と役割」（『歴史学研究』九八七、二〇一九年）一～一六・二五頁。
(43)『建内記』嘉吉元年八月二十一日条。
(44)『室町軍記総覧』（明治書院、一九八五年）三〇五頁。

(45)『建内記』嘉吉元年七月二十六日条。

(46)『看聞御記』嘉吉元年六月二十六日条。

(47)『建内記』嘉吉元年六月二十六日条。なお、義勝の御連枝については「方々御座若公、今夜皆奉レ入二伊勢許一、警二護申之一」とあることからも確認できる(『師郷記』嘉吉元年六月二十四日条)。

(48)玉村竹二『五山禅僧伝記集成』(講談社、一九八三年)五九八～五九九頁。

(49)前掲註(39)。

(50)奥村徹也「天文期の室町幕府と六角定頼」(米原正義先生古稀記念論文集刊行会編『戦国織豊期の政治と文化』続群書類従完成会、一九九三年)一一九～一五一頁、羽田聡「足利義晴期御内書の考察」(『三田中世史研究』三、一九九六年)八一～一〇三頁、今岡典和「御内書と副状」(大山喬平教授退官記念会編『日本社会の史的構造』古代・中世、思文閣出版、一九九七年)六〇七～六二三頁、同「足利義稙政権と大内義興」(上横手雅敬編『中世公武権力の構造と展開』吉川弘文館、二〇〇一年)一九〇～二〇二頁、西島太郎「足利義晴期の政治構造」(同『戦国期室町幕府と在地領主』八木書店、二〇〇六年、初出二〇〇〇年)四一～八二頁、石崎建治「足利義昭期室町幕府奉行人奉書と織田信長朱印状の関係について」(『文化財論考』一、二〇〇一年)一五～三六頁、山田康弘「戦国期幕府奉行人奉書と信長朱印状」(『古文書研究』六五、二〇〇八年)一～一八頁、浜口誠至「足利義稙後期の幕府政治と御内書・副状」(四国中世史研究会・戦国史研究会編『四国と戦国世界』岩田書院、二〇一三年)一〇五～一三一頁。

(51)『大乗院寺社雑事記』明応二年閏四月十日条。

(52)大内義興書状(「入来院家文書」『入来文書』六七頁)。

(53)大内義興書状(『相良家文書』一、三二一～三二三頁)。

(54)織田信長書状(「高橋義彦氏所蔵文書」『増訂織田信長文書の研究』上、一一二頁)。

(55)佐藤博信「戦国期における東国国家論の一視点」(同前掲註(36)書、初出一九七九年)四五三～四七四頁、同「小弓公方足利氏と房総正木氏の関係について」(同『中世東国政治史論』塙書房、二〇〇六年、初出二〇〇四年)二八五～二九九頁。

(56)武田信玄書状写(「太田家文書」『戦国遺文』武田氏編二、二八八頁)。

(57)安見宗房書状(「長岡市立科学博物館所蔵文書」『上越市史』別編一、二二五頁)。

(58)松田盛秀書状(『蜷川家文書』三、一一八～一一九頁)。

(59) 安井重雄「木戸正吉『和歌会席作法』翻刻と校異」(『龍谷大学論集』四五七、二〇〇一年)二八一頁。
(60) 前掲註(12)。
(61) 『家中竹馬記』(『群書類従』二三、二二三頁)。
(62) 織田信長黒印状(「細川家文書」「京都市小石暢太郎氏所蔵文書」『増訂織田信長文書の研究』上、六一四〜六一六・六二四〜六二五頁)。
(63) 織田信長黒印状(「細川家文書」『増訂織田信長文書の研究』上、六一四〜六一六頁)。
(64) 「将軍権力と大名との関係を見る視点」(『歴史評論』五七二、一九九七年)一七頁。
(65) 山田正行訳『暴力について』(みすず書房、二〇〇〇年、初出一九七二年)一三四〜一三五頁。
(66) 「権威」(廣松渉・子安宣邦・三島憲一・宮本久雄・佐々木力・野家啓一・末木文美士編『岩波哲学・思想事典』岩波書店、一九九八年)四四一頁。
(67) 前掲註(65)書、一三五頁。
(68) 拙稿「足利一門再考」(本書第Ⅱ部第一章)参照。
(69) 和田英道「宮内庁書陵部蔵『明徳記』翻刻」(『跡見学園女子大学紀要』一二、一九七九年)三九〜四〇頁。陽明文庫所蔵『明徳記』もほぼ同内容である(『平治物語・明徳記』思文閣出版、一九七七年、三一八〜三二〇・三三五頁)。なお、当時彼らが南朝を奉じた明証もなく、南朝の影響力や存在感を過大評価することはできない。
(70) 『吾妻鏡』宝治二年閏十二月二十八日条。
(71) 法眼宣宗書状写「結城古文書写有造館本坤」(『南北朝遺文』東北編一、一九八〜一九九頁)。この点、高橋典幸「武士にとっての天皇」(同『鎌倉幕府軍制と御家人制』吉川弘文館、二〇〇八年、初出二〇〇二年)一六二〜一六三頁も参照。
(72) 増田欣「源威集の成立について」(『中世文芸』一五、一九五八年)四〇〜五一頁、本郷和人「『源威集』を読む」(『茨城県史研究』八〇、一九九八年)三三〜四八頁、高橋恵美子「中世東国武士団と『軍記』」(同『中世結城氏の家伝と軍記』勉誠出版、二〇一〇年、初出一九九九年)一四五〜一六七頁。この点、田辺旬「鎌倉期武士の先祖観と南北朝内乱」(『鎌倉遺文研究』四二、二〇一八年)五二〜七六頁も参照。
(73) 千秋文庫所蔵佐竹本、平凡社、一九九六年、三六・四一頁。

(74) 五味克夫「南北朝・室町期における島津氏被官酒匂氏について」(『鹿児島大学法文学部紀要』人文学科論集一九、一九八三年)三五頁。本史料は新名一仁編著『薩摩島津氏』(戎光祥出版、二〇一四年)にも再録されている。

(75) 五味克夫「『山田家文書』と『山田聖栄自記』補考」(『鹿大史学』三一、一九八三年)五一頁。本史料は五味克夫『戦国・近世の島津一族と家臣』(戎光祥出版、二〇一八年)にも再録されている。

(76) 『結城市史』四古代中世通史編(結城市、一九八〇年)二〇三〜二〇五頁。

(77) 拙稿「中世後期島津氏の源頼朝末裔主張について」(本書第Ⅱ部付論一)参照。

(78) 前掲註(8)。

(79) 『結城市史』一古代中世史料編、六八四・六八七頁。

(80) 『王権の修辞学』(講談社、二〇〇四年)一〜三・二〇頁。

(81) 「『御威光』と象徴」(同『東アジアの王権と思想(増補新装版)』東京大学出版会、二〇一六年、初出一九八六年)三四頁。

(82) 「室町幕府論」(同『日本中世史論集』岩波書店、一九九〇年、初出一九六三年)一五二頁。

(83) モーリス・ブロック・今村仁司・田辺繁治「儀礼とイデオロギー」(『現代思想』一二—一四、一九八四年)二二二〜二四七頁。なお、このあたり、ルイ・アルチュセールの議論が理論的な核として存在している。西川長夫・伊吹浩一・大中一彌・今野晃・山家歩訳『再生産について』上(平凡社、二〇一〇年、初出一九七〇年)一六〇〜二〇五頁参照。

(84) 二木謙一『中世武家儀礼の研究』(吉川弘文館、一九八五年)四五五〜四七六頁。

(85) 佐藤博信「『殿中以下年中行事』に関する一考察」(同『中世東国足利・北条氏の研究』岩田書院、二〇〇六年、初出一九七二年)七〜二四頁、同「鎌倉府についての覚書」(同『中世東国の支配構造』思文閣出版、一九八九年、初出一九八八年)三〜二六頁。

(86) 金子拓「室町殿をめぐる「御礼」参賀の成立」(同『中世武家政権と政治秩序』吉川弘文館、一九九八年、初出一九九七年)二三五〜二五一頁、同「室町期における弘安書札礼の運用と室町殿の立場」(『日本歴史』六〇二、一九九八年)一六〜三三頁。また、近年、石原比伊呂も将軍権威の確立における儀礼の重要性を強調している(「室町期公武関係の展開と構造」同『室町時代の将軍家と天皇家』勉誠出版、二〇一五年、三四九〜三七三頁、「室町幕府将軍権威の構造と変容」『歴史学研究』九六三、二〇一七年、五七〜六五頁、『足利将軍と室町幕府』戎光祥出版、二〇一八年、一八四〜一九四頁)。ただし、石原は「天皇権威」という議論の核心に関わる重要な概念を証明抜きに使用している（自明視している）と思われる点や、足利氏の位置付けに関する点など、違和感を覚える部分も少なくない。

(87)　二木前掲註(84)書、四五五～四七六頁、浜口誠至「戦国期の幕府儀礼と細川京兆家」（同前掲註(6)書）三〇～一三一頁。

(88)　「儀礼的秩序の形成」（同『中世武家社会の構造』目黒書店、一九四四年）四二九～四三〇頁。

(89)　前掲註(84)書、九・四六八頁。

(90)　ここでいう「時効」とは、エドマンド・バークの用うるところの「ながい慣行をつうじて、暴力にはじまった諸政府を、合法性にまで成熟させるもの」（水田洋訳『フランス革命についての省察』『世界の名著』三四、中央公論社、一九六九年、初出一七九〇年、二四六頁）の意、つまり、時を経ることで疑うべからざるものへと変化した、の意である。

第四章　足利時代における血統秩序と貴種権威

はじめに

本章の課題は、中世後期、足利氏を中心とする武家の儀礼的・血統的秩序がどのように形成・維持されたのか、また、それがなぜ戦国期に入って崩壊していったのかを、京都や関東など列島各地における在り方や、受容者側の動向にも注意しながら論じることにある。

こうした課題を設定した背景には、近年の研究潮流がある。すなわち、中世には多元的・分裂的側面と集権的・求心的側面の両面があるが、最近は後者に関心が集まっており、そうした場合、必然的に注目が集まるのが統合の核としての天皇・将軍とその儀礼的秩序・権威だからである。本章ではこのうち、中世後期の将軍＝足利氏に焦点を絞り、足利氏中心の儀礼的秩序が存続・解体した理由・事情を探ろうとするものである。端的にいえば、足利氏はいかにして秩序の頂点に立ち続け、なぜ最終的に消え去ったのか、ここを解明したいと考えている。

むろん、こうした問いに対する回答は戦前以来存在し、戦国期においてもとにかく儀礼的秩序が存在し、その頂点＝権威として君臨したがゆえに、足利氏は存立し得たとされている（藤直幹『中世武家社会の構造』目黒書店、一九四四年、石母田正「『中世政治社会思想』上　解説」同『石母田正著作集』八、岩波書店、一九八九年、初出一九七二年、二木謙一『中世武家儀礼の研究』吉川弘文館、一九八五年など。なお、これらの先行研究では儀礼とは書札礼・路頭礼・対面儀礼・年中行事など広く日常・非日常・恒例・臨時に行われるものの総体として捉えられているため、本章でも儀礼は広い意味で捉える）。他方、戦国大名を重視する研究においても足利氏が権威であるということ自体は認められており、ここに見解の相違はない。

だが、先行研究には問題も感じる。それは以下の四点である。

一点目は、解体論の不在、つまり、儀礼的秩序（足利氏を頂点とする秩序）が崩壊した契機が不明確なことである。近時、戦国期の足利氏を頂点とする秩序は強調されているものの、最終的にそれが崩壊するに至る過程の説明は置き去りにされたままであり、結果、強い求心性を持つはずの秩序がなぜ崩壊するのか、理解が困難となっている。他方、現実に秩序を克服した三好氏の研究では織田氏に先行する革新性が高く評価されるも（天野忠幸『戦国期三好政権の研究（増補版）』清文堂出版、二〇一五年）、それをいかに得たかはなお不鮮明で、説明が突然変異的・英雄的個人に還元されかねないおそれがある。しかし、社会を離れた個人はいないのであるから（E・H・カー『歴史とは何か』岩波書店、一九六二年）、足利氏を頂点としない思想が登場した（英雄的個人を生み出した）時代的・社会的な背景をこそ説明する必要がある。

二点目は、権威概念の安易な使用であり、近年、足利氏の存立に関し、権威という言葉による説明が批判されていることである。これは山田康弘の批判だが、氏は戦国期の足利氏が権威だというのは単なる言葉であり、その中身が解明されねばならないと強調している（「戦国時代の足利将軍に関する諸問題」天野忠幸他編『戦国・織豊期の西国社会』日本史史料研究会、二〇一二年）。重要な指摘だが、山田自身はそこにはいかず、権威以外の点（利用価値など）から足利氏存立の説明を模索する。しかし、山田本人も認めるように、権威は足利氏を考える上で中心的なテーマなのだから、正面から向き合うべきであろう。

では、権威とは何か。政治学や哲学を参照すると、権威とはそれに従うように求められた者が疑問を差し挟むことなくそれを承認することによって保証されるのであって、強制も説得も必要ではないとされている（H・アーレント『暴力について』みすず書房、二〇〇〇年。なお、強制は暴力、説得は合意形成で、権威はそれらと対比されるものである）。同様に、権威が自発的な同意を当為として要求できるためには、権威がメッセージの受け手の規範意識により承認されていなければならない、すなわち、権威は権威を伴ったコミュニケーションの送り手・受け手双方が同意する規範意識の共有の上にのみ成り立つとされている（川崎修「権威」廣松渉他編『岩波哲学・思想事典』岩波書店、一九九八年）。

つまり、権威とは支配者側のみならず、被支配者側からも自発的に同意・共有されているもの（そこに何ら疑問が差し挟まれてはいないもの）といえ、共通価値や価値観の共有と同様のものと捉えられる。要するに、権威を成り立たせているものは支配者・被支配者双方の価値観の共有なのであり、それゆえ、権威という言葉で足利氏の存立を説明するためには、足利氏側（上側）の意識以上に、大名・武士側（下側）の認識を探る必要がある。

三点目は、京都中心史観ともいうべき事態、つまり、依然京都将軍足利氏嫡流が研究の中心で、関心が西国・室町殿御分国に限られていることである。すなわち、儀礼的秩序の検討は基本的に京都将軍であって、関東将軍と呼称された公方足利氏が視野から外れた結果、東国にも足利氏を頂点とする独自の儀礼的秩序が存在するも、あまり考慮されていないという現状がある。つまり、足利氏中心の儀礼的秩序の存続・解体を考える上では、関東足利氏の存在も捉える必要がある。

この問題は東国という地理的な点以上に、将軍以外にも秩序の頂点に君臨し得る足利氏がいたことを示す点で重要であり、ここから即座に四点目の問題に移行する。すなわち、権威の源泉は結局、「将軍」という公的役職にあるのか、「足利」という血統にあるのかが未解明、換言すれば、血の問題が未着手なことである。これは京都将軍足利氏嫡流の研究のみでは盲点であったことと思われるが、この問題を解くには関東足利氏（公方）の他、公的役職としての将軍職にはない足利氏（御連枝）も追究する必要があり、権威の源泉が足利の血にあるのであれば、その血統に連なる一族たちもまた権威化しているはずであるから、これについても考究は必須となる。

この点、結論の先取りとはなるが、公方や御連枝は秩序の頂点に立ち得、足利一門は儀礼的に優越し、これについて非足利一門も同意しているという事実があった。つまり、権威の源泉は足利の血にこそあり、足利の血統であることが当該期の社会では価値を持ち、血の尊貴性なる共通価値・共同幻想の上に足利氏中心の儀礼的秩序は成立していた。すなわち、秩序の核心には血統の問題が横たわっていたのであるから、秩序の存続・解体を考える上で、血統の問題は適切に剖検する必要がある。しかし、かかる分析はこれまでなかった。

そこで、本章では儀礼的秩序のうち、血統的秩序に注目して、秩序が存続・解体した理由・事情を探りたい。なぜなら、儀礼的秩序とは職位による区分と出自による区分が混然と結合しており（桃崎有一郎『中世京都の空間構造と礼節体系』思文閣出版、二〇一〇年）、前者の検討はあるものの（山家浩樹「室町時代の政治秩序」歴史学研究会他編『中世社会の構造』東京大学出版会、二〇〇四年、木下聡「室町幕府の秩序編成と武家社会」同『室町幕府の外様衆と奉公衆』同成社、二〇一八年、初出二〇一四年）、後者の検討はいまだないこと以上に、前者の区分を貫く形で足利の血の優位性が確認されるからである。つまり、足利氏（京都将軍・関東公方）・御連枝（足利兄弟・庶流）・御三家（吉良・石橋〈関東では岩松〉・渋川氏）・一門（「源義国流〈足利系＋新田系〉」＋「源為義―義朝流〈吉見氏〉」）が非一門に儀礼的に優越する社会、これが中世後期の武家社会なのである。なお、山名氏など新田系が最初から足利一門で、吉見氏が南北朝期に足利一門化した存在であった事実には注意が必要である。

以上を踏まえ、本章では中世後期、足利氏を頂点とし、足利一門を上位とする武家の儀礼的・血統的秩序（これを「足利的秩序」と仮称する）が形成・維持・崩壊する各過程を動態的に見通す。その際、京都のみならず関東などの状況や、上からの理念のみならず下（大名・地方武士）からの実態に強く留意する。具体的には、第一節で足利氏への意識を中心に足利絶対観の形成・維持を、第二節で足利一門への認識を中心に足利的秩序の形成・維持を確認し、第三節でそのような秩序が崩壊した理由を考える。その上で、足利的秩序を中心に見ると、南北朝〜戦国期は一つの時代と捕捉可能であることから、最後に時代区分論にも触れる。

第一節　足利絶対観の形成・維持

1　足利氏の努力

はじめに、議論の出発点となる佐藤進一の発言を確認する（「室町幕府論」同『日本中世史論集』岩波書店、一九九〇年、初出一九六三年、『南北朝の動乱』中央公論社、一九六五年）。佐藤は、秩序形成の上で何よりもまず必要なのは、足利氏がその頂点たらんとする努力であるとして、実力に加えて、種々のイデオロギー工作によって将軍家は別格化・足利絶対観の形成を図ったと主張している。

かかる見解は以後の研究からも支持されている。鎌倉期の足利氏は相対的な尊貴性しか持たず、北条氏庶流と同等で、結城氏も足利氏との対等を主張し幕府から認められた（鈴木由美「『源氏の嫡流』と鎌倉期足利氏」『ぶい&ぶい』二九、二〇一六年）。南北朝期には将軍家と呼称されるも（家永遵嗣「室町幕府の成立」『学習院大学研究年報』五四、二〇〇七年)、依然尊貴性は相対的で、結城氏は足利氏と対等以上と考えていた(高橋典幸『鎌倉幕府軍制と御家人制』吉川弘文館、二〇〇八年)。ゆえに、絶対的な尊貴性の獲得に向けて源氏嫡流工作などの努力を行っていった(川合康『鎌倉幕府成立史の研究』校倉書房、二〇〇四年、市沢哲『日本中世公家政治史の研究』校倉書房、二〇一一年など)。

だが、これらはあくまで上からの工作・努力に過ぎず、受け手の側の認識や実態、換言すれば、大名は本当に足利氏を武家の頂点と認めたのか、ここが問われねばならない。この点、大名らの謀叛・戦争時の動きに注目したい。謀叛・戦争時に着目するのは、かかる例外状況こそ明確に全てを顕示するからである(C・シュミット『政治神学』未来社、一九七一年。以下、拙稿「武家の王としての足利氏像とその形成」〈本書第Ⅱ部第三章〉参照)。

2　大名・武士の実態

大名らは足利氏を武家の頂点と認めたのか。結論からいえば、十四世紀末頃以前には、まだ必ずしも頂点とは認められておらず、対抗可能な存在と見られていた。確かに、足利氏が頂点としてこの頃すでに見えるというのは、少弐頼尚らの足利直冬擁立や足利義詮の争奪戦と化した延文五年(一三六〇)の仁木義長失脚事件などから分かる。しかし、こうした状況が一般化していたわけではなかった。

例えば、康安元年(一三六一)の細川清氏失脚事件では、挑まれ得る足利氏像が強調されており(『太平記』)、東国でも芳賀禅可・河越直重・宇都宮氏綱らは別の足利氏も、南朝も奉ずることなく、剝き出しの状態で足利氏と対抗している。今川了俊も足利氏に容易には遜らぬ足利一門の姿を回想し、その姿勢に筆誅を加えているが(『難太平記』)、こうした流れの上に位置するのが山名氏清や小山義政の乱である。彼らもまた別の足利氏も、南朝も奉じた明証もないまま足利氏と戦争した。つまり、足利氏が頂点にいることはまだ自明ではなかった。

こうした流れがかわってくるのが応永六年（一三九九）の大内義弘の乱以降で、十四世紀末頃以後、足利氏は秩序の頂点にいることが自明の存在と思われていく。彼は足利義満への謀叛に際し、別の足利氏（関東公方足利満兼）を擁立してその御教書の副状発給者となって西国から上洛、堺に上陸した。乱に与した今川了俊や足利満兼も足利氏の奉戴やその天下を前提に行動しており、不義の政道をなす個人を糺し、足利家の永続を願っていた。なお、乱では易姓革命の言説も見られるが、実際には種姓観念の現実の方が優先されている。日本的革命とは、同じ血筋の有徳の別人を奉ずる形へと容易に転化してしまうのである（村井章介『中世の国家と在地社会』校倉書房、二〇〇五年）。

以上の論理形態が以後の謀叛・戦争時でも一般化していく。例えば、応永二十三年の上杉禅秀の乱では、彼は足利持氏への謀叛に際し、別の足利氏（持氏叔父足利満隆）を擁立してその御教書の副状発給者となって東国の首都鎌倉を制圧するなど、公方―管領の秩序を前提に行動している。不義の政道をなす個人を打倒し、足利家の永続を図っているわけである。永享九年（一四三七）以降の大覚寺義昭の乱も同様であり、山名持熙・一色某・佐々木某らは足利義教への謀叛に際し、別の足利氏（義教御連枝義昭）を擁立して上洛を目指し、義昭も不義の政道をなす個人を糺し、足利家永続を願う戦いと考えていた。また、南九州武士山田聖栄は、義昭介錯の場面を、畏れ多くも手に掛けたので自害しようとしたと回顧しており、将軍義教も、義昭の首を弟の貴きゆえに特別待遇するなど、御連枝の尊貴性が都鄙で確認されることは注目に値する。永享十二年以降の岩松持国の乱も同じで、彼も幕府への謀叛に際し、別の足利氏（持氏遺児ら）を擁立してその副状発給者となって鎌倉回帰を唱えており、既存の流れとかわるところはない。嘉吉元年（一四四一）の赤松満祐の乱も然りで、彼も幕府への謀叛に際し、別の足利氏（直冬末孫足利義尊）を擁立して上洛を図ったが、この頃にはすでに幕府側もそのことを予知・警戒するに至っており、敵方による御連枝取り立てを防ぐため、在京御連枝の監視（保護）や在国御連枝の殺害を行っている。

以上からは共通の構図が浮上する。すなわち、謀叛に際して、足利氏の擁立が一般化してくるのである。つまり、将軍・公方個人には叛逆するも、既存の秩序そのものへの挑戦はなくなり、むしろ、足利氏の天下を前提とし、自身は管領的・副状発給者的な立場となって首都への進軍・覇権の掌握を目指していくのである。かかる構図は十四世紀末〜十五世紀初頃には本格的に成立し、西幕府・細川政元・織田信長・東国大名など戦国期にも通用していく。例えば、大内義興は将軍を擁立してその御教書の副状発給者となって西国から上洛、堺に上陸したが、これは先に述べた大内義弘と同じ構図である。また、武田信玄も公方（足利藤政）を擁立して佐竹義重・里見義弘と鎌倉を目指したが、これなども佐藤博信のいう公方―管領体制の論理そのものであって、前代からの延長線上に位置している（『古河公方足利氏の研究』校倉書房、一九八九年）。

このような十四世紀末頃に足利氏の擁立が一般化していくという流れを、ここでは小山・結城一族からの定点観測によって補強したい。まず鎌倉〜南北朝期だが、すでに見たように、この頃の結城氏は足利氏と同等以上と思い、結城宗広は「足利ヲ不レ可二頂戴一」と述べた（「岩代相楽結城文書」『南北朝遺文』東北編五九六号）。かくして小山義政は別の足利氏を奉ずることなく公方と戦い滅びる。このような流れがかわってくるのが嘉慶年間頃で、結城直光は足利氏だけが「首頂」と仰がれる理由を当然とした。足利氏の絶対性が説かれるに至るのである。ただし、ここでは理由が問われているので絶対性への過渡期で、以後本格化していく。永享年間頃には結城氏が源頼朝の末裔を唱え、戦国期には源姓で確認される。結城氏は本来藤原姓で鎮守府将軍秀郷の苗裔だが、かかる誇り高き一族の末裔との立場を捨て去って頼朝後裔を主張するのである。これは足利一門主張と考えるが（拙稿「中世後期島津氏の源頼朝末裔主張について」〈本書第Ⅱ部付論一〉参照）、その後、室町〜戦国期、結城氏朝や小山高朝は足利氏を関東将軍と認め、結城氏広や小山成長は公方に対する忠義を述べている（「東京大学白川文書」『白河市史』五、六一七号、「秋田藩家蔵文書」『小山市史』史料編中世四五九号)。かかる流れの極北に位置するのが近世の結城晴朝で、彼は代々足利氏に対し不忠はないと事実を曲げてまで主張している。

以上をまとめると、十四世紀末頃を境に対抗可能な足利氏像から武家の王としての足利氏像へと変化したことが窺えよう。では、かかる変化の背景には何があったのか。

3 権威形成・維持のメカニズム

ここでは上からも下からも認められる足利氏の権威が形成される過程・メカニズムを考えるが、その前提として、一般にある権威が形成される過程はどのように説明されているのか確認したい。結論からいえば、権威の形成には種々の儀礼とその繰り返し的実践が必要として、儀礼への注目が各方面でなされている。

例えば、儀礼研究の蓄積の厚い近世フランス・ブルボン家の場合、今村真介は、自分と同等でしかないはずの者をなぜ王と見做して服従し続けねばならないのかと問い、これに対して、最初の一撃は暴力とした上で、王を王ならしめる最も有効な手段は儀礼的な種々の身振りであって、儀礼が王を王として承認する人々の心の習慣を形作る強力な装置として作動したとする(『王権の修辞学』講談社、二〇〇四年)。二宮宏之も、儀礼は形式を持ち、繰り返されることで、人々の体と心を深く捉えたとする(『二宮宏之著作集』三、岩波書店、二〇一一年)。近世日本・徳川氏の場合、渡辺浩も、大名らは登城から着座までその位置を思い知らされ、平伏を繰り返すことで、将軍の威光は心に刻まれたとする(『東アジアの王権と思想(増補新装版)』東京大学出版会、二〇一六年)。

いずれも儀礼が権威の確立に寄与したとするわけであるが、儀礼に本当にそうした機能があるのかとの批判もあり得よう。実際、その証明は難しいので、試みに心理学の成果を参照してみたい。そこでは身体が情動に優先し、行動が意識を形成するとの有力な見解がある（小坂井敏晶『社会心理学講義』筑摩書房、二〇一三年など）。身体や行動を規律調教すれば感情は後から従属する、繰り返し平伏するうちに尊貴と感じるということで、教育や習慣で自発的隷従は容易に調達されるということだろう（エティエンヌ・ド・ラ・ボエシ『自発的隷従論』筑摩書房、二〇一三年）。反復により身体・行動を深く捉える儀礼が権威の確立に重要との理解は納得できる。

とすれば、足利氏権威の確立にも儀礼が機能したのではないかと想定されるわけだが、ここで注目されるのが佐藤進一の発言であり、氏はすでに儀礼が足利絶対観を大名らに浸透させるためのイデオロギー装置と言い切っており、儀礼を通して足利氏はこの観念を大名らに植え付け、権威を確立したとして、画期としての義満期に着目した（前掲「室町幕府論」）。これは権威の確立における儀礼の存在、および義満期の画期性を早い段階で指摘した議論として注目されるが、かかる見解は以後の研究からも支持されている。二木謙一（前掲『中世武家儀礼の研究』など）や佐藤博信（『中世東国足利・北条氏の研究』岩田書院、二〇〇六年など）は十四世紀末頃以降、東西で各種武家儀礼が整備されたことを解明し、金子拓も書札礼・贈与交換儀礼・参賀儀礼などを通して足利氏が秩序の頂点に君臨したことを指摘している（『中世武家政権と政治秩序』吉川弘文館、一九九八年など）。

以上を踏まえ、十四世紀末頃以降、対抗可能な足利氏像から武家の王としての足利氏像へと変化し、それが戦国期にも継承された背景を整理すれば、以下のようになる。すなわち、十四世紀末頃、足利氏はその絶対観を大名らに浸透させるための装置として各種武家儀礼を整備した。儀礼の繰り返し的実践を通して足利氏＝正統なる支配者・君臨する王とのイメージは武家間に定着した。かかる武家儀礼（日常・非日常・恒例・臨時の各種儀礼）は戦国期にも継続していく以上、一旦確立した足利氏の権威は儀礼の連続を通して戦国期にも存続することになる。この点、二木謙一は、儀礼や慣習が戦国期にも継受され、将軍を支える役割を果たしたと述べていたが（前掲『中世武家儀礼の研究』）、そのことを広く公方・御連枝のケースや下からの視点、隣接学問の成果なども踏まえて、より実態的・原理論的に説明を図った次第である。

以上見てきた通り、公的役職としての将軍職にはない関東公方や御連枝らも威光を放っていたことが分かる。将軍職ではなく、足利という存在・血統に皆、権威を見ていたわけである。このように足利の血が権威化すると、必然的にその血統に連なる一族もまた権威化していくわけで、結果、足利氏を頂点とし、足利一門を上位とする時代・社会が到来することになる。

第二節　足利的秩序の形成・維持

1　中央大名の場合

ここからは大名が足利一門をどう見ていたのか検討するが、その前提として、足利氏側の認識も確認しておくと、上からの一門重視があったことは古くから指摘されている通りで（佐藤進一前掲「室町幕府論」、小川信『足利一門守護発展史の研究』吉川弘文館、一九八〇年、堀川康史「南北朝期室町幕府の地域支配と有力国人層」『史学雑誌』一二三―一〇、二〇一四年など）、戦国期も一門の儀礼的優越性はおおむね認められた。では、下からはどうか（以下、拙稿「中世後期武家の対足利一門観」〈本書第Ⅱ部第二章〉参照）。

はじめに、南北朝期の武家儀礼での相論から。応安六年（一三七三）の貢馬儀礼で土岐氏と佐々木氏が序列をめぐって争った。ここでは管領が細川氏であったため、同氏に近い佐々木氏が上となったが、土岐氏は馬を出さなかった。

土岐・佐々木両氏は幕閣の重鎮・外様の有力者ゆえ、上下の確定は困難であった。その後、康暦元年（一三七九）以降は土岐氏が上、佐々木氏が下となった。この背景には康暦の政変があろうが、以後も相論は続く。ここから分かることは二つで、一つは土岐・佐々木両氏の争いは三位をめぐる争いであって、一位の将軍や管領、二位の山名氏（足利一門）とは争う姿勢を示していないことである。土岐・佐々木両氏は外様の頭をめぐり争っていたに過ぎない。もう一つは斯波・細川両氏も土岐・佐々木両氏を優遇したが、厚遇しても二位の山名氏以下たることは自明視したことである。大名は一門と非一門の間の壁が厚いことを認識していた。

とはいえ、一門の優越性は南北朝期にはまだ確定されていなかった。それを示すのが次に見る山名氏と佐々木氏の喧嘩である。文和元年（一三五二）、山名氏は若狭の所領の回復を申請せんと佐々木氏のもとへ赴くも、佐々木氏は黙殺。これに山名氏は一門に対し無礼と怒って伯耆へ下国、反幕府方となったという。これは一門の儀礼的優越性を当然視する人々がいる一方、かかる観念を前提としない人々もいたことを示すものと思われ、価値観確立への過渡的状況を窺わせる。事実、南北朝期は足利氏の権威も未確定であり、一門の権威が確定していたとは考え難い。

しかし、室町期、足利氏の権威が確立してくる中で、一門の権威もまた確立してくるわけで、それが分かるのが次の室町期の武家儀礼での相論である。永享四年（一四三二）の貢馬儀礼で将軍は一色氏に勤仕を命じた。従来同儀礼を担当していた中条氏が将軍の勘気を蒙って没落したかわりに一色氏に勤仕が求められたからだが、ここで将軍は一色氏を三位（山名氏の下、外様の上）に置いた。だが、一色氏は山名氏の下となることを嫌がり、結局将軍は説得を諦め自ら貢馬した。ここから分かることは三つで、一つは一色氏が山名氏（一門）には同格を誇るも、外様には優位を当然視したことである。もう一つは土岐・佐々木両氏は一色氏（一門）が上となる事態に何ら反対していないことである。彼ら両氏はあれほど争っていたにも拘わらず、一色氏にはこの態度である。さらには将軍が一色氏を三位としたことからも分かるように、一門が上にいるべきことは将軍も自明視したことである。足利氏・大名は一門と非一門の間の壁が厚いことを共有していた。

最後に、戦国期における諸大名の認識を確認しておく。まず、細川氏の書札礼だが、今川氏と武田氏に出す場合、今川・武田両氏は外様大名衆に属す守護として役職などは同格のはずだが、今川氏（一門）には厚礼な態度をとっていた。次に、赤松氏の書状だが、彼は自身の地位が一門並みに上昇したことを悦喜しており、一門優位の前提が分かる。最後に、土岐氏の自己認識だが、彼は自らを一門の次、外様の頭と考えていた。以上のように、戦国期にも一門の儀礼的優越性は認知されていた。では、同様の認識は地方武士にも浸透していたのか。

2　地方武士の場合

まず、九州の事例。室町期、南九州の酒匂氏（島津氏被官）は権勢を誇る被官よりも吉良氏が上なのは足利一門だからとした。足利氏の権威により一門の権威も保証されていることが明確化するとともに、南九州という遠隔地でも一門の権威が認知されていた事実は注目に値する。

次に、奥州の事例。戦国期、奥羽の佐藤氏（留守氏被官）は奥州探題大崎氏からの書札礼に関し、奥羽では一門の位置付けが高かったと述べ、京都でも一門に比して非一門には薄礼と記した。最後に、関東の事例。室町・戦国期、東国の海老名氏（鎌倉府奉公衆）は道で奉公衆と関東管領（上杉氏＝非一門）、もしくは、一門が遭遇し、奉公衆が下馬した場合、管領は奉公衆に下馬するが、一門はその必要がなかったと描く。いずれも一門の優越性が分かる話であるが、これらは佐藤氏や大崎氏・海老名氏だけの認識ではあり得ない。これが書かれた『奥州余目記録』や『鎌倉年中行事』は当該期奥羽・東国のルールを記したもので、一部の人間のみが守っていても規則は成立しないからである。

つまり、このルールは地域の武士に共有されていた。

以上から、戦国期にも列島の東西南北で足利氏を頂点とし、一門を上位とする秩序意識が共有されていたことが分かる。このように「足利一門であること」に価値があるということになると、必然的に「足利一門になること」も価値を帯び、数々の武士が一門化を目指していく。それが次に見る足利一門化行為である（以下、拙稿「足利一門再考」〈本書第Ⅱ部第一章〉参照）。

3　足利一門化行為

まず、上からの栄典授与としての一門化だが、恩賞として猶子や一門の待遇を受けた者は、大友氏（建武三年〈一三三六〉）、大内氏（明徳四年〈一三九三〉）、小山氏（長禄二年〈一四五八〉）、上杉・後北条（十五世紀末頃以降）、長尾氏（永禄二年〈一五五九〉）らがいる。また、側近化する上で一門名字を与えられた者は、上杉・大原・種村氏、木阿弥子息幸子（十五世紀中葉頃以降）、猿楽師彦次郎（文明十五年〈一四八三〉）らがいる。

こうした上からの一門化の他、下からも一門であることを宣伝する動きが見られた。主張としての足利一門化である。具体的には一門名字・頼朝末裔・尊氏由緒などがある。例えば、庄氏（『蔭涼軒日録』長禄二年十二月二十日条など）、松平氏（天文四年〈一五三五〉頃以降）、斎藤氏（永禄四年頃）、横瀬氏（永禄七年頃）らが一門名字を名乗り、幕府から公認されるケースもあった。また、島津・結城氏などが源頼朝末裔を主張したが（永享年間頃。大友氏もか。「此仁之事頼朝去謂有而御心中」『山田聖栄自記』）、吉見氏ら源義朝後裔が一門とされたため、頼朝苗裔を語ることで一門を主張したのだろう（前掲拙稿「中世後期島津氏の源頼朝末裔主張について」参照）。さらに、大和氏（戦国期）、久下氏（「久下文書」『兵庫県史』史料編中世三、五六号など。永正九年〈一五一二〉）、赤松氏（『赤松家風条々録』『上郡町史』

一、七六七号。永正十二年)、宮氏(『萩藩閥閲録』二、巻八三。近世の系譜)らが足利尊氏から名字を授与され一門化したとある。いずれも戦国期頃の創作であろうが、創造までして一門化を求めた事実は重い。各氏の抱える所領問題を有利に運ぶことが背景だろう。

以上、足利の血統であることに加えて、擬制的に足利の血統になることも南北朝〜戦国期を通して価値を持ったことが分かる。では、なぜそれは終焉せねばならなかったのか。

第三節　足利的秩序の崩壊

1　足利の血統の価値低下

まず、事実として十六世紀中葉頃を境に足利の血統の価値が急速に低下した姿を確認すると、天文二十二年(一五五三)〜永禄元年(一五五八)、三好氏が足利氏を戴かない新秩序を構築し、それが織田氏に継承された。弘治元年(一五五五)頃以降は吉良・石橋・斯波氏が滅び、永禄四年には渋川氏が毛利氏内部に組み込まれ、小早川・熊谷・渡辺氏らよりも儀礼的に下に位置付けられた(『毛利家文書』四〇三号)。永禄十一年には織田氏が斯波氏家督就任を断り、天正元年(一五七三)には細川氏が足利一門名字を捨てて長岡に改めた。

では、足利を上位とする秩序意識が崩壊したのはなぜか。特に、足利氏を頂点としない発想が浮上した理由は何か。これについては、まず三好・織田氏の英雄的個人論があるが、はじめに述べたように、かかる個人を生んだ背景を説明する必要があるので、それに関するものを見ていくと、そもそも足利氏の権威は未確立だったとの未完論がある。

例えば、社会情勢と時間の不足により失敗したというものや（桃崎有一郎前掲『中世京都の空間構造と礼節体系』）、最終的な権威とはなり得なかったというものだが（黒嶋敏『中世の権力と列島』高志書院、二〇一二年など）、すでに見たように、足利氏は最終的な権威となり、時効化（時の試練を経ることで疑う余地のないものへと変化したという意味。E・バーク『フランス革命についての省察』中央公論社、一九六九年）していたにも拘わらず崩壊したことこそ、最大の問題であり解くべき逆説ではないか。最終的な権威とはなり得なかったからではなく、最終的な権威であったにも拘わらず崩壊したことをこそ考えるべきだろう。

その上で、次に検討すべきは権力―権威単純連動論ともいえるもので、政治面が弱体化すると連動する形で儀礼面も弱くなったというものである（木下聡前掲「室町幕府の秩序編成と武家社会」）。だが、権力の低下が即権威の低下につながるわけではなく、両者は単純には連動していない以上、権威の崩壊を権力の瓦解と直結させて説明するのは難しい。

ここで注目したいのが権威と権力をめぐる石母田正と藤木久志の議論である。石母田は、権威と権力（礼と法）はともに統治の上で重要な機能を果たすが、両者はあくまで別個の問題としてこれを峻別する必要を説き、権威（礼）を身分的尊卑の観念の問題とした（前掲『中世政治社会思想』上　解説）。対して藤木は、権威と権力の峻別を前提とした上で、改めて両者の統一的把握を課題とした（「大名領国制論」同『戦国大名の権力構造』吉川弘文館、一九八七年、初出一九七五年）。一旦確立した権威の崩壊は、石母田のいう通り、身分的尊卑の観念の時代的・社会的変化から捉えるべきだが、その上で藤木のいう通り、そのことと権力がどう関係したかも考える必要がある。

こうした観点からすると、最も通説的な理解は戦国期＝下剋上論であろう。すなわち、当時の武士間には、頂点にいるべき存在は身分的尊貴性を備えていなくてはならないとの観念があり、かかる身分観念の呪縛から武士たちが解放されるには、下剋上の時代を経て織豊統一権力の出現に至る長い年月が必要であったというもので（村井章介前掲『中世の国家と在地社会』）、ここでは戦国期は下剋上の積み重ねと捉えられ、それにより武士は呪縛から解放されたと理解されている。

しかし、近年、戦国期を下剋上の時代と見ることには批判がある。川岡勉は、当主を排しても新主を迎えていくのであるから、下剋上との捉え方は相対化される必要があるとして、戦国期は下剋上の時代ではなく、むしろ秩序は再生産されたとする（『室町幕府と守護権力』吉川弘文館、二〇〇二年）。そうすると必然的に呪縛からの解放には至らないことになる。つまり、身分観念の呪縛からの解放を下剋上＝「下からの革命」で説明するのは現状困難と思われるのである。

そこで、少し別の方向から考えてみたい。結論からいえば、「下から」ではないなら「上から」しかないというのが私見であり、それが次に見る「上からの改革」仮説である。

2 「上からの改革」仮説

戦国期の足利氏（幕府）は儀礼的秩序の改革を行っていた。具体的には、十五世紀中葉頃以降、血統の重視から実力の重視へと徐々に秩序構造を転換させていたのである。順番に見ていくと、応仁の乱において、力の重視が進められた。例えば、西幕府は国人越智氏を和泉守護に任命し、東幕府も赤松氏家臣浦上氏を山城守護候補とし、細川氏家臣安富氏を近江守護としたが、これを桜井英治は、実力本位の登用・家格破壊とした上で、力があれば誰でも一国の主になれることが将軍により宣言されたと述べ、禁断の一歩とした（『室町人の精神』講談社、二〇〇一年）。こうした動向は乱後も続く。足利氏は既存の身分に関わらず信任する人材を積極的に周辺に置いたが、その際、当初は彼らを足利一門化させた上で側近としていたものの、次第にその手続きは省略された（設楽薫「足利将軍が一門の「名字」を与えること」『姓氏と家紋』五六、一九八九年）。足利氏により一門と非一門の間の壁の無力化が進行したわけである。このような流れは十六世紀前後も続く。足利氏は御相伴衆などに各地の実力者が参入することを許容し、栄典授与の基準も曖昧化した。かかる方向は天文年間に顕著化し、永禄年間に頂点化する（二木謙一前掲『中世武家儀礼の研究』）。足利氏は実力者の儀礼的優遇を推進したのである。このような動きは天文十五年（一五四六）の中央管領でも注目される。足利氏は六角氏を管領代＝加冠役として元服するが、このとき足利氏は先例違反として固辞する六角氏を押し切る形で同氏を加冠役＝管領代に任命した。こうした非一門の管領級人事は永禄元年（一五五八）頃には武田氏にも適用されている。足利氏による一門と非一門の間の壁の無力化は中央管領にまで及んだのである。そして、永禄二年には足利氏が伊達・大友両氏を奥州・九州両探題に任命するとの人事が発令された。これについて黒嶋敏は、実力支配を展開する地域権力への依存を深めた将軍が、非一門の新探題を誕生させたことで、前代からのものは変質したと述べる（前掲『中世の権力と列島』など）。足利氏による一門と非一門の間の壁の無力化は奥州・九州の頂にまで達したのである。

以上を整理すると、戦国期に入って次第に実力を失っていった足利氏は、その対応策として、各地に勃興する有力者の懐柔を図るべく、また、登用したい人材の柔軟な採用を進めるべく、血の重視から力の重視へと徐々に重心を移転させ、実力者の儀礼的優遇と血統的秩序の漸次解体を推進した。これによって有力者の取り込みには成功したであろう。だが、こうした力さえあれば足利でなくともよいとの血統軽視策が足利の血統の価値低下を引き起こすのは必然で、血統幻想を核とした足利を上位とする前代以来の秩序意識・身分観念を相対化させる（絶対性を失わせる）のも確実である。かくして呪縛からの解放の準備が整えば、三好氏や織田氏のような人々が登場してくるのは時間の問題ではないか。すなわち、上からの改革（自らの手による血統的優越性の軽視）が足利的秩序の崩壊を招来したのではないか。

こうした上からの改革というのは一見奇異に映るが、かかる改革が秩序崩壊の契機となったケースは複数提示されている。近世ブルボン家や徳川氏の場合も、啓蒙主義の推進や儀礼改革の断行の結果、革命や衰亡を招いたとの見方がある（今村仁司・今村真介『儀礼のオントロギー』講談社、二〇〇七年、久住真也『幕末の将軍』講談社、二〇〇九年）。ここで振り返ってみたいのが佐藤進一の発言である。佐藤は、守護被官や国人層の成長という状況の変化を正視する態度は、実力のみを評価する下剋上（実力主義といった程度の意味）の正当化に他ならず、かかる状況への順応が、身分的封鎖性を破壊し主従制に重大な脅威を与えることは明らかと述べていたのである（前掲「室町幕府論」）。つまり、状況に上がどう対応したのか、それにより秩序はいかに影響を受けたのか、こうした上側の視点も下剋上の時代といわれてきた戦国期を再考する上で必要と思われるのである。

おわりに

最後に、最初の課題に回答し、論点の提示を行う。

はじめに、「中世後期、足利氏を中心とする武家の儀礼的・血統的秩序がどのように形成・維持されたのか」だが、最初の一撃としての暴力に加えて、十四世紀末頃、足利氏はその絶対観を大名に浸透させるための装置として各種武家儀礼を整備した。儀礼の繰り返し的実践を通して足利氏＝正統なる支配者・君臨する王とのイメージは武家間に定着した。一旦確立した足利氏の権威は儀礼の継続を通して戦国期にも存続した。また、足利の血統が権威化したことで足利一門も権威化した。結果、列島の東西南北で足利氏を頂点とし、一門を上位とする秩序意識が武家社会に共有された。室町期の足利氏は権力・権威を兼備した存在だった。それにも拘わらず、「それがなぜ戦国期に入って崩壊していったのか」は、第三節でまとめた通りゆえ、省略する。

だが、十六世紀中葉頃に崩壊したのは京都だけで、関東では天正年間にも足利的秩序は存続している。この東西の違いについて、想定される背景としては、京都足利氏は血統から実力へと徐々に重心を移行させ秩序を自壊させた一方、関東足利氏は書札礼を作成し厚礼化の制限を図るなど秩序の保全にこそ力を注いだこと（和氣俊行「『足利政氏書札礼』の歴史的性格をめぐって」荒川善夫他編『中世下野の権力と社会』岩田書院、二〇〇九年）があったのではないか。

いずれにせよ、こうした関東の秩序も羽柴秀吉の襲来で終焉するわけだが、これまでの流れを見てみると、足利氏中心の儀礼的・血統的秩序は南北朝〜戦国期を通して時代的・社会的に広く共有されていたと感じる。ここからは時代区分論の問題が浮上する。若尾政希は、社会の中で人々が共有する常識が形成される時期からそれが通用しなくなるまでを一つの時代と括れるとするが（『「太平記読み」の時代』平凡社ライブラリー、二〇一二年）、これに従えば、足利氏中心の秩序が共有される南北朝〜戦国期は一つの時代＝足利時代と捉えることも可能ではないか。本章のタイトルに足利時代を用いた所以である。その場合、室町時代も候補となるが、南北朝〜戦国期の連続をいう以上、戦国時代とは異なる時代とのニュアンスを彷彿させる室町時代は誤解を招くので避けたく、かつては田中義成『足利時代史』（明治書院、一九二三年）などもあったわけであるから、田中以前に帰ってもよいのではないか（佐藤進一前掲『南北朝の動乱』）。その場合、人物区分が問題となるが、織豊期などは現在もある上、当該期の足利の存在感は想像以上に大きいため、足利時代概念も捨て難く思う。いずれにせよ、本章は武家内部に限ったため、武家以外からの視線や天皇との関係も考えていく必要があり、また、安藤・河野・大内氏など、足利氏に従属しつつも（島津・結城氏らとは異なり）足利一門化路線は選択せず独自の由緒を語る人々もおり、彼らの位置付けも今後の課題となろう。

さて、足利の世は終わり、時代は徳川の世へと移ろうが、それでも一旦確立し、社会に定着した価値観がそう簡単に消え去ることはない。近世以降は足利の血統神話が展開されていくのである。まず貴種信仰・御霊信仰ともいうもので、渋川氏は病に効く探題様として祀られ（黒嶋敏前掲『中世の権力と列島』）、大覚寺義昭は南九州で慰霊の対象とされた（『都城市史』通史編中世・近世）。これは中世に滅んだ足利だが、近世に続いた足利もいる。権勢を得たところでは、徳川氏は足利一門から将軍となり、吉良氏は足利の名族ゆえに高家となったとされた（『続本朝通鑑』）。他方、権勢を得られなかったところで興味深いのは、奇跡を行う王（M・ブロック『王の奇跡』刀水書房、一九九八年）となった人々である。猫絵を描いた岩松・由良氏、蝮除札とされるものを描いた平島氏、悪魔祓の黒札を配った喜連川氏（「高塩武一家文書」『喜連川町史』三、七一号）などである。興味は尽きないが、総じて血統や種姓の観念は日本では相当に根深いことを再確認して擱筆する。

終章　結論と展望

以上、本書では足利一門の中でもとりわけ別格の家格・権威を有した吉良氏・石橋氏・渋川氏の三氏を具体的に検討し（第Ⅰ部）、その上で、足利氏を頂点とし、足利一門を上位とする武家の儀礼的・血統的な秩序意識・序列認識の形成・維持・崩壊の各過程を総体的・理論的に考察した（第Ⅱ部）。以下、個別的な成果は各章で示した通りであるので割愛し、大局的な観点に立って結論を俯瞰しつつ、今後の展望も述べて擱筆していくこととしたい。具体的には、第Ⅰ部から三つ（①〜③）、第Ⅱ部から三つ（④〜⑥）、全体から一つ（⑦）、論点を提起したい。なお、その際、主に第Ⅱ部第四章（二〇一七年歴史学研究会大会報告）に寄せられた意見（「中世史部会討論要旨」『歴史学研究』九六三、二〇一七年、市沢哲「大会報告批判」『歴史学研究』九六五、二〇一七年など）についても可能な限り併せて回答していくことにしたいと思う。

①足利一門研究

本書第Ⅰ部では、まず吉良氏（第一章・第二章）、石橋氏（第三章）、渋川氏（第四章）の個別研究を行った。彼らは足利一門の中でもとりわけ別格の三氏であったが、研究自体は極めて少なかったため、関係史料を網羅的に収集し、全容を解明する作業からはじめた。その結果、都鄙において様々な活動・交流を展開し、戦国期に入ってもなお戦国大名から尊重され、各地域社会で行動していたことを明らかにした。かかる成果は足利一門研究の一部として（また、各地域史研究の一環として）意味を持つものであると愚考・自負する。

この三氏を、小川信（『足利一門守護発展史の研究』吉川弘文館、一九八〇年）は、没落した足利一門であるとしたが、幕府内部において三管領と同等以上（吉良氏はそれ以上）の地位を占め、戦国期に至るまで（吉良氏などは近世以降も）各地で存続したわけであるから、没落した存在と簡単に否定し去ることはできない。また、かかる三氏が幕府の政治や軍事などの場面であまり見えないのも、権力的に弱小であったからというよりは、儀礼的に高位であったからと考えるべきであろうと思われる。いずれにせよ、多様な足利一門の在り方を具体的に捉えていくべきである（ちなみに、小川も三管領以外の研究を否定しているわけではない。なお、小川の三管領研究については拙稿「研究対象は、細川・畠山・斯波氏だけでいいのか」亀田俊和編『初期室町幕府研究の最前線』洋泉社、二〇一八年を参照）。

このように実際には様々な足利一門が存在したわけであるが、しかし、彼らについての研究は必ずしも豊富にあるわけではない。

確かに、三管領の研究は、「南北朝時代を中心として考察し、いわゆる三管領の出揃った北山殿義満期まで辿ったものであって、三管領成立史ともいうべき内容」と、小川自らが回顧した後（前掲『足利一門守護発展史の研究』）、室町・戦国期の追究が各氏によって進められた。四職である一色氏・山名氏の研究も少なくない。奉公衆（番衆）番頭の桃井氏、伊賀守護の仁木氏、駿河守護の今川氏、戦国期関東で御三家入りした岩松氏、戦国期房総で威勢を誇った里見氏、南北朝期奥羽で活躍した石塔氏、室町・戦国期奥州・羽州両探題の大崎氏・最上氏、足利氏に対抗し続けた新田氏、源範頼末裔ゆえ足利一門化した吉見氏などの研究も、各地域史研究と相俟って、比較的盛んといえる。

他方、それ以外の足利一門の多くは研究がさほど深められておらず、基礎的考察から行う必要のある氏族もいる。

この点、筆者はすでに室町期関東の足利一門全員について検出し、各氏の動向を整理したが（「関東足利氏の御一家

（一）・（二）」黒田基樹編著『関東足利氏の歴史』二・三、戎光祥出版、二〇一四・二〇一五年）、同様の作業を鎌倉期から戦国期（場合によっては近世）まで京都・関東・奥羽・九州の各地域で（すなわち、時期や地域を限定することなく、列島全体を視野に入れて通時代的に広い範囲で）行っていくことは今後の課題として残されている。足利一門研究の総論はかかる営為の上にのみ達成される。

②足利御連枝研究

本書第Ⅰ部では、次いで足利御三家の総論を展開した（第五章）。吉良・石橋・渋川の三氏は、足利氏の「兄」の流れに当たり、鎌倉期〜南北朝初期には「足利」名字を名乗るほどの存在であり、足利氏に劣らぬ実力も有した。彼らはその後、観応の擾乱をはじめとする政治状況によって足利氏に従属するが、名門の家柄は承認され続け、室町期（永享頃）には足利御三家として幕府内部に確固たる地位を占めるようになる。

かかる御三家成立の背景に、筆者は（足利義持・足利義量の死に伴う）京都足利氏直系の断絶という危機を想定したが、加えて木下聡は（足利満詮の死に伴う）「足利御連枝」（在俗）の不在という状況も指摘しており、重要と思われる（「室町幕府の秩序編成と武家社会」同『室町幕府の外様衆と奉公衆』同成社、二〇一八年、初出二〇一四年）。

こうした足利御連枝（足利氏兄弟）の研究も現状好調であるとはいえないが、御三家は足利氏・御連枝に准じる存在であるがゆえに、その検討も不可欠といえる。この点、筆者はすでに室町期関東の御連枝全員について（当該期京都の御連枝も含めて）検出し、各氏の動向を整理したが（「足利基氏の妻と子女」「足利氏満の妻と子女」「足利満兼の妻と子女」「足利持氏の妻と子女」「足利成氏の妻と子女」黒田基樹編著『関東足利氏の歴史』一〜五、戎光祥出版、二〇一三〜二〇一八年）、同様の作業を鎌倉期から戦国期まで京都・関東の両地域で行っていくことは今後の課題として残されている。なお、御連枝と宗教という点で、最近では佐藤博信・川本慎自・小池勝也・中田愛・髙鳥廉・相馬和将らの研究が注目され、学ぶべきところが数多い。

③中世後期一族分業論・同族ネットワーク論

本書第Ⅰ部では、最後に斯波氏について考察し、御三家との比較検討も行った（付論）。斯波氏もまた、足利氏の「兄」の流れに当たり、鎌倉期〜室町期には「足利」名字を名乗るほどの存在であり、足利氏に劣らぬ実力も有した点で、御三家とはルーツを同じくする（かかる資格を有する足利一門は御三家以外では斯波氏のみである）。けれども、斯波氏は三管領の途を選び、その筆頭（「三職之随一」）として、足利氏に次ぐ政治的・軍事的地位や複数国の守護職も得た。戦国期においても同氏は管領（候補）であり、総大将（副将軍）であった。他方、御三家は、権力的には三管領より見劣りするものの、権威的には三管領と同等以上（吉良氏はそれ以上）の家格を認められていく。斯波氏は、こうした御三家各氏と密接な関係を有しつつも、家格の上下については争いを続けた。けれども、周囲は御三家を上位と見做した。このように、将軍の政治的・軍事的代理人である三管領と、儀礼的・血統的代理人である御三家、この（競合しつつも協調する）両者を頂点とする権力・権威の両面から、足利氏は強力に支えられていたのである。

三管領筆頭斯波氏の研究は、小川信『足利一門守護発展史の研究』や木下聡編著『管領斯波氏』（戎光祥出版、二〇一五年）に収められた諸論考などに詳しいが、総じて衰滅したと考えられてきた戦国期の政治的な動向については、これまで分析が僅少であったため、今回詳細に検討したわけだが、とりわけ注目されたのは、在京―在国の一族分業の存在や、遠隔地間の広域的な同族ネットワークの在り方であった。

かかる議論は中世前期では現在非常に盛んであるものの、中世後期ではいまださほど注意されてはいないように見える。戦国期は「地域国家」の分立というイメージが今なお強いため（勝俣鎮夫『戦国時代論』岩波書店、一九九六年）、地域・領域ごとに掘り下げる研究は多いが、中央にいる「在京人」の存在や、列島を横断する同族への着目はまだ少ない。

とはいえ、前者に関しては川岡勉『室町幕府と守護権力』（吉川弘文館、二〇〇二年）や小林健彦『越後上杉氏と在京雑掌』（岩田書院、二〇一五年）に代表される優れた研究がすでにあり、現在着実に成果が蓄積されつつある。かかる議論を発展的に継承していく必要があるだろう。また、後者に関しては小川信の細川同族連合体制論があり（前掲『足利一門守護発展史の研究』）、現在は井原今朝男や村石正行が議論を主導している。井原は「中世後期における一門親類の同族結合が大きな政治的経済的機能を果たしたことは、より解明されなければならない」と述べ（「中世後期における債務と経済構造」同『中世日本の信用経済と徳政令』吉川弘文館、二〇一五年）、村石も「この観点については近年、室町時代における同名氏族のネットワークとして徐々に研究が深められているといえる分野」であり、「今後はさらに地域的な事例を収集しながら、同族交流の持つ意義を考察していく必要があろう」と断じている（「中世後期諏方氏の一族分業と諏訪信仰」福田晃他編『諏訪信仰の中世』三弥井書店、二〇一五年、「室町幕府同名氏族論」『信濃』六八―一二、二〇一六年）。このように、列島全体を視野に入れて、個別具体的な成果を重ねていく必要があるだろう。

④『太平記』史観批判

本書第Ⅱ部では、まず「御一家」という言葉につき、史料用語と研究概念とのズレを指摘して、「足利御三家」と「足利一門」との二つの異なる意味合いがあったことを解明し、その上で、足利一門の定義を確立させる作業からはじめた（第一章）。その結果、中世史料の広範な検討によって、「源義国流」（足利・新田）と「源為義―義朝流」（吉見）とが足利一門であるとの新事実を浮かび上がらせた。これは新田系や吉見氏を非足利一門と捉えてきた既存の常識を根本から否定したもので、吉見については、漆原徹の提起した足利一門守護による外様守護掣肘策という二重証判制度論（『中世軍忠状とその世界』吉川弘文館、一九九八年）を、近年、堀川康史が徹底して批判するに際して筆者の議論も活用しており（「北陸道「両大将」と守護・国人」『歴史学研究』九一四、二〇一四年）、今後の展開が大いに注目されるが、筆者の関心からより注視したいのは、やはり新田についてであろう。

新田を非足利一門と捉えるのは『太平記』であり、他の同時代史料はこぞって足利一門と書いている。つまり、『太平記』は、新田という枝を足利という幹から切り離し（非足利一門化し）、その上で、新田に、足利と対等の源氏嫡流という粉飾を加えたのだ。要するに、新田を非足利一門と見てしまうのは、『太平記』史観に過ぎない。けれども、『太平記』は同時代、そして、後世（近世・近代・現代）にまで莫大な影響を与え続けた書物であったため、我々はなかなかその史観から自由になることができない。結局、新田について、我々はいまだ『太平記』の描く世界観の中にいる。

この点、新田を足利一門と捉えたものは、管見の限り、明治期の山路愛山（『足利尊氏』玄黄社、一九〇九年）くらいしか見出せていない。もちろん、山路もそれを史料に基づいて実証したわけではない。けれども、『太平記』史観に囚われ続ける学界内外の現状を見るにつけ、氏の炯々として自由な史眼には、大いに感服せざるを得ないのである。では、一体いつから新田は足利一門（「足利庶流」）から非足利一門（「源氏嫡流」）へと「変貌」したのか。本格的には今後の課題だが、ひとまず現在の見通しだけ述べておく。

まず中世、新田は足利一門（足利庶流）と広く認識されたが、同時に、『太平記』の影響もあり、同氏を非足利一門（源氏嫡流）と見做す理解も伏在していた（例えば、『大館持房行状』等）。それが近世、新田系の徳川氏が天下をとると、後者の史観が主流化していく。しかし、伊勢貞丈のように、前者の見方を述べる故実家もいた（『貞丈雑記』等）。近代、徳川の世が終わると、新田を非足利一門（源氏嫡流）とする「公式見解」は後楯を失い、そしてまた実証史学によって根本的に「太平記は史学に益なし」（久米邦武、『史学会雑誌』一七・一八・二〇・二一・二二、一八九一年）となるはずであった。しかし、事態は真逆に進行し、新田を非足利一門とする『太平記』史観は生き続け（ただし、源氏嫡流観はやや後退する）、足利一門（足利庶流）とする見方は事実上消滅した。以後、『太平記』を批判する立場のはずのアカデミズム実証史学（久米とその後継者たち）が新田に関しては結局『太平記』に（現在に至るまで）拘束され続けた一方、史論史学（アカデミズム実証史学を批判する山路）の方が寧ろそこから自由であったことは、何か皮肉なものを感じる。

いずれにせよ、これからの南北朝時代史（とりわけ政治史・思想史）の叙述に際しては、『太平記』史観（既存の思考枠組）からいかに自由になり得るかが問われているように思われる。そのためには、『太平記』以外の同時代史料を歴史学の作法によって検討することと、『太平記』そのものの諸本を国文学の手法によって検証することが決定的に重要である。だが、総じて、歴史学は写本研究に弱く、国文学は歴史研究に疎いと感じる。そもそも、歴史学・文学両者の間には現在、本格的な対話が途絶しているように思われてならない。しかし、『太平記』史観を超克していくには、両者の生産的な交流による最低限の知的共有基盤の構築が不可欠である。現在その機運は高まっており、近く始動したいと考えている（この点、拙稿「変貌する新田氏表象」倉本一宏編『説話研究を拓く』思文閣出版、二〇一九年も参照。なお、『太平記』史観批判につき、市沢哲は内容・語法ともに疑義を呈しているが〈「一四世紀の内乱と赤松氏の台頭」『大手前大学史学研究所紀要』一二、二〇一八年、「十四世紀内乱を考えるために」悪党研究会編『南北朝「内乱」』岩田書院、二〇一八年〉、『太平記』史観なる言葉を用いているのは市沢もであり〈「太平記とその時代」同編『太平記を読む』吉川弘文館、二〇〇八年〉、批判の核心を捉えられているとも思われない。知らず知らずのうちに『太平記』の歴史観に影響されていることをこそ問題としているのである。この点、呉座勇一編『南朝研究の最前線』洋泉社、二〇一六年、山田徹「書評　亀田俊和著『観応の擾乱』」『ヒストリア』二六八、二〇一八年なども参照）。

なお、一点だけ補足しておく。新田流が足利一門であることは事実として動かないが、それにつき、田中大喜・細川重男から私信において、最初期段階（源義国・新田義重）も足利一門と呼称してよいのかとの意見が出されている。すなわち、最初期においてはいまだ嫡流概念が不明確であって、義国・義重・足利義康の段階は「両野源氏」とでも呼ぶべきものであったが、次第に（鎌倉幕府の成立過程において義康流の優位が確定してくる中で）足利一門と認識されるようになっていったのではないか、というものである。この指摘は、（義重や義康でなく）義国以降こそが同族であるとの筆者の議論を前提とし、それを補完するもので、事実関係（嫡流形成史）については今後検討していくに値するものと考える。

しかし、それ（嫡流観念をめぐる議論）に関わらず、最初から足利一門と呼称すべき、というのが筆者の意見である。この、呼称をめぐる問題は、足利尊氏が開いたものを室町幕府と呼ぶべきか否かという問いと構造的に同じである。幕府についてはこの際、措くとしても（この点、さしあたり下村周太郎「『幕府』概念と武家政権史」『史海』六二、二〇一五年参照）、尊氏の段階で室町があり得ないことは事実としては明らかである。しかし、「室町幕府という概念は義満以後にしか適用されないと考えるのは誤り」であって、「尊氏から一貫して室町幕府とよぶ」と断言したのは、佐藤進一であった（『南北朝の動乱』中央公論社、一九六五年）。

氏は、「義満が室町に移って以後はこの幕府を室町幕府とよんでよいが、それ以前の幕府を室町幕府とよぶのは誤りだという見解がある」と述べた上で、しかし、「われわれは武士を頭首とする一定の内容をもった政権を幕府とよんでいる」のであり、「われわれの用いる幕府は、邸宅のような具体物ではなくて、歴史的概念である」として上述の見解を斥ける。そして、「連続して、性質のあまり変わらない政権を一つの名称でよぶのが便宜だとすれば、尊氏にはじまる足利氏の政権は一つの名称でよんでよい」「概念の混乱を防ぐうえからは、なるべく一定したほうがよい」として、「尊氏から一貫して室町幕府とよぶ」とし、「室町幕府という概念は義満以後にしか適用されないと考えるのは誤り」と断じたのであった。筆者もかかる見解を強く支持するものであり、それゆえ同様の構造的理由から、義国以降を一貫して足利一門と呼ぶわけである。

いずれにせよ、中世前期の足利氏については、嫡流形成史に限らず、倒幕の理由（なぜ足利氏は親密な関係にあった北条氏を見限ったのか）や将軍の観念（なぜ周囲は足利将軍を比較的スムーズに受け入れたのか）など、再考すべき課題は数多い。他日を期したい。

⑤他時代・他地域・他分野研究

本書第Ⅱ部では、次いで足利一門であるというだけで、当時、非足利一門に儀礼的に優越した事実を明らかにし（第一章・付論一）、それが幕府・将軍側（上側）のみならず、広く全国の大名・武士側（下側）からも支持されていた認識＝「共通価値」であったことを確認した（第二章）。そして、足利一門の優越は、つまるところ、足利氏の権威によって保たれている（「当御代ノ御一家にて御渡候程ニ」「当御代之御事にて候之間」）ことから（付論二）、足利氏の権威獲得過程を検証し、結果、南北朝期、足利氏による「最初の一撃」としての「暴力」発動を基礎とした上での、室町期、秩序永続化のための「儀礼」行為の繰り返し的実践が権威の形成・維持に機能したと論じた（第三章）。また、権威の崩壊過程についても検討し、一旦自明視された秩序の崩壊は、「下剋上」仮説では現実的に説明が難しいため、戦国期、足利氏側が血統重視から実力重視へと秩序構造を変革したことに伴う血統幻想の自壊＝「上からの改革」仮説で説明できるのではないかとの代案を提起した。その上で、最後に、近世以降においても足利の血統神話が広く地域の民俗社会に伏在したことを述べ、日本の歴史・社会における血統や種姓の問題の根深さを見通した（第四章）。

このように、第Ⅱ部は実証を踏まえた上での理論編が主となっているが、その際に多数参照したのは他時代・他地域・他分野の研究であった。一つの暴力（支配し搾取するはずの者）がいかに権威（神聖視される者）へと転化・永続し、今度は一旦社会に定着し自明視されたはずの権威がなぜ壊れていくのか（あるいは、なぜ壊れないで続いていくのか）は世界的に普遍的な問いであり、足利氏の存続・崩壊を考える上でも大いに参照し得ると考えられたためである。本書では近世の日本やフランスなど他時代・他地域での議論や、より原理的に政治学や哲学、科学史や社会心理学、文化人類学や民俗学、王権論や暴力論、権力論や権威論など他分野での成果・発想も積極的・貪欲に吸収しようと試みた。「権威」をはじめとする基本概念・前提知識の根本的・批判的な再検討や共通価値論（下側の視点）・儀礼論・上からの改革論・足利時代論（時代区分再考）の提起などは全てその産物である。

もちろん、専門外のことゆえ、誤読・曲解・恣意・脱漏など課題が山積していることは自覚している。しかし、先述した如く、足利氏の存立・解体の闡明という個別的な問題は、一つの暴力体が権威化し疑問視されていく過程の闡明という普遍的な問題の一部でもあり、この問題についてはすでに人文系・社会系・理科系の多くの議論が参照できる状況にある。他時代・他地域・他分野の刺戟的で豊かな着想を学んでいくことは、今後の中世史研究の飛躍のためには必須と考えているため、蛮勇を奮って外部との架橋を試みた次第である（近年では村井良介が『戦国大名権力構造の研究』〈思文閣出版、二〇一二年〉・『戦国大名論』〈講談社、二〇一五年〉で本格的に権力論を導入しており、注目される）。だが、その橋はまだ脆弱で粗雑なものに過ぎない。強靭で精緻なものとすべく工事を行い続けること、これが今後の課題である。同時に、本書では通時的・共時的に普遍の側面を重視したため、日本中世に固有の側面もこれから改めて問うていく必要があるであろう。

その他にも追究すべき課題は数多い。

まず、近世以降に展開した足利の血統神話（貴種信仰等）につき、中世の残響が基底にあることは動かないが、近世以後の個別の状況についても事例ごとに考慮する必要があり、また、足利氏・足利一門側の自己認識の分析や実態の解明も重要だろう。加えて、かかる地域社会論的・歴史民俗学的な問題の他に、近世以降の各武家政権との連続・断絶という問題も検討の対象となろう。例えば、各武家政権の名字授与方針を見ると、足利氏の場合、足利名字は授与せず、一門名字も制限した（戦国期に入ると一門名字授与は緩和された）。徳川氏の場合、徳川名字は授与せず、一門名字は授与した（村川浩平『日本近世武家政権論』日本図書刊行会、二〇〇〇年。これは戦国期将軍の状況に近い）。他方、羽柴氏の場合、羽柴名字を幅広く授与している（黒田基樹『羽柴を名乗った人々』角川書店、二〇一六年、同『近世初期大名の身分秩序と文書』戎光祥出版、二〇一七年）。このように、各武家政権により名字授与方針は異なるのであり、かかる比較検討も今後の課題となろう。

また、他時代・他地域との比較につき、近世日本の徳川氏や近世フランスのブルボン家のような、権威に加え権力も有した（のみならず、その権威についての研究が比較的豊富でもある）存在以外にも、事実上権威のみと化したドイツの神聖ローマ皇帝のような存在との比較も、戦国期足利氏の検討の上では今後必要となってくるだろう（当該期の西洋人の目にも将軍が皇帝と重なって映っていたことは牧健二「初期耶蘇会士の天皇・将軍及び武家政権観」『大倉山論集』三、一九五四年などを参照）。

さらに、共通価値論につき、これは「そもそもなぜ、足利氏は擁立されるのか」を解く上では効果的と考えるが、

「擁立後、どちらの足利氏を支持・選択するのか」を解く上では共通利益論（山田康弘『戦国時代の足利将軍』吉川弘文館、二〇一一年）が依然有効と思われる（もっとも、山田は共通利益を証明したというより、説明概念として使用しているにとどまるが）。価値と利益は秩序・体制に安寧をもたらすのであり、いまだ数少ない戦国期足利将軍研究を前進させるには、この二つの点で多くの実証を蓄積していく必要があろう。

他にも、時代区分につき、足利時代呼称復権の妥当性如何の議論と同時に、同呼称に対する違和感の正体（いつ足利時代呼称は消滅し、なぜ南北朝・室町・戦国時代呼称は定着したのか）についても史学史的に再考する必要を感じる。時代区分・呼称は（④で触れた如く研究概念・用語も）自明・前提ではない。積極的に議論の対象としていくべきだろう。

なお、儀礼論につき、近年、桃崎有一郎が他分野の諸成果も参照しつつ、新たな議論の構築に挑んでいることは大いに注目される。具体的には、鎌倉幕府の垸飯儀礼について、それは主従儀礼でなく、「同一主人を媒介項とする共同体の傍輩を、年始等や主人の慶事を祝う名目で饗応し、相互の紐帯を確認する」もので、「通説がいう主従（縦）関係ではなく、平安期以来一貫して傍輩（横）関係（幕府なら御家人集団）間の紐帯演出・確認慣行」であるとし、そこから「儀礼は権力者の自己正当化・荘厳化手段である」「といった通念は、今日の研究水準では依拠し難」く「一面的に過ぎ」るとも主張している（「中世武家礼制史の再構築に向けた鎌倉幕府垸飯儀礼の再検討」遠藤基郎編『年中行事・神事・仏事』竹林舎、二〇一三年、「北条氏権力の専制化と鎌倉幕府儀礼体系の再構築」『学習院史学』五五、二〇一七年など）。

これらは極めて貴重な指摘であり、儀礼におけるヨコの関係は今後注意していくべきと思われるが、他方、桃崎自身もいうように、垸飯儀礼が「同一主人を媒介項とする」もの、すなわち、主人の存在を前提としたヨコの関係である以上、主人―武家というタテの関係も否応なく発生するのであり、儀礼の繰り返し的実践の結果、主人の権威が共同体の間に確立されることは言を俟たない。そもそも、桃崎の指摘が中世後期の武家儀礼全般に該当するのかも現時点では不明確であり、儀礼におけるタテの関係が否定されたわけでもない。したがって、桃崎の議論が本書に与える直接の影響は希薄と判断している。ただし、桃崎の議論が藤直幹（『中世武家社会の構造』目黒書店、一九四四年）や二木謙一（『中世武家儀礼の研究』吉川弘文館、一九八五年）の議論（中世武家儀礼の総論）を超克する可能性を秘めた刺戟的なものであることだけは確かであり、今後の展開に大いに期待していたい。同時に、筆者は本書で儀礼を総体・理論として使用したが、今後は個々の儀礼の具体的な中身にまで立ち入って一つずつ丁寧に実証を積み重ねていくことも必要と考えており、儀礼論の限界についても学んでいくべきと思っている。さらに、儀礼論の前提となる儀式書の全国的な調査・分析も不可欠な作業であると考えている。いずれもこれからの課題である。

併せて、もう二点だけ補足しておく。いずれも市沢哲からの意見についてである（前掲「大会報告批判」）。はじめに、「下側の視点」につき、「鎌倉時代とは異なるメンバーによる新しい家格秩序の形成というプロセスが、序列の起点として足利氏を逆に照射していたともいえるのではないか」との意見が出された。筆者が上（足利氏）からの（暴力装置＝ハード・パワーと、イデオロギー装置＝ソフト・パワーを通した）秩序形成＝「獲得」を強調したのに対して、下（大名層）の存在（イデオロギー支配の客体ではなく、合理的な合意形成・受容により足利氏権威を確立＝「設立」させる主体としての大名層という理解）も凝視すべきというものかと思われ、貴重な意見と考える。とはいえ、筆者としては、「最初の一撃」としての暴力、そして、イデオロギー支配が秩序形成の上では何よりもまず先立つと思料しているため、本書の内容となった次第である。むろん、その上で、大名層に積極的な意味合い（設立による秩序形成）も具体的に見出していくべきではあるのだろうが、足利氏の暴力（獲得による秩序形成。なお、鎌倉期の段階ですでに足利氏の勢力が巨大であったことは研究史的に周知の通りである）がやはり前提であり、決定的に重要であると考えている（獲得・設立をめぐる議論については萱野稔人『国家とはなにか』以文社、二〇〇五年などを参照）。

次いで、「上からの改革」につき、「血統重視では立ちゆかない現実が、人事方針を転換させたのであり、その逆ではない。下剋上か上からの改革か、二者択一的に考える必要もないだろう」との意見が出された（なお、池享も「足利的秩序の崩壊は「上から」「下から」という問題ではなく、社会全体の変動として捉えるべき」と指摘している〈前掲「中世史部会討論要旨」〉）。筆者も同意見であるが、従来は上からの改革という議論そのものが存在しなかったため、史学史的に敢えてこの部分を強調した次第である。その上で、しかし、状況の変化と秩序の崩壊との間には論理の飛躍があり、状況・現実・社会の変動を受けても、下からの突き上げでは秩序・意識の崩壊・解体には至っていないと結論・判断されたため、上からの改革を主張した次第である。この是非や下剋上事例の網羅的再確認が今後必要であることはいうまでもなく、加えて、そもそもなぜ社会全体が変化したのか（戦国期が到来したのか）という大前提についても今回何ら検討が及ばなかったが、かかる難問にもきちんと取り組んでいくことは根幹的な課題であると認識している。他日を期したい。

⑥足利的秩序論

本書第Ⅱ部では、最後に中世後期の武家間における価値観の共有によって、戦国期においてもなお足利氏を中心とする秩序＝「足利的秩序」は維持されたと見通した。

従来、中世後期の足利氏（将軍・幕府）に関し、政治的体制については室町幕府―守護体制（川岡勉『室町幕府と守護権力』吉川弘文館、二〇〇二年、田沼睦『中世後期社会と公田体制』岩田書院、二〇〇七年）を軸に、室町幕府・守護・

国人体制（石田晴男「室町幕府・守護・国人体制と『一揆』」『歴史学研究』五八六、一九八八年）、室町幕府―守護・知行主体制（大薮海『室町幕府と地域権力』吉川弘文館、二〇一三年）、室町殿体制（吉田賢司『室町幕府軍制の構造と展開』吉川弘文館、二〇一〇年）等と命名・議論されている（なお、川岡の室町幕府―守護体制〈筆者はこの理論が室町期の説明としては現状最適と考えているが〉は、政治的体制に儀礼的秩序をも加味したものかとも思われ、この点は今後再考したいと考えている）。

他方、儀礼的秩序については関東で公方―管領体制（佐藤博信『古河公方足利氏の研究』校倉書房、一九八九年。ただし、公方―管領秩序と呼称すべきか。この点は今後再考したいと考えている）、奥羽・九州で室町的秩序（伊藤喜良『中世国家と東国・奥羽』校倉書房、一九九九年）、足利の秩序（黒嶋敏『中世の権力と列島』高志書院、二〇一二年）等と命名・議論されていたが、全国的秩序としての名前はまだなかった。筆者は佐藤・伊藤・黒嶋らに学び、これを足利的秩序としたが、いずれにせよ、政治的体制論（権力論＝法＝「王権の力学」）に比して、儀礼的秩序論（権威論＝礼＝「王権の詩学」）は議論が大幅に立ち遅れており、今後はかかる側面についても着実に成果を積み重ねていく必要があろう（王権の力学・王権の詩学については水林彪他編『王権のコスモロジー』弘文堂、一九九八年、大津透編『王権を考える』山川出版社、二〇〇六年などを参照）。

なお、その際には儀礼的秩序内部（出自や職位等）の連関を解明する努力が要求されるし（将軍職の意味等）、また、儀礼的秩序（権威）・政治的体制（権力）の両面を統合する（さらには荘園制論や地域社会論などといった「下部構造」とも結合する）という難題も待ち構えている。加えて、今回分析し切れなかった列島各地の個別武家の追究や（この点、拙稿「甲斐武田氏の対足利氏観」倉本一宏他編『説話の形成と周縁』中近世篇、臨川書店、二〇一九年なども参照）、安藤氏・河野氏・大内氏の如く、列島の周縁部に位置して足利一門化を目指さなかったかのように見える武家の対足利氏・足利一門観の究明、そして、武家以外（天皇・公家・寺社・庶民）にとっての足利的秩序意識の闡明など、検討すべき課題は多数残されている。

他に、血統の問題は（天皇も含め）日本的なものなのか（とはいえ、儀礼的のみならず政治的にも血統が重視される室町幕府足利氏や鎌倉幕府北条氏と、政治的にはあまり重用されない鎌倉府足利氏や江戸幕府徳川氏のように、政権によって差異は見られ、その違いの説明は今後の課題であるが）、それとも世界的にある程度普遍的に存在するものなのか（例えば、ユーラシアにはチンギス・カンの血統こそ王との共通認識＝「チンギス統原理」がある。岡田英弘『世界史の誕生』筑摩書房、一九九二年参照）、かかる問題を解いていく上では、各時代・各地域における「王権」との比較検討も今後の課題となってくるだろう。

⑦「ひとつの日本」研究

以上、本書では、血統という側面から足利氏中心の儀礼的秩序に接近し、頂点に君臨した貴種の権威を眺望して、分裂する世界を統合する存在としての足利氏像を強調したが、かかる「いくつもの日本」を統合する「ひとつの日本」の核としての中世後期将軍・天皇研究は、近年、若手・中堅を中心に盛んに行われている（いくつもの日本・ひとつの日本については赤坂憲雄他編『シリーズいくつもの日本』岩波書店、二〇〇二〜二〇〇三年などを参照）。例えば、単著の著者を挙げるだけでも、武家では序章で掲げた川岡勉・黒嶋敏・金子拓・木下聡・山田貴司の他にも、室町期の吉田賢司（『室町幕府軍制の構造と展開』吉川弘文館、二〇一〇年）や、戦国期の山田康弘（『戦国期室町幕府と将軍』吉川弘文館、二〇〇〇年）・西島太郎（『戦国期室町幕府と在地領主』八木書店、二〇〇六年）・木下昌規（『戦国期足利将軍家の権力構造』岩田書院、二〇一四年）・浜口誠至（『在京大名細川京兆家の政治史的研究』思文閣出版、二〇一四年）らがおり、公家では水野智之・桃崎有一郎・久水俊和・松永和浩・石原比伊呂の他にも、神田裕理（『戦国・織豊期の朝廷と公家社会』校倉書房、二〇一一年）らがいて盛況である（もっとも、天皇権威の証明は現行十分とは思えないが。この点、天皇・国家の儀礼による民衆統合を論じた井原今朝男〈『日本中世の国政と家政』校倉書房、一九九五年など〉の試みは、批判もあるが、貴重と考えている。天皇権威の証明についての本格的な研究史整理、および検討は今後の課題としたい）。さらに、永井隆之・片岡耕平・渡邉俊ら（編『日本中世のＮＡＴＩＯＮ』一〜三、岩田書院、二〇〇七・二〇〇九・二〇一三年）も日本中世国家の統合の契機について（他分野の研究者なども広く交えつつ）真正面から果敢に挑み続けており、すこぶる刺戟的と思われる。

ただし、かかる状況に対しては懐疑的な向きもある。例えば、直近、市村高男は、「確かに近年の日本史学は進化を遂げ」「幕府・朝廷・公家・寺社の制度・組織・儀礼や、各地の地域権力の精緻な実態解明なども進展し、国家・政治史分野を総合的に論じ直す基礎が整えられつつある」とするも、「その一方では地域の自立や地域分権に着目した研究が減少し、地域・民衆から遊離した中央政治・制度史、国家や中央政権による統合・統一に重点を置いた研究が増加傾向にある。こうした研究状況は、それぞれの研究者が自覚するか否かにかかわらず、グローバル化の波が日本史学にも確実に影響を与えていることを示している」とやや批判的に論じている（「科学運動と地域史認識」歴史科学協議会編『歴史学が挑んだ課題』大月書店、二〇一七年）。

重要な指摘ではあるが、他方、桜井英治は、「社会史から政治史・国家史へという重心の移動」に関し、「それまで提出されてきた多彩なモノグラフを整理・統合する段階に入った」と捉え、「私はそのような動向を批判しているわけではかならずしもない。それはある意味で」「当然歩むべき道であった」と結論している（「中世史への招待」『岩波講座日本歴史』六中世一、岩波書店、二〇一三年）。

まさに石井進がいうところの「日本中世社会の二側面」である「集権的・求心的側面」と「多元的・分裂的側面」の問題が噴出しているわけだが（「中世社会論」『岩波講座日本歴史』八中世四、岩波書店、一九七六年）、桜井もいうように、多様で豊かな個別具体性を着実に踏まえた上で、それを統合する求心的構造の解明にも挑むこと、これが重要であることは言を俟たない。本書において、第Ⅰ部で各論（個別具体的な氏族研究・地域研究）を行った上で、第Ⅱ部で総論に移った所以である。なお、付言しておくと、市村が求心的側面を軽視しているわけではないことは、氏自身が「戦国大名研究と列島戦国史」（『武田氏研究』三〇、二〇〇四年）や「戦国期の地域権力と『国家』『日本国』」（『日本史研究』五一九、二〇〇五年）等において、『地域国家』や地域権力の領域が、蝦夷島や琉球諸島などを除く列島規模でそれなりにまとまっていたことは、おそらく誰も否定できない」「紛れもなく『日本国』と呼びうるまとまりがあった」とする見解を、かなり早い段階で提起していることからも明らかである。

いずれにせよ、グローバル化の果てにカオス化・新しい中世化（田中明彦『新しい中世』講談社、二〇一七年）しつつある現代的世界において、かつて実在した中世を問うことの今日的意味はこれまでになく大きいように感じる。そして、かかる歴史学外部の環境に加えて、個別実証成果の総合という歴史学内部の状況も組紐の如く複雑に絡み合いながら、「いくつもの日本」から「ひとつの日本」へと、すなわち、「日本とは何か」へと、いま、問題関心が再び移行しているのであるならば、（豊かな複数性・多様性に対する深い理解・共感と、厳しい実証性の上にのみ成り立つ）日本国家の統合的側面に関する議論も、現在を生きる我々日本人にとっては、決して無視したり否定したりすることのできない重要な課題であると思われる。将軍研究のその先に、天皇研究の地平も見据えつつ、擱筆する。

あとがき

本書は、平成三十年（二〇一八）三月に提出し、同年九月に東京大学から博士（文学）の学位を授与された論文『中世足利氏の血統と権威』を母体としたものである。審査では、主査の高橋典幸先生および副査の三枝暁子先生、小川剛生先生、末柄豊先生、桜井英治先生からご指導を賜わった。今思い出してもこれ以上望むべくもない先生方で、ただひたすらに恐縮するばかりだが、そうした先生方に厳正かつ丁寧に試問していただけたことは、私にとって最高の幸せであった。ご多忙の中、あの暑い八月に審査していただいた先生方には、改めて感謝申し上げる次第である。

今思い返しても、平成十八年に東京大学文学部日本史学研究室に進学してから、学部・大学院の村井章介先生（平成二十五年にご退職）、高橋典幸先生、本郷恵子先生、榎原雅治先生、久留島典子先生のゼミナールなどを通して徹底して実証主義を叩き込まれたこと、そして、講義などを通して数々の先生からさまざまな研究を学んだことは、これ以上ない財産というほかはない。さらに、平成十六年に東京大学教養学部文科三類に入学して、小松美彦先生から理論や批判などを教わったことは、まことに幸運といわざるを得ない。本当に感謝の念に堪えない。

同時に、優れた先輩・同期・後輩と巡り会えたことも、決定的な出来事であった。いうまでもなく全員からとてつもなくお世話になり、ゼミナールの教室や合宿の旅先などで多くの方々と学問の話、たわいもない話をしたことが今も鮮やかに思い出され、懐かしさが込み上げてくる。そうした中、とりわけ木下聡氏、呉座勇一氏からは、中世史研究に必要不可欠な実証・理論の両面で、言い尽くせないほどお世話になった。このほか、研究員の制度や図書館の設備なども含めて、学内の環境なくして、今の私などあろうはずもない。この場を借りて厚く御礼申し上げたい。

加えて、学外の世界も私にとってはかけがえのないものであったし、今もかくあり続けている。佐藤博信先生をはじめ中世東国史・足利氏研究の先達たちとお会いできた千葉歴史学会は私の学会の原点であり、黒田基樹氏をはじめ室町期関東・鎌倉府研究をリードする同世代前後と机を並べた関東足利氏研究会は私を育んでくれた。そして、次代の中世史研究を担う若人たちと創り上げた歴史学研究会大会（平成二十九年）は私を跳躍させてくれた。すべて私の宝であり、ともに過ごした時間・空間はとても忘れられない。このほか、戦国史研究会や静岡県地域史研究会など、数々の学会・研究会で、さまざまな学者たちと出会ったことは、どれも私の大切な一部となっている。

地域では、品川・横浜・鎌倉・浜松・高萩をはじめ、研究対象である人や場を中心に、各地の皆様にお世話になったが、とりわけ西尾の方々と出会えたことは幸福であった。そこには、鈴木悦道先生（花岳寺住職。平成二十六年にご永眠）をはじめ、現地で暮らし郷土を愛する優れた人々がしっかりといて、私を導いて下さった。こうした出会いの上に私の研究はあり、今は山田邦明先生のもと、信頼する仲間とともに自治体史（『新編西尾市史』）の編纂を進めることができている。このほか、睦沢町立歴史民俗資料館・世田谷区立中央図書館の皆様には深甚なる謝意を表したい。

論文・手紙のやりとりや講演・旅先での出会いなどを通して交流した方々も、忘れ得ぬ人々である。まだ見ぬ人、再会を果たせずにいる人、すでに亡くなられた人も少なくないが、私は彼ら・彼女らから陰に陽に励まされ、そして実に多くのことを学んできた。日本全国を対象とした研究を成し続けられているのも、こうした方々の支えのおかげであるといってもよい。人のつながりや偶然の出会いから生まれた学恩に感謝する。また、かつての恩師や気の置けない旧友に助けられることもしばしばである。君の大事は私の大事だと動いてくれる友人たちが、私にはいる。

岐路において支えてくれた方々として、とりわけ榎本渉氏、佐藤雄基氏、辻浩和氏に深謝したい。榎本氏は国際日本文化研究センターに受け入れ、文学をはじめ諸学問の多彩な研究者と交流する機会を与えて下さった。また、関西圏の優れた中世史研究者と知り合えたことも得難い経験であった。日文研の共同研究は今も続いており、その自由な空気とともに、とても大事な場所である。そして、佐藤氏は立教大学、辻氏は川村学園女子大学にそれぞれ迎え入れ、講義やゼミナールを担当する機会を与えて下さった。大学の関係者、学生の皆様にも改めて御礼申し上げたい。

多くの出版社・研究費からもこれまでお世話になった。とりわけ本書は令和元年（二〇一九）度科学研究費補助金（研究成果公開促進費・学術図書・課題番号19HP5075）の交付を受けたものであり、同年度科学研究費補助金（若手研究・課題番号19K13328）による研究成果の一部である。また、出版に際しては、吉川弘文館の永田伸氏、並木隆氏、本郷書房の重田秀樹氏に何から何までお世話になった。永田氏にお声がけいただいてから、助成なども含めて、強力かつ迅速に支えていただき、博士号取得から一年で上梓の運びとなった。感謝の言葉もない。

思えば、昭和五十九年（一九八四）に神戸に生まれ、六甲山・住吉川・茅渟海などに囲まれて育ったものの、平成七年の兵庫県南部地震（阪神・淡路大震災）で故郷を離れ、世田谷に住むようになった。その世田谷の地にかつて吉良氏がいた、というのが私の研究の始めであり、始まりはただの偶然である。その偶然が展開し、かかる一書として結実したのも、すべて出会い・縁によるのであり、どの一つが欠けても今の私もこの本もありえなかっただろう。なお、本書は吉良氏からスタートし、足利氏御一家論、足利的秩序論と一直線に話を進めてきたが、他方、その過程で生まれたものの、論旨の展開や紙幅の都合などで収録を見送った論考も複数存在している。併せてご参照いただければ幸いである。また、この本の刊行と同時期に、小川信『足利一門守護発展史の研究』が吉川弘文館から新装復刊された。私が目指した一冊であり、今なお輝ける大著である。リバイバルされたことを皆とともに寿ぎたい。本書はひとまずここで終わる。だが、終わればまた始まる。これからどのような出会いが待っているのだろうか。

最後に、大叔母・三浦澄子（『やさしい予感』著者。平成二十一年に永眠）をはじめ、いつも傍らにいてくれる東京・京都・ドイツの親族に深謝する。そして、家族である祖父母・谷口昇、信子、母・谷口由希子の海よりもなお深き恩愛に心底より感謝の意を申し上げる次第である。

こうした人々とともに、私はこれからも生きていくのである。

令和元年八月

谷口雄太

初出一覧

序　章　新　稿

第Ⅰ部　足利氏御一家論

第一章「武蔵吉良氏の歴史的位置―古河公方足利氏、後北条氏との関係を中心に―」（『千葉史学』五七、二〇一〇年）

第二章「戦国期における三河吉良氏の動向」（『戦国史研究』六六、二〇一三年）

第三章「都鄙における御一家石橋氏の動向」（『中世政治社会論叢　村井章介先生退職記念』東京大学日本史学研究室紀要別冊、二〇一三年）

第四章「中世後期における御一家渋川氏の動向」（戦国史研究会編『戦国期政治史論集』西国編、岩田書院、二〇一七年）

第五章「足利氏御一家考」（佐藤博信編『関東足利氏と東国社会』岩田書院、二〇一二年）

付　論「戦国期斯波氏の基礎的考察」（『年報中世史研究』三九、二〇一四年）

第Ⅱ部　足利的秩序論

第一章「足利一門再考―「足利的秩序」とその崩壊―」（『史学雑誌』一二二―一二、二〇一三年）

付論一「中世後期島津氏の源頼朝末裔主張について」（『戦国史研究』七一、二〇一六年）

第二章　「中世後期武家の対足利一門観」（『日本歴史』八二九、二〇一七年）

付論二　「中世における吉良氏と高氏―室町期南九州の史料に見る伝承と史実―」（『新編西尾市史研究』二、二〇一六年）

第三章　「武家の王としての足利氏像とその形成」（『鎌倉』一二二、二〇一七年）

第四章　「足利時代における血統秩序と貴種権威」（『歴史学研究』九六三、二〇一七年）

終　章　新　稿

なお、既発表論文はいずれも本書収録に際し補訂した。

著者略歴
一九八四年　兵庫県に生まれる
二〇一五年　東京大学大学院人文社会系研究科博士課程単位取得満期退学
現在　東京大学大学院人文社会系研究科（文学部）研究員、博士（文学）
〔主要論文〕
「変貌する新田氏表象―「足利庶流」（足利一門）と「源家嫡流」（非足利一門）の間に―」（倉本一宏編『説話研究を拓く』思文閣出版、二〇一九年）
「甲斐武田氏の対足利氏観」（倉本一宏・小峯和明・古橋信孝編『説話の形成と周縁』中近世篇、臨川書店、二〇一九年）

中世足利氏の血統と権威
二〇一九年（令和元）十一月一日　第一刷発行
著　者　谷《たに》口《ぐち》雄《ゆう》太《た》
発行者　吉川道郎
発行所　株式会社　吉川弘文館
郵便番号一一三―〇〇三三
東京都文京区本郷七丁目二番八号
電話〇三―三八一三―九一五一（代）
振替口座〇〇一〇〇―五―二四四番
http://www.yoshikawa-k.co.jp/
印刷＝株式会社 精興社
製本＝誠製本株式会社
装幀＝山崎　登

ISBN978-4-642-02958-2

索　　引

I　公武人名

公武の名字を中心にまとめた．また，全体の足利，第Ⅰ部第一章・第二章・第五章の吉良，同第三章・第五章の石橋，同第四章・第五章の渋川，同第五章・付論の斯波は割愛した．

あ　行

か　行

さ　行

た　行

な　行

は　行

ま　行

や　行

ら　行

わ　行

Ⅱ　研究者名

あ　行

か 行

さ　行

た　行

な 行

は 行

ま 行

や 行

ら　行

わ　行